빛 나 는 당 신 은 행 복 할 자 격 이 있 습 니 다

빛나는 당신을 위해

"앞으로의 삶은 저를 중심으로 놓고 살아보고 싶어요"
"현장에 있다 보면 힘들지만, 격려해 주시는 분들이 많기 때문에!"
"책임감이 막중하기는 한데, 성취감이 정말 이루 말할 수 없이 좋아요"
당신이 누구이든, 어디서 무엇을 하든, 행복할 자격이 있습니다
롯데백화점은 모든 여성의 행복을 응원합니다

Rejoice
빛나는 당신을 위해

"나쁘지 않은데?"
"나쁘지 않아서 선택한 바스는 정말 좋은 바스일까?"

평균이 아닌
나의 감성에 맞춘 바스

이음새 없는
심리스 세면대

편리함을 더한 3면 미러
라운드 거울장

트렌디한 민트 그레이
웨인스코팅 수납장

나를 비춰주는
안심유리 파티션

공간을 넘어 공감을 설계하다

LX Z:IN 인테리어

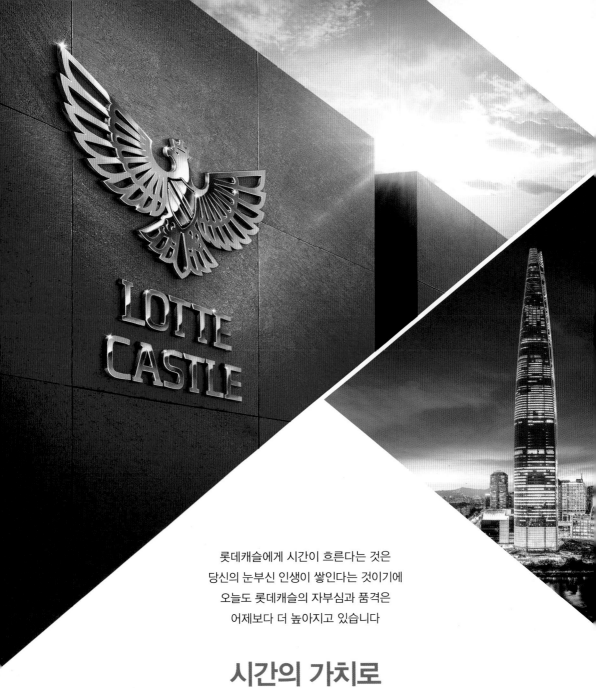

롯데캐슬에게 시간이 흐른다는 것은
당신의 눈부신 인생이 쌓인다는 것이기에
오늘도 롯데캐슬의 자부심과 품격은
어제보다 더 높아지고 있습니다

시간의 가치로
인생의 품격을 높이는 곳

LOTTE CASTLE

PLUG INTO YOUR SENSES
당신과의 교감을 위해

THE GENESIS GV60

1880년
알래스카 글레이셔만 뮤어 빙

"우리는 확실히 시인들의 낙원, 축복받은 사람들의 거주지에 도달한 것 같다"
-John Muir-

1880년 환경운동가인 존 뮤어가 발견한

알래스카의 '뮤어 빙하'

하지만, 인류는 그가 찾은 '천혜의 보물'을

지구 온난화로 이미 오래 전에 잃었습니다

이제, 인류가 지켜내야 할 것은 다름 아닌 생존입니다

지구평균온도 상승을 1.5℃ 이하로

낮추지 못한다면 사라지는 것은 빙하만이 아니기에

KB는 금융이 할 수 있는 모든 노력을 다할 것입니다

KB Green Wave 1.5℃
금융 패키지

 ✺Kb KB 국민은행

원칙은 곧게
믿음은 굳게

금융이 지켜야 할 원칙
고객과 지켜야 할 약속
한국투자증권이 지켜갑니다

true **k**riend

한국투자 증권

L

WE
DO%

자연 원료 플라스틱으로
환경에 흔적을 0%로

재생에너지 전환으로
화석연료 사용을 0%로

모든 사업장의
폐기물 매립 발생을 0%로

LG화학은 **탄소 배출 순증가율 0%로**
건강한 지구를 만들어갑니다

요즘 시대
요즘 N 잡.

디지털 보험설계사
LIFE MD

대면 없이 디지털로, 원하는 시간 자유롭게.
더 쉽고, 더 스마트하게 일할 수 있는 LIFE MD

마주하지 않고도 보험을 완벽하게
설계할 수 있는 세상과 마주하다

검색창에 **라이프 엠디**를 검색하세요

LIFE MD ▾ 🔍

LIFE MD ⟳ 한화생명

크레온
by 대신증권

이제 가까운 사람에게

주식을 선물해 보세요

주식선물하기, 이용방법

1. 크레온 앱을 연다
2. 주식 선물하기 화면에서 지인 연락처를 입력한다
3. 보유 주식을 선물하면 끝!

지금 앱스토어에서
크레온 을 다운받으세요

지속 가능한 미래를 위해
클린 모빌리티 시대를 열다

우리 아이들에게 깨끗한 지구를 남겨줄 수 있도록
공해 없이 이동할 수 있게 하는 기술뿐만 아니라
달릴수록 지구를 더 깨끗하게 하고, 적은 에너지로 더 멀리 움직이는 기술까지
현대모비스는 미래 환경을 위해 모빌리티가 할 수 있는 모든 기술을 연구합니다

모빌리티 세계를 넓히다
현대모비스

세계 최초/최대
수소연료전지
생산 체제 구축

세계 최고 수준
전동화 핵심 부품 기술

미래 모빌리티
친환경 부품
기술 개발

HYUNDAI
MOBIS

KB금융그룹 | 국민의 평생 금융파트너

세상을 바꾸는 금융

요즘 뜨는 투자, 중개형

ISA

KB증권

KB증권에서 절세혜택 누리자!

하나의 계좌로 주식매매부터 다양한 금융상품 거래까지
KB증권에서 절세형 만능계좌
중개형 ISA를 시작하세요

중계형 ISA
계좌 개설하기

✕ KB증권

스마트팩토리도 U⁺가 앞서갑니다

U⁺ 스마트팩토리

LG유플러스는 5G 주파수인 3.5GHz와 28GHz 주파수 대역을 기반으로
빅데이터, AI, 클라우드 등 첨단 기술을 접목해
더 안전하고 더 효율적인 스마트 팩토리를 만들어 가고 있습니다

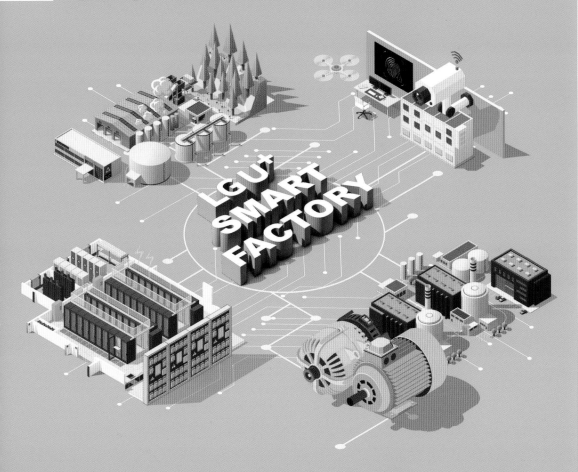

U⁺스마트팩토리 핵심 솔루션

 U⁺ 모터진단
빅데이터를 통해
모터의 고장을 미리 파악

U⁺ 배전반진단
각종 센서로 과열 방전 등
전력 사고를 미연에 방지

 U⁺ 지능형영상보안
AI 영상으로 안전 및
보안에 신속히 대응

 U⁺ 대기환경진단솔루션
대기 오염 물질
배출량 및 확산 모니터링

가을은 B 시즌

가을은 B B Q 시즌

최고와 최고가 만났다!

최고의 주장 김연경선수가
후회없이 추천하는 가을보다 풍성한
천고마BBQ 시즌박스를 지금 만나보세요!

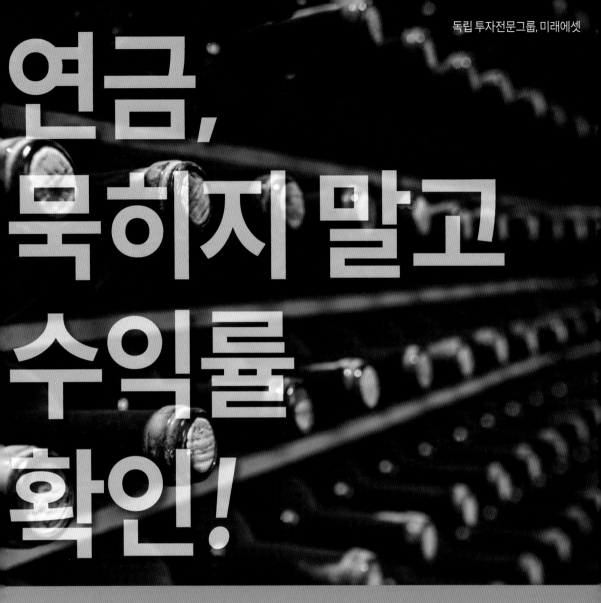

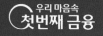
우리 마음속
첫번째 금융

우리금융그룹

월급은 직장에서!
혜택은 우리WON뱅킹에서!

월급처럼 꼬박꼬박 쏟아지는 다양한 혜택-
급여통장만큼은 꼭 **우리WON뱅킹** 하세요

우리 직장인셀럽

우리 **WON**뱅킹
다운로드 하기

월급관리와 다양한 혜택으로 샐러리 UP!

다양하고 손 쉬운 금융 재테크	소비 및 급여 내역을 한 눈에 확인	스마트한 직장인의 자산관리
- 수수료 면제, 우리WON꿀머니를 통한 금융 혜택 - 급여이체고객 대상 셀럽 보너스와 쿠폰 지급	- 그래프를 통한 직관적인 입출금, 급여 내역 확인 - 주요지출분석으로 계획적 소비 가능	- 대출 한도조회 및 우리페이 적금 확인 가능 - 자산관리, 부동산 경매, 연금 진단 서비스 연동

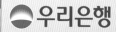
우리은행

매경 아웃룩

2022 대예측

매경이코노미 엮음

MAEKYUNG
OUTLOOK

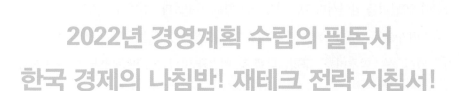

2022년 경영계획 수립의 필독서
한국 경제의 나침반! 재테크 전략 지침서!

매일경제신문사

서문

정상화 길목서 다시 부딪힌 케인스와 하이에크

거짓말처럼 10년 만에 다시 큰 위기가 찾아왔다. 1990년대 후반 아시아 외환위기, 2000년대 후반 미국 리먼 사태에서 비롯된 글로벌 금융위기, 그리고 2020년 초 시작된 코로나19 팬데믹이다. '경제위기 10년 주기설'을 거론해도 이상할 게 없다.

나락으로 떨어질 것 같았지만 인류는 매번 위기를 극복했고, 이번 코로나 팬데믹도 이제는 정상화의 길로 접어들고 있다. 시선은 위기 이후의 세상으로 향한다. 외환위기를 극복한 이후 인터넷 혁명이 찾아왔고, 금융위기 다음에는 모바일이 혁신을 이끌었다. 코로나19 이후 10년간 펼쳐질 신경제가 무엇이 될지는 아직 모른다. 블록체인, 모빌리티 등 다양한 후보들이 각축을 벌일 것이다.

이를 위해서는 경제 정상화가 우선이고 당장의 난제는 인플레이션이다. 미국 물가 상승률 5.4%, 중국은 9.5% 등 근래 보지 못했던 숫자들이 등장하고 있다. 2021년 상반기만 해도 코로나19 극복을 위한 유동성 퍼붓기와 기저효과의 결과 정도로 봤다. 여기에 보복 소비가 가세했지만 일정 기간이 지나면 해결되리라 예상했다. '수요 견인' 인플레라며 정상화를 향한 순조로운 항로로 평가됐다.

하반기 들어 분위기가 바뀌었다. 2021년 초 배럴당 50달러를 밑돌던 국제 원유 가격이 80달러를 넘어서며 7년 만에 최고치로 치솟았다. 천연가스 가격도 2021년 들어 3배가량 폭등했다. 원료 가격 상승으로 전력난이 유발되자, 생산 과정에서 전기를 많이 쓰는 알루미늄, 구리, 니켈 등 비철금속 가격이 급등했다. 이는 공산품 가격 상승으로 연결됐다. 천연가스 가격 상승은 여기서 추출하는 암모니아와 이를 원료로 쓰는 비료 가격을 끌어올렸다. 농산물 인플레로 이어졌고 결국 맥도날드, 코카콜라와 같은 최종 소비재 가격까지 줄줄이 오르고 있다.

'공급 견인' 인플레이션에 탄소중립을 향하는 각국들의 친환경 정책이 에너지 가격을 더 올리는 '그린플레이션(Greenflation)'까지 가세하고 있다.

또 다른 이유는 인력난이다. 대규모 조기 은퇴로 경제 활동 인구에서 50대 연령층이 대거 빠져나가고 있다. 저소득층은 수시로 쏟아진 정부 지원금에 젖어들며 저임금 일자리를 외면한다. 경제 현장의 인력난은 공급 차질을 유발한다.

수요 증가가 아닌 공급 부문의 가격 상승이나 규모 축소에서 초래된 물가 상승이다. 2021년 9월 열린 미국 연방공개시장위원회(FOMC)는 물가 상승 원인을 이렇게 적시하면서 앞으로 지속될 것이라는 데 무게를 뒀다.

인플레는 급기야 경기 위축으로 연결되고 있다. 미국의 3분기 국내총생산(GDP) 증가율이 2%로 전분기(6.7%)의 3분의 1 수준으로 급감했다. 월가 전망치인 2.8%보다 크게 낮다. 미국 GDP의 약 3분의 2를 차지하는 소비가 얼어붙은 것이 가장 큰 원인이다. 물가는 오르는데 경제 성장 속도는 떨어지는 '스태그플레이션'이다. 물가 상승이 일시적 병목현상이 아닌 구조적·장기적 문제로 고착되면서 경기 침체를 초래하는 게 아니냐는 의견들이 나온다. 자연히 'The Great Inflation'으로 불리던 1970년대 미국 스태그플레이션과 비교가 이뤄진다. 현재 상황은 1960년대 중후반쯤으로 인식되고 있다.

1970년대 미국 스태그플레이션은 역사상 가장 길고 혹독한 물가 상승기였다. 미국 연방준비제도는 그 시기를 1965년부터 1982년까지 17년간으로 공식화했지만, 기원은 1960년대 초반 민주당의 존 F 케네디 정부에서 시작됐다는 분석이 많다.

뉴프런티어를 표방한 케네디 대통령은 경기 회복을 위해 돈 풀기에 적극 나섰다. 그는 1963년 돈을 더 많이 찍어내기 위해 은 본위제를 기반으로 정부가 화폐 발행권을 가지려는 시도를 전개했다. 대권을 이어받은 린든 존슨 대통령은 1965년 베트남전쟁

참전을 결정했고, 막대한 전쟁 자금을 조달하기 위해 다시 달러를 마구 찍어냈다.

　1960년대 미국의 통화량은 2배 이상 급증했다. 당시 적극적인 유동성 공급의 학문적 기초는 영국 경제학자 존 메이너드 케인스의 유효수요 이론이었다. 1930년대 대공황 극복과 2차 대전 이후 정부의 적극적인 시장 개입을 뒷받침한 수정자본주의의 근간이다. 정부지출 확대로 통화량 증가 → 수요 증가 → 생산·고용 증가 → 소득 증가 → 수요 증가로 이어지는 선순환이 이뤄질 수 있다는 게 핵심 골자였다.

　하지만 물가 급등의 부작용이 빚어졌다. 1965년 연초 1%에 불과했던 미국 물가 상승률은 1970년 6%에 근접했고, 1973년에는 12%대까지 급등했다. 이후 잠시 낮아졌으나 5% 내외의 고수준을 유지했고, 1979년에는 다시 14%까지 치솟는다.

　오스트리아 출신 경제학자인 프리드리히 하이에크를 원조로 한 신자유주의파들은 이를 미리 경고했다. 그의 후예인 밀턴 프리드먼은 1969년 "인플레이션은 언제 어디서나 화폐적 현상"이라는 유명한 말을 남겼다. 경제 전체의 생산량은 고정돼 있는데 화폐 공급이 계속 늘어나면 물가가 오를 수밖에 없고, 실업 증가와 경기 침체로 이어지는 스태그플레이션이 빚어질 것이라는 주장이었다. 불황 극복을 위해 재정 정책을 강화해야 한다는 케인스 학파와 대척점에 섰다.

　예상대로 1970년대 미국에서는 물가 상승과 실업률 급등이 동시에 전개됐다. 노동조합의 임금 상승 요구를 수용해야 했던 기업들은 임금 상승분만큼 고용을 줄였고, 자연히 공급량도 축소했다. 생산을 줄여야 하니 이것 또한 고용 위축으로 연결됐다. 수요 축소 → 생산 위축 → 실업 증가 → 소득 감소 → 수요 위축의 경기 침체 악순환으로 이어지며 스태그플레이션을 가속화했다.

　케인스 학파의 한계를 간파하고 1970년대 미국 스태그플레이션을 정확히 예측한 공적으로 하이에크는 1974년, 프리드먼은 1976년 노벨경제학상을 수상했다. 신자유주의자들의 스태그플레이션 해법은 명료했다. 공급 견인 인플레를 잡으려면 공급이 늘어나야 하는데, 이는 기업이 활발한 투자로 생산을 늘리는 수밖에 없다는 것이었다. 정부는 법인세 인하, 노조의 권한 축소 등을 통해 생산 비용 감소를 도와주는 역할을 하면 충분하다는 주장이었다.

이들의 조언을 수용한 미국 로널드 레이건 대통령과 영국 마가렛 대처 수상은 재정지출 삭감, 감세, 공기업 민영화, 규제 완화·경쟁 촉진 등을 경제·사회 정책에 담았고 1980~1990년대 서구권은 대호황을 누렸다. 심지어 같은 시기 덩샤오핑 주석까지 하이에크의 사상을 적용해 중국을 개혁과 개방의 길로 이끌었다.

이제 2022년. 코로나19 팬데믹을 극복하고 경제 정상화를 위해 출발하는 원년이다. 정부의 공격적인 돈 풀기와 시장 개입에서 기반은 닦였다. 케인스 학파 해법이 위기에서 빛을 발했지만 부작용으로 인플레이션이 초래됐고, 스태그플레이션으로 비화할 위험성도 있다.

물가를 잡기 위해 하이에크 진영의 공급 확대 해법이 다시 가동될 가능성을 배제할 수 없다. 하지만 신자유주의는 금융과 부자들의 탐욕을 견제하지 못하고 글로벌 금융위기를 초래한 전력도 있다. 반대로 경기 침체가 심화할 경우 미국 연준은 2022년 말 예정했던 기준금리 인상을 머뭇거릴 수도 있다. 이는 케인스식 유동성 공급의 부활을 의미한다.

2022년은 경제 정상화를 위한 최적의 해법을 놓고 케인스와 하이에크 사이에서 치열하게 고민하고 논쟁하는 시기가 될 것이다. 아니면 완전히 다른 제3의 해법이 등장할 수도 있다. 지난 20년은 인터넷, 모바일 등 IT 혁명이 전개되는 신경제가 펼쳐졌지만 앞으로 10년의 신경제는 새롭게 정립되는 경제 체제에서 부와 기회가 올지 모른다.

'대예측-매경아웃룩'은 1992년 처음 발간된 이후 10만 매경이코노미 독자와 기업인, 학자, 취업준비생 등 각계각층의 사랑을 받아온 국내 최고 권위의 미래 전략 지침서다. '2022 대예측'도 안갯속에서 길을 알려주는 나침반이 되기 위해 노력했다. 지혜와 통찰력을 얻고 난제를 풀어내는 데 유용하게 활용되기를 바란다.

임상균 매일경제주간국장

CONTENTS

Ⅲ. 지표로 보는 한국 경제

Ⅶ. 어디에 투자할까

일러두기

I

2022
매경 아웃룩

경제 확대경

'잃어버린 2년' 딛고 부활 신호탄 코로나와 공존···인류 새 도전 시작

노승욱 매경이코노미 기자

▶ 2022년은 어떤 새로운 트렌드가 한국 경제를 강타할까. 매경이코노미가 선정한 2022년 대한민국 뉴트렌드는 '위드 코로나(WITH CORONA)'다. 코로나19 사태 2년 만에 집단면역 기준치를 달성, 단계적 일상 회복에 나서며 새로운 성장의 기회가 펼쳐질 전망이다. 20대 대한민국 대통령 선출, 트래블 버블에 따른 해외여행 재개, 암호화폐·메타버스 등 가상 세계의 지속 확산, 오프라인 공간의 재발견도 눈여겨볼 굵직한 이슈다.

① 위드 코로나 With Corona

2022년을 관통하는 하나의 키워드를 꼽는다면 단연 '위드 코로나'일 테다.

정부가 2021년 11월부터 코로나19 방역 체계를 '단계적 일상 회복', 즉 위드 코로나 체계로 전환했다. 2020년 1월 20일 국내에서 첫 코로나19 환자가 발생한 지 1년 9개월여 만이다.

물론 위드 코로나에도 실내 마스크 착용 의무화 등 방역 활동은 계속된다. 그러나 자영업자 영업시간·매장 내 수용 인원 제한, 공연 관람객 수 제한 등 다중이용시설에 대한 영업 제한 조치는 대폭 완화될 전망이다.

특히 머크, 화이자 등 글로벌 제약사들이 경구용 코로나19 치료제 개발에 박차를 가하고 있어 '게임 체인저'가 될지 기대를 모은다. 2009년 신종플루 유행 당시에도 타미플루 같은 경구용 항바이러스제가 나오며 팬데믹 종식에 큰 역할을 했다. 다만 델타 바이러스 같은 또 다른 강력한 변이 바이러스 등장 가능성을 배제할 수 없어 위드 코로나를 단계적으로 적용해야 한다는 전문가 의견도 적잖다.

② 근로보다 투자 Invest rather than work

2021년은 투자자에게 유례없는 호황의 해였다. 코로나19 사태에 따른 유동성 파티에 힘입어 주식, 부동산, 암호화폐 등 각종 자산 가격이 모두 사상 최고치를 경신했다.

여기저기서 들려오는 투자 대박 소식은 묵묵히 근로소득만 취하던 많은 이들을 순식간에 '벼락거지'로 전락시켰다. 나만 뒤처질까 두려워하는 포모(FOMO) 증후군과 근로 의욕 저하는 너도나도 투자에 발을 들이는 '머니러시'로 이어졌다.

특히 '자본주의 키즈'라 불리는 MZ세대(1980~2000년대 초에 태어난 세대)는 '대박 한탕'을 기대하며 암호화폐 투자로 대거 몰려갔다. 2021년 7월 말 기준, 4대 코인 거래소 예치금을 보면 20~30대는 약 3조4500억원을 예치했다. 40~50대(1조7600억원)보다 두 배가량 많은 수준이다.

③ 다시 열리는 해외여행의 문 Travel Bubble

2022년 위드 코로나가 시행되면 그간 자물쇠를 채운 듯 잠겨 있던 해외여행 문도 조금씩 열릴 전망이다. 코로나19 방역 상황이 양호한 나라 간 무격리 여행을 허용하는 '트래블 버블'이 확산되며 해외여행 대기 수요가 줄을 잇고 있다.

이베이코리아는 G마켓과 옥션의 2021년 9월 국제선 항공권 매출이 전년 동기 대비 69% 증가했다고 밝혔다. 캐나다가 전년 대비 131% 늘어 1위를 기록했고 미국(74%)과 베트남(17%)이 뒤를 이었다. 이외에도 자가격리 부담이 없는 휴양지인 괌과 몰디브가 9월부터 인기 여행지 10위권 안에 신규 진입했다.

단, 국내 해외여행객의 절반 이상이 찾던 중국, 일본은 여전히 하늘길이 굳게 닫혀 있는 모습이다. 업계에서는 트래블 버블을 넘어 전면적인 해외여행 자유화는 빨라도 2022년 하반기에나 가능할 것으로 내다본다.

④ 힙스터 라이프 Hipster Life

MZ세대가 경제 주요 세력으로 떠오르며 주요 산업에서 트렌드가 확산되는 속도가 여느 때보다 빠르다. MZ세대는 무엇이 유행하는지에 대해 관심이 많고 뒤처지지 않으려는 욕구가 강하다. IT 활용도가 높아 소셜미디어 등을 통해 트렌드를 공유, 확산하는 데도 적극 나선다.

최근 와인을 마시거나 골프를 즐기는 소비자가 급격히 늘어나고 와인바와 와인숍, 골프 의류, 골프 예약 서비스, 스크린골프 등 관련 제품과 서비스를 제공하는 시장이 가파르게 성장한 것은 유행에 민감한 소비자가 늘며 나타나는 현상이라 볼 수 있다. 코인 투자, 주식 투자 붐이 일어나고 도지코인, 미국 게임스탑과 AMC, 한국 두산중공업과 HMM 등 밈 주식과 밈 코인(인터넷 커뮤니티에서 화제가 되는 주식이나 코인)에 투자금이 쏠린 것도 트렌드에 민감한 사람이 증가한 결과로 분석된다.

⑤ 암호화폐는 계속된다 Cryptocurrency

'코인 광풍'이 불고 있다. 2021년 초, 비트코인을 비롯한 암호화폐 시장이 기록적인 랠리를 이어가면서 암호화폐에 대한 투자자 관심이 폭발했다. 국내 암호화폐 시장 거래 규모는 연간 수백조원으로 성장했다. 업비트·빗썸·코인원·코빗 등 4대 가상자산 거래소 투자자만 600만명이 넘는 것으로 추정된다.

2022년에도 코인 광풍은 이어질 것으로 보인다. 인플레이션 헤지 자산으로 암호화폐 수요가 갈수록 커지고 있고 글로벌 암호화폐 프로젝트 기업들 역시 기술개발과 대중화에 속도를 내는 중이다. 암호화폐에 부정적인 시선을 보내던 미국 금융당국 기조가

2022년 뉴트렌드 WITH CORONA

With corona	코로나19 백신, 치료제 도입으로 단계적 일상 회복
Invest rather than work	근로 소득 대신 투자 소득이 대세, 투자자 대거 증가
Travel bubble	국가 간 이동 규제 완화, 다시 열린 해외여행 관문
Hipster life	힙한 감성 중요하게 생각하는 MZ세대 맞춤 상품 인기
Cryptocurrency	투자 자산으로 가치 인정, 암호화폐로 더 많은 돈 몰려
Opening the metaverse	우리가 몰랐던 새로운 가상 세계 '메타버스' 활짝
China **R**isk	중국發 부동산, 공급망 붕괴 위기 확률 가속화
Return to **O**ffline life	직접 만남을 중시하는 '오프라인' 산업 다시 회복
New power	2022년 대한민국 새로운 지도자 뽑는 선거 실시
Avoid synchronization	하나뿐인 나, 색다른 것 원하는 MZ세대 전면 등장

점점 바뀌고 있는 것도 호재다. 2021년 10월 미국 증권거래위원회(SEC)는 처음으로 비트코인 선물 ETF를 승인하는 등 암호화폐가 제도권 금융으로 빠르게 편입되는 모습이다.

2021년 연말과 2022년 초에는 '과세 이슈'에 주목할 필요가 있다. 한국 정부는 2022년 1월부터 암호화폐 투자수익에 세금을 매기기로 했다. 250만원을 초과하는 차익에 소득세 20%를 부과한다.

⑥ 메타버스가 온다 Opening the Metaverse

메타버스 시장이 가파르게 성장하고 있다. 메타버스는 '초월'을 뜻하는 'Meta(메타)'와 '우주, 경험 세계'를 뜻하는 'Universe(유니버스)'의 합성어다. 현실을 초월한 가상 세계를 의미한다. 과거 유행했던 싸이월드나 세컨드라이프 등에 비해 한 단계 진화한 개념이다. 기존 가상 공간은 현실과 괴리된 방식으로 존재했다. 이와 달리 메타버스는 현실의 연장선상에 있다. 가상 공간의 분신인 아바타를 통해 현실과 결부된 다양한 활동이 가능하다. 그동안은 메타버스가 체감하기 어렵고 아직은 먼 얘기라는 인식이 강했지만, 인공지능(AI), 가상현실(VR), 증강현실(AR), 디지털 트윈(DT) 등 가상 세계를 구현하는 기술이 발전하면서 빠르게 구체

화되고 있다. 로블록스, 제페토 등 메타버스 서비스를 제공하는 플랫폼이 인기를 끌고 페이스북을 비롯한 국내외 대기업이 관련 서비스를 확대할 계획이다.

⑦ 차이나 리스크 China Risk

차이나 리스크는 2022년 글로벌 경제에 중요한 변수가 될 것으로 보인다. 중국은 최근 여러 가지 문제가 한꺼번에 터지며 경제가 크게 흔들릴 수 있다는 평가를 받는다. 중국 경제가 흔들리면 세계 경제 전체가 충격을 받을 수 있다.

헝다그룹 사태는 최근 중국의 핵심 리스크로 떠올랐다. 헝다그룹은 부동산 개발사로 시작해 전기차, IT, 테마파크, 식료품 등 다양한 분야에 진출한 기업이다. 그간 성장을 위해 부채를 적극 활용해왔는데 중국 정부가 치솟는 집값을 잡기 위해 부동산 시장 규제에 나서며 헝다그룹이 파산할 수 있다는 우려가 나온다.

중국 정부는 부동산 이외 분야에서도 규제 수위를 높이고 있다. 암호화폐 거래·채굴 금지, 미성년자 평일 인터넷 게임 이용 금지, 아이돌 양성 프로그램 방영 금지 등을 도입했다. 기업 규제는 경제 성장 둔화 요인으로 작용할 수 있다. 중국에서 사업을 하는 국내 기업과 글로벌 기업 또한 타격을 받을 수 있다.

⑧ 오프라인의 귀환 Return to Offline life

'위드 코로나' 시대가 앞으로 다가오면서 '온라인' 중심 생활이 끝나고 '오프라인' 생활이 도래할 전망이다. 이른바 '오프라인의 귀환'이다.

징후는 곳곳에서 나타난다. 2년째 원격 교육을 실시 중인 교육 현장에서는 '전면 등교'를 위한 준비에 돌입했다. 2021년 하반기부터 코로나19 유행 동안 규모가 줄거나 개최가 취소됐던 대규모 행사도 정상적으로 열렸다. 직접 관람이 힘들어 온라인 중계로 대체됐던 공연도 정상화 조짐을 보인다. 2021년 11월부터 K팝 가수들이 참가하는 '오프라인 콘서트'가 열렸다. 야구·축구·배구 등 무관중으로 진행하던 스포츠 경기도 관중 입장이 허용됐다.

코로나19 유행 기간 동안 재택·비대면 근무가 일상이었던 노동 현장도 코로나19 이전으로 돌아간다. 국내 주요 대기업들은 50% 넘게 유지하던 재택근무 비율을 축소하고 해외 출장, 회의 등 '대면' 업무를 허용했다. 회식 모임과 사내 식당 운영도 재개하는 추세다.

⑨ 대한민국 새 대통령은 누구 New Power

2022년에는 20대 대통령을 선출하는 대선이 열린다.

어느 후보가 대통령이 되더라도 한국 경제·사회는 큰 변화를 맞을 것으로 보인다. 진보·보수 가리지 않고 저마다 특색이 뚜렷한 후보가 많아서다. 현재 정부 정책보다 더 강한 분배 정책을 내세우거나, 아예 반대 방향으로 국정을 이끌어나갈 것을 시사했다.

이재명 후보는 대선 후보 수락 연설에서 '기본 소득제 도입' '부동산 대개혁' '기본 주택 제공' 등 강력한 '분배 위주' 정책 도입을 시사했다. 현재 문재인정부의 정책보다 더 진보적인 공약을 내세운다. 국민의힘 후보가 당선되면 현 정부 정책을 뒤집을 수도 있다.

⑩ 하나뿐인 나 Avoid synchronization

MZ세대의 등장으로 '개인화'가 주요 화두로 떠올랐다. 새로운 주류 소비층으로 떠오른 MZ세대는 남들과 똑같은 옷, 의미 없는 디자인을 거부한다. 그들은 '자신'만의 이야기를 담은 나만의 옷, 스마트폰, 컴퓨터를 원한다. 2021년을 강타한 '꾸미기'와 '한정판' 열풍이 대표적인 예다. 다이어리, 스마트폰, 책상 등을 자신만의 스타일로 꾸밀 수 있는 이른바 '꾸미기' 제품이 불티나게 팔려 나갔다. 또 희소성을 덕분에 '나만 가질 수 있다'는 느낌을 주는 한정판 상품이 인기를 끌었다. MZ세대가 점차 시장의 '큰손'으로 떠오르는 만큼 2022년에도 '차별화' 열풍은 계속될 것으로 보인다.

2022 경제성장률 3% 가능 인플레이션·중국·가계부채 문제

김소연 매경이코노미 부장

▶ 2021년 한국 경제는 경제성장률 4%대 나쁘지 않은 성적표를 받아들 것이라는 전망이다.

2020년 말, 글로벌 기관들은 2.9%를 제시한 국제통화기금(IMF)을 제외하고 일제히 2021년 한국 경제가 3%대 성장률을 기록할 것을 예측했다. 가장 높게 본 피치의 3.7%를 비롯해 S&P 3.6%, ADB(아시아개발은행) 3.3%, 무디스 3.2%, OECD는 3.1%의 수치를 내놨다. 반면 국내 기관은 현대경제연구원(3%)을 제외하고는 모두 2%대 성장률을 예상했다. 결과적으로 글로벌 기관 예측이 더 정확했다. 2021년 한국 경제성장률은 최소 4%가 될 것으로 보인다.

2022년은 어떨까.

몇 가지 변수가 있다.

2022년 경제 전망과 관련 가장 관심을 끄는 단어는 '인플레이션'이다. 2021년 10월 기준 미국 소비자물가 상승률이 30년 만에 최고치에 육박하면서 전 세계적인 인플레이션에 대한 우려가 커지고 있다. 하나금융경영연구소는 글로벌 인플레이션 지속 가능성을 포함해 중국의 경제 패러다임 전환·규제 위험, 국내 가계부채 누증·금융 불균형 우려 등을 2022년 한국 경제 3대 위험 요소로 꼽았다.

우선 공급 측 불안 요인에 따른 인플레이션 위험이다. 임금과 주거비 상승 등 기조적인 물가 상승세가 이어지는 가운데 공급 부족, 기후 변화 대응 과정에서 에너지 가격 불안, 공급망 개편에 따른 비용 증가 등의 문제가 덧씌워지면서 구조적 리스크가 될 수 있다는 진단이다.

둘째, 중국이 질적 경제 성장을 추진하고 '공동부유' 가치를 강조하면서 각종 규제를 강화해 불확실성이 커지는 것도 불안 요소다. 특히 중국은 미중 분쟁과 시진핑 시대 지속이라는 대내외 문제를 극복하는 돌파구로 '공동부유'를 내세우고 있는데, 이 과정에서 정책 혼선이 불가피하다. 전방위적인 규제 강화에 따른 경기 위축이 나타날 가능성을 배제할 수 없다.

셋째, 가계부채 증가에 따른 파급 효과다. 가계부채 대응 정책을 펴는 과정에서 자칫 디레버리징(부채 축소)이 촉발되면서 신용 리스크가 불거지고 경기 침체로 이어질 수 있는 식이다.

2021년 코로나19 위기를 잘 넘기고 반등에 성공한 데 이어 2022년에도 양호한 성장세를 이어가겠지만, 문제는 당장이 아니다.

주요 기관의 2022년 경제 전망 단위:%

구분	현대경제연구원		하나금융경영연구소		한국은행		국회예산정책처		한국금융연구원	
	2021년	2022년	2021년	2022년	2021년	2022년	2021년	2022년	2021년	2022년
경제성장률	3.8	2.8	3.9	2.8	4	3	4.1	3	4.1	3.2
민간소비	3.1	2.7	3.1	3.3	2.8	3.4	3	3.3	3.4	3.5
설비 투자	9.1	2.7	9.3	3	8.8	2.1	9.8	3.5	8.3	3
건설 투자	0.7	2.8	0.6	2.7	0.9	2.9	0.1	1.9	0.4	3.6
소비자물가	2	1.6	2.1	1.6	2.1	1.5	2.1	1.6	2.3	2
경상수지 (억달러)	893	779	815	685	820	700	824	705	925	823
실업률	4	3.8	–	–	3.9	3.8	4	3.9	–	–
원달러 환율 (원)	–	–	1141	1165	–	–	1126	1121	–	–
국고채 수익률(3년)	–	–	1.33	1.75	–	–	1.3	1.8	–	–

한국경제연구원이 10월 27일 발표한 '성장률 제고를 위한 전략과 비전' 보고서에 따르면, 한국 경제 잠재성장률은 세 번의 경제위기(외환위기, 금융위기, 코로나19)를 거치며 8.3%에서 최근 2.2% 수준까지 가파르게 하락해온 것으로 나타났다. 향후 10년 내 잠재성장률은 더 가관이다. 무려 0%대에 진입하게 될 것이라는 어두운 전망이다. 코로나19로 인한 급속도의 경기 침체에 따른 기저효과와 글로벌 경제가 되살아나며 나타난 수출 호조에 따른 경기 회복세가 일단락되는 2023년 이후를 심각하게 걱정해야 한다는 시그널이다.

1인당 GDP 전망

달러 기준 한국 1인당 GDP는 2021년 3만5000달러, 2022년 3만6600달러 정도를 기록할 것으로 예측된다.

1인당 GDP는 2019년과 2020년 경제성장률 하락과 원화 가치 약세로 2년 연속 하락했다. 2018년 3만3429달러에서 2019년 3만1920달러로 내려간 후 2020년에는 3만1637달러로 더 쪼그라들었다. 2018년 1100원이던 원달러 환율이 2019년 1166원 수준으로 올라갔기 때문이다.

2021년과 2022년 1인당 GDP 성장률은 원화 가치 상승으로 각각 3만5000달러와 3만6600달러로 상승할 전망이다. 원달러 환율을 2021년 1126원, 2022년 1121원으로 예상하고 계산한 수치다.

국회예산정책처는 2025년에는 1인당 GDP가 사상 처음 4만달러대에 진입할 것으로 예상한다. 한국 경제가 2025년까지 연평균 2.8% 성장하고, 원달러 환율이 1134원 수준을 유지할 경우 가능하다는 계산이다. 2025년 4만달러 진입에 성공하면 2017년 3만1605달러로 3만달러대에 들어온 이후 8년 만에 한 단계 뛰어넘는 셈이다.

물론 이는 성장, 환율, 인구 등 주요 경제 변수에 대한 전망치를 전제로 예상한 것으로, 실제와는 차이가 날 수 있다.

경제성장률 코로나19 4차 유행과 공급 병목현상 등의 영향으로 민간소비와 투자가 뒷걸음치면서 2021년 3분기 한국 경제는 전기 대비 0.3% 성장하는 데 그쳤다. 그럼에도 불구하고 2021년 한국 경제성장률이 4%를 찍는 데는 큰 무리가 없다는 진단이다. 2021년 4분기 경제성장률이 전기 대비 1.04%를 넘으면 2021년 연간 4% 성장률 달성이 가능하다. 2021년 10월 말 기준 IMF의 4.3%를 필두로 투자은행의 한국 경제성장률 전망치 평균은 4.2%에 달한다. OECD를 비롯해 무디스, S&P, 피치 등 3대 신용평가 업체는 4%를 제시했다.

2022년에도 경기 회복세 분위기는 이어질 전망이다. 다만 V자 반등세를 시현한 2021년에 비해 성장률은 낮아질 수밖에 없다. 민간 연구소(현대경제연구원, 하나금융경영연구소)는 2.8%를 예상한 반면 한국은행, 국회예산정책처, KDI 등 정부기관은 일제히 3%대를 예측했다.

투자　　2021년 경제 활력을 이끌어낸 일등 공신은 단연 설비 투자다. 2021년 상반기 세계 경제가 급속도로 회복 가도를 달리면서 수출이 급증했다. 반도체, 디스플레이, 자동차, 선박 등 거의 전 산업 분야에서 설비 투자가 공격적으로 이뤄지면서 2021년 1분기와 2분기에 각각 12.4%, 12.8%의 설비 투자 증가율을 일궈냈다. 하반기에도 상황은 비슷했다. 수출 증가세가 계속되고 탄소중립과 ESG 경영이 가속화되면서 관련 투자가 대규모로 단행됐다.

사실 2021년 설비 투자 증가율이 한국만 높았던 것은 아니다. 전 세계적으로도 전년 대비 9.8%의 높은 증가세를 기록할 것으로 전망된다.

2021년 한국 설비 투자 증가율도 글로벌 설비 투자 증가율 못지않다. 가장 높게 본 국회예산정책처는 9.8%를, 가장 낮게 본 한국금융연구원이 8.3%를 예상한다.

그러나 2021년 한국 경제를 떠받친 설비 투자가 2022년에는 힘을 대폭 잃을 것이라는 예상이다. 그래도 2%대는 사수할 것으로 보인다. 가장 높게 본 국회예산정책처는 3.5%를 제시했다.

2021년 설비 투자가 활활 타오른 반면 건설 투자는 죽을 쒔다. 대부분 전문가가 2021년 건설 투자 증가율이 1%가 채 안 될 것으로 내다봤다. 건설 투자는 설비 투자와 정반대로 2022년에 한결 상황이 좋아질 전망이다. 특히 정부가 주택 공급 물량을 대폭 늘리기로 한 데다 2022년 SOC 관련 예산을 역대 최대 규모인 27조5000억원으로 책정해놓은 만큼 기대감이 크다. 3기 신도시 택지를 조성한다고 발표한 것도 건설 투자를 긍정적으로 바라보게 하는 요인이다.

민간소비　　2021년 상반기 민간소비는 2020년 -5%라는 큰 폭의 감소에서 벗어나 증가세로 전환했다. 2021년 2월 중순부터 거리두기 단계를 완화하고 영업 제한도 완화하면서 이동량이 늘어나고 대면 활동과 관련된 소비가 늘어난 덕분이다. 3분기 변이 바이러스가 확산되면서 다시 거리두기 단계가 높아졌지만 백신 접종 확대와 국민지원금 지급 등으로 상반기의 소비 회복세가 뚝 꺾이는 양상으로는 가지 않았다. 2021년 민간소비 증가율은 2.8%(한국은행)에서 3.4%(한국금융연구원)까지 예상된다.

2022년에는 민간소비가 더 늘어날 수 있다는 전망이다. 특히 2022년에는 해외 소비(거주자의 국외 소비)가 크게 늘어날 것으로 보인다. 하나금융경영연구소를 비롯해 한국은행, 국회예산정책처, 한국금융연구원 모두 2021년보다 2022년에 민간소비 증가율이 높을 것으로 내다봤다.

소비자물가　　2021년 소비자물가 상승률은 2%를 넘을 것이라고 전문가들은 입을 모은다.

그러나 2021년 연말로 갈수록 뭔가 분위기가 심상치 않다. 국제유가 고공행진, 글로벌 공급 병목 등이 이어지고 있는 가운데 2021년 10월 소비자물가가 3%를 넘어설 것이라는 전망이다. 또 대부분 기관 전망치인 2021년 연간 소비자물가 상승률 2.1%를 넘어설 수 있다는 목소리도 솔솔 나오는 중이다.

2021년 10월 27일 한국은행이 발표한 '2021년 10월 소비자동향 조사'에 따르면 기대 인플레이션은 2.4%를 기록했다. 지난 2월(2%) 이후 9개월째 2%대를 이어갔다. 2019년 9월부터 올해 1월까지는 1%대였다.

기대 인플레이션은 향후 1년간 소비자물가 상승률에 대한 전망이다. 경제 주체들이 2020년 10월에도 물가가 떨어지지 않는다고 보는 셈이다. 지난 1년간 소비자물가 상승률에 대한 인식을 보여주는 물가 인식도 3개월 연속 2.4%를 기록했다. 소비자물가 상승에 영향을 미칠 주요 품목으로는 석유류 제품, 농축수산물, 공공 요금 등이 꼽힌다.

2022년에는 2021년보다 소비자물가 상승률이 안정세(1.5~2%)를 찾으리라 예상하지만, 여전히 변수는 존재한다.

세계 공급망 회복이 지연되거나, 기상 여건이 악화돼 농산물 가격이 오르거나 할 가능성을 배제할 수 없다. 탄소중립 등 친환경 정책이 인플레이션을 불러오고 있다는 '그린플레이션(Green+Inflation)' 논란도 여전히 뜨겁다. 석탄이나 석유 등 생산 비용이 비교적 저렴하고 에너지 효율이 높은 화석 연료 대신 비싼 데다 효율도 낮은 신재생에너지로 전환을 서두르며 에너지 대란을 야기했다는 지적이다.

수출입과 경상수지 2021년 세계 경제가 급반등하면서 수요가 급증했고 이는 한국 수출의 급증으로 이어졌다. 2021년 수출은 20%대가 넘는 엄청난 성장률을 기록할 것이라는 계산이다.

기저효과 영향으로 2022년에는 수출 증가율이 낮아질 수밖에 없다. 한참 경기부양책에 몰두했던 주요국들이 테이퍼링 실시 등 긴축으로 전환하고 개발도상국 중심으로 코로나19 불확실성이 계속되는 현상 등이 발목을 잡는 요인이다. 설상가상 미중 분쟁이 더욱 심화되면서 중국 중심 글로벌 공급망 차질도 여전할 것으로 보인다. 결과적으로 2022년 예상되는 수출 증가율은 1~4% 선이다.

당연히 경상수지도 2022년에는 2021년보다 줄어들 수밖에 없다. 더군다나 2022년에는 해외여행이 재개될 것으로 예상되면서 여행수지 적자 확대가 예상된다. 다만, 원자재 가격이 안정되면서 수입액도 다소 줄어들어 경상수지 흑자 규모를 대폭 끌어내리지는 않을 것이라는 분석이다. 2021년 800억~900억달러대였던 경상수지가 2022년에는 다소 줄어들 것으로 예측된다.

'위드 코로나' 추세에 4% 성장 인플레·부채·백신 양극화 불안

명순영 매경이코노미 기자

▶ 2020년 코로나19 발발 이후 유럽 축구 경기장에서는 관중을 찾아볼 수 없었다. 그러나 8월에 시작한 리그부터 일부 유럽 국가들이 관중 입장을 허용하며 경기장에는 팬들의 함성이 돌아왔다. 마스크도 하지 않은 채 열띤 응원전을 펼치는 유럽인의 모습은 2022년 세계 경제 회복에 대한 기대감을 주기에 충분했다.

2021년 말 미국과 영국·독일·일본·싱가포르 등 주요국이 코로나19 방역체계 전환에 착수했다. 국경을 개방해 외국인 입국을 전면적으로 허용하고 백신 패스(PASS·통행권) 제도를 시행하는 등 변화를 도모한다. 예를 들어 미국 국토안보부는 2021년 10월 13일(현지 시간) 국경을 맞댄 캐나다와 멕시코에서 코로나19 백신 접종을 완료한 모든 외국인의 입국을 허용하기로 했다. 육로·해로를 통한 입국까지 모두 받는 셈이다. 미국은 2020년 초 코로나19가 본격적으로 확산한 뒤 무역 등을 제외한 모든 입국을 막아왔다. 미국 경제 회복의 걸림돌 중 하나로 꼽히는 운송 마비 현상을 완화하기 위한 조치로 풀이된다. 이와는 별개로 미국은 경제 회복세가 뚜렷하다고 자평한다. 조 바이든 미국 대통령은 2021년 10월 14일(현지 시간) 성명을 통해 "델타 변이에 따른 세계적 도전에도 미국 경제가 정상으로 돌아가고 있다"며 "백신 미접종 미국인이 급감하는 점은 델타 변이를 물리치기 위한 중대한 진전이다. 경제가 힘을 얻고 있다"고 말했다.

위드 코로나 본격화…IMF, 전 세계 경제성장률 4.9%로 예상

2021년 하반기 들어서며 '위드 코로나(단계적 일상 회복)'가 힘을 얻는다. 백신 접종을 순조롭게 진행하며 코로나19라는 초대형 악재를 벗어날 수 있을 것이라 판단한다.

결론적으로 2022년 세계 경제성장률은 V자 반등을 이뤄낸 2021년보다 떨어질 수 있다. 그러나 소위 '퍼펙트 스톰'과 같은 코로나19와 다른 형태의 새로운 위기는 없을 것이라는 분위기가 대세다.

현대경제연구원은 "2022년 세계 경제는 회복세가 지속될 것이라 기대한다"고 밝혔다. 선진국은 위드 코로나 시대에 대한 기대감, 경기 부양 기조 유지, 경제 주체 심리 개선이 회복 키워드다. 신흥국은 선진국 수요 회복에 따른 낙수 효과를 누릴 것이라고 현대경제연구원은 판단한다.

한편으로 경제 회복세 속에 나타나는 '인플레이션, 양극화, 부채' 등의 문제는 세계 경제가 감내해야 할 몫으로 받아들여진다. G2(미국·중국) 분쟁 심화, 중국 경제 리스크 확대, 코로나19 재확산·긴축 발작, 글로벌 공급망 복구 지연은 경기를 끌어내릴 수 있는 이슈로 꼽힌다.

국제통화기금(IMF)은 보고서를 통해 2021년 한국의 경제성장률 전망치를 4.3%로 봤다. 2021년 7월 한국 성장률 전망치를 3.6%에서 4.3%로 대폭 상

IMF 세계 경제성장률 전망				단위:%
	7월 예상치	10월 예상치	7월 예상치	10월 예상치
	2021년		2022년	
세계	6	5.9	4.9	4.9
선진국	5.6	5.2	4.4	4.5
신흥 개도국	6.3	6.4	5.2	5.1
한국	**4.3**	**4.3**	**3.4**	**3.3**
미국	7	6	4.9	5.2
유로존	4.6	5	4.3	4.3
일본	2.8	2.4	3	3.2
중국	8.1	8	5.7	5.6

*2021년 10월 12일 IMF '세계경제전망' 발표 기준
*자료:국제통화기금(IMF)

향 조정한 뒤 이를 유지했다. IMF의 한국 성장률 전망치는 우리 정부 (4.2%)와 한국은행(4%), 경제협력개발기구(OECD, 4%), 무디스(4%), S&P(4%), 피치(4%) 등 주요 기관보다 높은 수준이다.

경제성장률 전망치 낮추는 기관들

기관	전망치 하향 내용
IMF	올해 세계 경제 6% → 하향 시사
골드만삭스	올해 미국 경제 5.7% → 5.6% 중국 경제 8.2% → 7.8%
노무라증권	올해 중국 경제 8.2% → 7.7%
현대경제연구원	올해 한국 경제 3.8% → 내년 한국 경제 2.8%

이에 반해 세계 경제의 2021년 성장률 전망치는 기존 6%에서 5.9%로 0.1%포인트 하향 조정했다. 전반적인 경기 회복세는 유지된다고 전제하면서도 선진국·신흥국 간 회복 격차가 크고 글로벌 공급망에 차질을 빚는 등 새로 등장한 위협 요인까지 반영했다.

IMF는 특히 선진국의 2021년 성장률 전망치를 기존 5.6%에서 5.2%로 0.4%포인트나 끌어내렸다. 글로벌 공급망 차질 문제를 들어 미국 성장률 전망치를 기존 7%에서 6%로, 독일은 3.6%에서 3.2%로 낮췄다. 코로나19 확산에 따른 긴급 조치를 이유로 일본도 기존 2.8%에서 2.4%로 하향 조정했다.

투자은행 골드만삭스 역시 예상보다 더딘 소비 회복 우려 등을 반영해 전망치를 하향 조정했다. 코로나19 이후에도 재택근무가 보편화하며 식료품과 의류 등 비내구재와 일부 서비스 분야의 소비가 코로나19 유행 이전 수준을 회복하기 어려울 것이라는 게 근거다. 반도체 수급도 2022년 상반기까지는 개선되기 어려워 공급 감소發 물가 상승을 부채질할 것으로 우려했다. 이번 전망은 미국이 4조 달러(약 4784조8000억원)에 달하는 조 바이든 대통령의 경기 부양 예산이 의회를 통과할 것이라는 가정 아래 이뤄졌다. 만약 예산 규모가 줄어들면 성장률 추가 하향 요인이 될 수 있다.

골드만삭스는 미국을 제외한 주요국 전망치도 낮췄다. 2021년 중국 경제성장률 전망치를 8.2%에서 7.8%로, 일본 노무라증권은 8.2%에서 7.7%로 끌어내렸다. 중국은 전력난뿐 아니라 대형 부동산 개발 업체 헝다(恒大·에버그란데)

의 유동성 위기가 여전히 큰 불씨로 남아 있다고 판단했다.

2021년보다 낮아지지만 안정적 성장…미국 5.2%, 중국 5.6%, 인도 8.5%

IMF의 2022년 전망치는 2021년 전망치보다 대체로 낮다. 세계 경제성장률은 4.9%다. 10월 예상한 선진국 전망치는 2021년 전망치(5.2%)와 비교해 하락한 4.5%다.

'믿을맨'은 미국이다. 미국은 2022년 5.2% 성장할 것으로 전망됐다. 2021년 7월 예상했던 전망치(4.9%)보다 0.3%포인트 오른 수치다. 유로존 전체 성장률은 4.3%로 예상된다. 스페인이 5.8%로 가장 높다. 스페인은 2020년 무려 10.8%가 추락했던 터라 반등도 가파를 것으로 보인다. 유로존 맹주 독일은 2022년 4.5% 성장하리라는 예측이다. 영국(5%), 캐나다(4.9%), 일본(3.2%) 등 선진국도 안정적이다. IMF가 예상한 한국의 2022년 성장률이 3.3%라는 점을 감안하면 선진국이 한국보다 빠르게 회복할 것이라 판단한 셈이다.

신흥국은 선진국을 뛰어넘는 성장세를 보일 것 같다. 신흥국의 2022년 성장률은 5.1%로 선진국(4.5%)보다 높다. 신흥국 대표 주자 중국은 다소 불안하다. 2021년 8% 성장세를 달린 중국은 '헝다 사태'와 '전력난'이라는 복병 속에 2022년 5.6% 성장에 그칠 것으로 IMF는 판단했다.

가장 떠오르는 나라는 인도다. 2020년 −7.3%를 기록했던 인도는 2021년 급격히 회복했다. 2021년 예상 성장률은 무려 9.5%다. 2022년에도 8.5% 성장세가 예고됐다.

인도 경제 성장의 장밋빛 전망은 증시에서도 잘 나타난다. 2021년 10월 13일(현지 시간) 인도 센섹스지수는 452.74포인트를 기록하며 사상 최고치를 경신하는 중이다. 연초 대비 26%가 올랐다. 같은 기간 코스피지수가 1.5% 오른 것과 대비된다. 중국 경제가 경착륙 우려에 직면한 반면, 인도 경제는 강한 경기 반등이 본격화하고 있다. 일례로 2021년 7월 인도 수출은 전년 대비 55% 증가하며 수출액도 사상 최고치를 경신했다. 멕시코와 사우디가 4%대로 예상된 반면 러시아(2.9%), 남아프리카공화국(2.2%), 브라질(1.5%)은 부진한 성장세가 예고된다.

인플레이션 우려는 있으나 스태그플레이션까지 악화하지 않을 듯

경제성장률 전망치가 낮아지기는 했지만 '스태그플레이션(경기 침체 속 물가 상승)' 우려는 크지 않을 듯 보인다. 스태그플레이션은 전 세계 금융 시장이 가장 공포스럽게 받아들이는 현상이다. 2021년 하반기 미국 월가에서는 에너지 부문의 급격한 가격 상승과 함께 스태그플레이션 위험성에 숨을 죽여왔다. 클라우디오 피론 뱅크오브아메리카(BoA) 수석시장전략가는 2021년 10월 5일(현지 시간) CNBC와의 인터뷰에서 산유국의 추가 증산 거부 결정 이후 급등한 국제유가 등을 지적하며 "세계 경제 위험 요인들이 진짜로 스태그플레이션 쪽으로 향하고 있다"고 경고하기도 했다.

그러나 미국 중앙은행인 연방준비제도(Fed · 연준)의 리처드 클래리다 부의장은 "미국은 실업과 인플레이션이 동시 발생했던 1970년대식 스태그플레이션으로 가고 있지는 않다"고 강하게 반박했다. 국제금융협회(IIF) 연례 회원 총회 화상 회의에 참석해서 한 얘기다.

클래리다 부의장은 인플레이션과 관련해 "미국의 근본적인 인플레이션율은 장기 목표인 2%에 근접하고 있다"며 "따라서 2021년 반갑지 않은 인플레이션 급등은 상대적인 가격 조정이 끝나고 병목현상이 뚫리면, 결국 대체로 일시적이었다는 게 판명될 것"이라고 말했다. 그는 "완화적인 재정 · 통화 정책이 인플레이션을 억제하며 궁극적으로 최대 고용을 회복할 것"이라고 자신했다. 앞서 IMF도 세계 경제가 스태그플레이션에 빠질 가능성은 낮다고 일축했다. IMF는 반기 세계경제전망(WEO) 보고서에서 인플레이션 위험은 높지만 경제 성장세가 큰 폭으로 둔화하지는 않을 것으로 예상했다.

크리스탈리나 게오르기에바 IMF 총재 "양극화, 인플레이션, 부채가 불안하다"

2022년 세계 경제를 장밋빛으로만 볼 수 없게 만드는 요인도 상당하다. 크리스탈리나 게오르기에바 IMF 총재는 이를 이렇게 비유했다.

"양극화, 인플레이션, 부채라는 세 개의 돌멩이가 우리 신발 속에 들어가 있다 (The stones in our shoes have become more painful)."

2021년 10월 이탈리아 보코니대 영상 연설에서 "IMF가 예상했던 올해 세계 경제성장률(6%)이 다소 기대에 못 미칠 것"이라며 한 얘기였다. 이는 2021년 7월 IMF 전망 때 세계 경제의 견고한 반등세를 기대했던 것과 비교해 확연히 달라진 시각이다. 코로나19 팬데믹에 따른 후유증이 상당히 남아 세계 경제 회복세가 예상보다 더디게 전개되고 있다는 점을 강조했다.

정상적인 걸음을 어렵게 만드는 첫 번째 돌멩이는 국가 간 백신 보급 격차와 대응 능력 차이 등의 양극화다. 미국과 중국, 유럽 선진국 등의 회복세가 탄력을 받고 있는 반면, 신흥국·저소득국 회복이 더디다는 점을 지적했다.

두 번째 돌멩이는 살인적인 물가 상승 압박이다. 그는 향후 인플레이션 전망에 대해 "매우 불확실하다(highly uncertain)"고 경고했다. 게오르기에바 총재는 특히 "인플레 기대가 지속적으로 증가하는 과정에서 (이에 따른 대응으로) 금리가 급격히 상승하고 금융 상황이 위축될 수 있다"며 인플레 대응 과정에서 일부 국가가 중대한 위기 전이 상황을 맞을 수 있음을 경고했다.

마지막으로 팬데믹 대응 과정에서 급격히 늘어난 각국 부채 문제를 세계 경제의 복병(세 번째 돌멩이)으로 지목했다. 그는 "글로벌 공공 부채가 세계 국내총생산(GDP)의 100%에 거의 도달한 것으로 추산한다"며 "급격한 부채 증가로 향후 불확실성 국면에서 재정 대응 여력이 제한될 수밖에 없다"고 강조했다.

II

2022
매경아웃룩

2022 12大 이슈

가상 세계 급팽창 메타버스·NFT 수소 경제·로보틱스도 '붐업'

노승욱 매경이코노미 기자

▶ 2022년 유망 산업으로 손꼽히는 대표 주자는 단연 메타버스다. 메타버스는 가상·초월을 의미하는 '메타(meta)'와 세계·우주를 의미하는 '유니버스(Universe)'의 합성어다. 현실 세계와 같은 사회·경제적 활동이 통용되는 3차원 가상 공간을 의미한다. 구체적으로는 일상 세계 위에 네트워크화된 정보를 부가하는 '증강 현실', 사물과 사람에 대한 경험과 정보를 캡처하고 저장하는 '라이프 로깅', 실제 세계를 정교하게 반영한 '거울 세계', 현실적 특성을 가진 시뮬레이션 환경 '가상 세계' 4가지로 분류된다.

메타버스 | 온라인 넘어 가상 세계서 소통 '뉴노멀'

메타버스가 각광받는 이유는 코로나19 장기화로 위축된 현실 세계를 가상 세계로 대체하려는 움직임 때문이다. 비대면 활동이 증가하며 인간의 기본적 욕구인 사회적 소통 욕구가 메타버스를 통해 발현되고 있다. 인프라 발전도 메타버스 생태계 구축을 가속화했다. 데이터센터, GPU 등 하드웨어 발전과 5G와 같은 통신 인프라 발전으로 이전보다 현실감 있게 메타버스 생태계를 구축해나갈 수 있게 됐다.

상황이 이렇자 관련 기업의 발걸음이 재다. 1억6000만명 이상 이용자를 확보한 메타버스 게임 전문 기업 '로블록스'는 2021년 1월 295억달러(약 33조원)의 기업가치를 인정받으며 나스닥 시장에 입성했다. 2021년 10월 말 기준 기업가치는 50조원이 훌쩍 넘는다. 페이스북은 향후 10개년 로드맵의 핵심 사업으로 메타버스를 선정했다. 전체 근무 인력의 20%를 VR·AR 사업부에 배치했다. 이 밖에 글로벌 빅테크 기업, 게임 회사들도 메타버스 시장 선점을 위해 다방면으로 매진하고 있다.

메타버스가 미래 유망 산업으로 촉망받는 이유 중 하나는 핵심 이용층이 10대를 중심으로 구성돼 있기 때문이다. 네이버 제페토 이용자의 80%, 로블록스 전체 이용자의 67%가 10대다. 김한경 교보증권 애널리스트는 "과거 온라인 게임 시장도 처음에는 이용층이 10~20대로 한정됐으나 게임 시장이 개화한 지 20년이 지난 지금에는 이용층이 매우 방대해졌으며 이용자 소비력도 기하급수적으로 증가했다. 메타버스 역시 현시점에서의 시장 크기가 크지 않을 수 있으나 이들이 소비력을 갖춰나가며 매우 빠른 속도로 시장이 개화할 것으로 예상된다. 이미 미국 10대들은 유튜브, 페이스북보다 로블록스에서 소비하는 시간이 더 많으며, 가상 세계에서 아바타를 통해 소통하는 것에 매우 익숙하다"고 짚었다.

전문가들은 향후 메타버스 관련 하드웨어, 소프트웨어, 통신 등 제반 인프라 발전과 더불어 다양한 종류의 콘텐츠가 생태계에 추가되며 향후 가파른 성장을 구가할 것으로 내다본다.

NFT 디지털 정품 인증서…가상자산 새 키워드

가상자산 시장에서 새롭게 떠오르는 것은 '디지털 정품 인증서' NFT(Non-Fungible Token·대체불가능토큰)다.

NFT는 한마디로 복제 불가능한 디지털 자산을 말한다. 미술품, 게임, 팬덤,

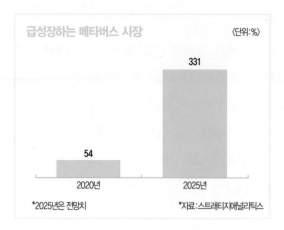

급성장하는 메타버스 시장 〈단위:%〉

331

54

2020년　　　　2025년

*2025년은 전망치　　　　　*자료:스트래티지애널리틱스

부동산 등 다양한 분야에서 사용되고 있으며, 시장이 커짐에 따라 NFT 거래소와 유동화를 위한 금융 서비스, 가치 평가 시스템 등 NFT 생태계도 빠르게 발전하고 있다.

　NFT가 대중에게 본격적으로 알려지기 시작한 것은 2021년 3월부터다. 디지털 예술가 비플(Beeple)이 10초 분량의 비디오 클립을 74억원에 판매했고, 일론 머스크 테슬라 CEO의 아내이자 가수인 그라임스는 디지털 작품 NFT를 만들어 65억원을 벌어들였다. 며칠 후 크리스티 미술품 경매 시장에서 비플이 만든 디지털 작품이 786억원에 낙찰됐다. 생존 작가의 작품 중 세 번째로 비싼 가격이라는 사실에 시장 관심은 폭발했다. 이후에도 잭 도시 트위터 공동창업자의 첫 번째 트윗이 32억원에 낙찰, 뉴욕타임스(NYT) 칼럼이 6억원에 팔리는 등 예상치 못한 아이템이 판매되기 시작했다.

　NFT 열기는 수치로 확인된다. 블록체인 데이터 플랫폼 댑레이더에 따르면, 2021년 1분기 전 세계 NFT 거래액은 12억달러(약 1조4400억원)로 2020년 전체 거래액(9486만달러)을 뛰어넘었다. NFT 거래액은 2021년 3분기 107억달러(약 12조원)를 기록하면서 사상 최고치를 갈아치웠다. NFT 스타트업을 향한 투자도 이어진다. 2021년 NFT 개발사 대퍼랩스는 두 차례 이상 투자받으며 기업가치가 76억달러(약 9조원)로 늘었다. NFT 축구 게임 플랫폼 소레어의 기업가치(43억달러)는 프랑스 스타트업 중 가장 높은 수준으로 치솟았다.

　물론 NFT도 약점은 있다. 저작권자가 아니어도 NFT를 만들 수 있고 지나치게 가치가 고평가됐다는 버블 논란도 제기된다. 그럼에도 많은 전문가는 NFT가 향후 가상자산 시장의 새로운 키워드가 될 것으로 내다본다.

"NFT는 여전히 성장 초기 산업이며, 저작권, 세금 과세 등 해결해야 할 것이 많이 있다. 하지만 우리가 주목해야 할 것은 NFT 시장에 많은 자금이 유입되고 있다는 점이다. NFT라는 것이 시장에서 거래되기 시작했고, 실생활과 각종 산업에 NFT 기술이 적용되고 있으며, 메타버스 내 경제를 이루게 될 것이다. 새로운 시대에 적응하기 위해, 지금이라도 NFT를 만들어보고, 구매해보고, 이들과 커뮤니티를 만들어가는 것을 추천한다."

노경탁 유진투자증권 애널리스트의 생각이다.

로보틱스 로봇, 더 이상 미래 산업 아니다

또 다른 2022년 유망 산업은 로보틱스다. 그간 산업용이 대부분이었던 로봇 시장이 향후에는 퍼스널 모빌리티, 라스트 마일 배송, 협동 로봇, 도심항공교통(UAM), 국방, 외식, 재활, 헬스케어 등 다양한 분야로 확산될 전망이다. '미래 산업'으로 치부됐던 로봇이 성큼 눈앞에 다가왔다.

로보틱스 시장 성장 동인은 코로나19 사태로 인한 비대면 수요 증가와 이에 따른 이커머스 시장 급성장, 인건비 상승, 관련 기술 고도화 등이 꼽힌다. 시장 전문가들은 전 세계 산업 자동화 시장 중 특히 로보틱스 시장이 30%에 달하는 연평균 성장률을 보일 것으로 내다본다.

국내 기업 중 가장 눈에 띄는 곳은 단연 현대차그룹이다. 정의선 현대차그룹 회장은 취임 후 첫 대규모 인수합병(M&A) 분야로 로보틱스를 선택했다. 11억달러(약 1조2482억원) 규모 가치를 평가받는 보스턴다이내믹스를 2021년 6월 인수 완료했다. 보스턴다이내믹스는 2021년 선보인 4족 보행 로봇 스폿(Spot) 외에 연구용 휴머노이드 로봇 아틀라스(Atlas)를 개발하는 등 로봇 운용에 필수적인 자율주행(보행), 인지, 제어 등 종합적인 면에서 세계 최고 수준 기술력을 갖췄다. 2022년에는 최대 23kg의 박스를 시간당 800개 싣고 내리는 작업이 가능한 물류 로봇 스트레치(Strech)를 상용화하며 제조, 물류, 건설 등으로 사업 영역을 넓힐 계획이다.

스타트업 업계도 발 벗고 나섰다. 재활, 헬스케어 웨어러블 로봇 스타트업 '엔젤로보틱스'는 2021년 9월 180억원 규모의 시리즈B 투자 유치에 성공했다. 착용형 작업 보조 로봇을 개발하는 스타트업 '위로보틱스'도 퓨처플레이로부터 시드 투자를 유치했다. 미국의 자율주행 로봇 스타트업 로커스로보틱스는 세계적인 벤처캐피털(VC) 타이거글로벌로부터 최근 5000만달러(약 592억원) 규모 투자를 받았다.

고태봉 하이투자증권 리서치본부장은 2021년 9월 '대구 스케일업 콘퍼런스 2021'에서 열린 '모빌리티와 로보타이제이션(로봇화)' 주제의 기조강연에서 기업들의 로봇 투자를 촉구했다. 그는 "요즘 글로벌 자동차 업계에서는 초연결 · 자율주행 · 친환경 · 차량 공유 등 4대 변화가 숨 가쁘게 일어나고 있다"며 "아무리 큰 기업이라도 모빌리티와 로보타이제이션 역량을 키우지 않으면 모든 것을 잃을 수 있다"고 강조했다.

수소 경제 文 대통령 "2030년까지 20분 거리 내 수소 충전소 구축"

"탄소중립 시대 핵심 에너지원인 수소를 생산 · 저장 · 운송 · 활용하는 수소 경제 생태계 조성에도 박차를 가해야 한다."

문재인 대통령이 2021년 10월 '2050 탄소중립위원회 제2차 전체회의'에서 한 말이다.

수소 경제는 문재인정부의 역점 사업이다. 수소는 생산 과정에서 이산화탄소가 발생하지 않아 가장 친환경적인 에너지로 알려졌다. 이에 문재인 대통령은 2018년 10월 프랑스 파리에서 현대차가 수출한 수소전기차 택시를 시승한 이후 지난 3년간 10여차례나 수소 산업 활성화를 강조해왔다.

2021년 10월 현대모비스 수소 연료전지 공장 투자 예정지에서 열린 '수소 경제 성과와 수소 선도 국가 비전 보고' 행사에 참석해서도 "우리가 막연한 불안감을 떨친다면 수소 충전소 확충에 더욱 속도가 붙게 될 것"이라며 "수소 충전소를 2050년까지 2000기 이상 구축하고, 모든 시민이 2030년 20분 이내, 2050년에는 10분 이내에 충전소를 이용할 수 있는 환경을 조성하겠다"고 밝혔다.

기업들도 적극 화답하고 나섰다. SK그룹은 수소 관련 산업에 약 18조원을 투자하겠다며 국내에서 가장 큰 투자 계획을 발표했다. 국내 청록수소 상업화와 고체탄소 시장 선점에 나선다는 방침이다. 이를 위해 SK㈜는 미국의 청록수소 기업인 모놀리스와 합작법인을 설립하기로 했다. GS그룹도 수소 경제에 올라탔다. GS에너지는 국내 최초로 블루암모니아를 도입하며 청정수소 경제 인프라 구축을 본격화했다. GS칼텍스는 수소 연료전지 발전소, 액화수소 플랜트를 건설하는 등 수소 사업 기반시설 조성에 한창이다. 두산그룹도 수소 관련 사업 재편 추진 가능성이 제기된다. ㈜두산이 100% 지분을 보유한 퓨얼셀아메리카 법인을 활용해 각 계열사에 흩어진 지식재산권(IP)과 원천 기술을 확보할 것이라는 전망이다.

류제현 미래에셋증권 애널리스트는 "글로벌 수소 시장은 2030년까지 약 1억t, 2050년까지 5억5000만t 규모로 증가할 전망이다. 에너지로 환산한다면 전 세계 에너지 사용량의 3%, 18%에 해당한다. 이에 따라 수소 생산 플랜트, 수소 충전 사업 등 관련 인프라 수요 증가가 기대된다"고 밝혔다.

'집값 조정론'은 허상…
부동산 고공행진 계속된다?

이은형 대한건설정책연구원 책임연구원

▶ 문재인정부의 부동산 정책은 '강한 규제'와 '주택 공급 확대' 투트랙으로 정리 가능하다. 과거 '부동산 시장에서 공급 측면의 문제는 없다'던 문정부는 2018년 3기 신도시, 2020년에는 노후 도심의 고밀 개발을 담은 '8·4 대책'을 발표하며 공급 확대로 완전히 돌아섰다. 이후 2021년 '2·4 대책'으로 공공 주도 주택 공급이라는 틀을 확고히 했다. 2021년 하반기에는 종전의 후분양 우대 기조를 뒤집는 3기 신도시의 사전청약까지 실시됐다.

규제도 계속된다. 부동산 규제를 뒷받침하는 논리는 불로소득에 대한 환수를 포함한다. 집값 상승은 투기 세력이 시장을 왜곡시킨 결과로 얻은 부당 소득이니, 공공이 이를 환수하는 것은 정당하다는 것이다. 그 결과로 나온 게 보유세와 종합부동산세 인상이다.

'세금 폭탄'을 우려한 다주택자들이 매물을 시장에 내놓으면 주택 공급 문제가 해소될 것이라는 논리는 2021년 상반기까지도 변함없이 지속됐다. 아파트 매매량 감소를 근거로 '지금이 가격 하락의 변곡점'이라는 의견도 마찬가지로 계속 나온다. 하지만 결국 이런 주장은 현실화되지 못했다. 아파트를 선두로 주택 가격은 줄곧 상승하고 있다. 집값 상승에 따른 상대적 박탈감을 뜻하는 '벼락거지'라는 단어가 일반화됐다.

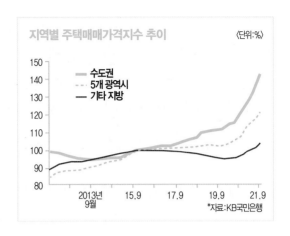

2022년도 집값 상승 추세는 달라지지 않을 것으로 본다. 부동산 고공행진이 계속 이어질 것이라고 전망하는 데에는 크게 4가지 이유가 있다.

막연한 희망뿐인 '집값 조정론'

그간의 하락 논리가 무력화된 2021년 중반부터는 '집값 고점론'과 '집값 조정론'이 공공 부문을 중심으로 제시됐다. 양쪽이 의도하는 바는 간단하다. '무리해서 주택을 구입하지 말라'는 것이다.

여기에 '금리 인상론'도 공공 부문에서 부각됐다. 역시나 내용은 간단하다. 이른바 '영끌'로 무리해서 주택을 구입하면 추후에 금리가 올라 위험하거나 부담될 수 있으니 주의해야 한다는 논리다. 미국의 인플레이션과 테이퍼링에 대한 우려 제기도 유사한 맥락이다. 부동산 시장은 가격 하락 여지도 있으니 무리해서 주택을 구입할 필요가 없다는 주장이다.

한때 유행했던 '집값 폭락론'의 주된 트리거가 미국의 금리 인상이었다는 것을 생각하면 이해가 쉬울 테다. 앞으로 집값이 폭락하니 빨리 집 팔고 전세 가야 한다던 무지함도 확산됐지만, 안타깝게도 최근 10년 정도만 보더라도 이런 주장은 들어맞은 적이 없다. 사실 부동산 시장에서 위기론이 잠잠했던 시기는 찾아보기 어렵다.

2021년 8월 말에는 한국은행이 1년 3개월 만에 기준금리를 인상했다. 하지만 그 직후에 열린 미국 잭슨홀 미팅에서 연준 의장은 테이퍼링 실시와 금리 인상의 시전은 별개라고 선을 그었다. 이 때문에 한국만 금리를 계속 인상하는 것은 쉽게 선택할 수 없게 됐다. 설령 최근 5년간 가장 높았던 기준금리인 2019년의 1.75%를 당장 적용하더라도 부동산 시장에 미칠 영향은 한정적인 상황이다. 더구나 부동산 시장에 영향을 끼치는 요소는 다양하기에 금리 인상이 부동산 하락으로 직결된다는 보장도 없다.

일각에서는 주택 경기 순환 주기를 내세우며 '2021년이 정점이고 2022년부터 부동산 시장이 안정된다'는 주장을 펼친다. 이들의 논리는 과거에 비슷한 패턴이 있었다는 것에 근거하지만 그때와 지금의 환경 요인이 다르다는 것에 허점이 있다. 분명 외환위기 같은 경제위기가 나타나면 부동산, 특히 주택 가격은 조정될 가능성이 높다. 한때는 참신했던 부동산 폭락론이 우연히 서브프라임 같은 경제위기와 맞물리는 식의 이벤트도 큰 조정 요인이 될 수 있다. 하지만 2022년에 그런 경제위기가 발생할 것인지, 부동산 폭락론이 지금도 호응을 얻을 수 있을지를 생각해본다면 쉽게 답을 찾을 수 있다. 즉 2021년은 정점이 아니다.

지난 몇 년간 20대와 30대의 주택 매수가 적지 않았음은 물론 수요가 여전하다는 점도 중요하다. 종전에는 신혼부부가 일단 전세로 살아보다가 자금을 모으고 정주 지역을 결정해 주택을 매입하는 패턴이 낯설지 않았지만, 지금은 자금 여력만 있다면 바로 매수에 뛰어드는 사례가 적지 않다.

이런 주택은 입주 시점과 무관하게 '실수요'이므로, 매입 가격 이하로는 쉽사리 시장에 나오지 않는다. 기본적인 '본전 심리'라고 생각해도 된다. 그렇기 때문에 지금처럼 정부가 가계부채를 줄이려는 목적으로 대출 등을 규제하더라도 주택 매수와 대출 수요를 억제하는 것은 쉽지 않다.

총부채원리금상환비율(DSR)을 철저하게 적용하면서 갭투자를 차단하면 집값을 잡을 수 있다는 주장은, 투기 세력이 부동산 시장을 왜곡시켰다는 종전 주장의 변형에 가깝기에 현실성이 떨어진다. 일반적으로 전세 세입자가 있는 주택은 금융기관 대출이 나오지 않는다. 개인별로 신용대출을 차단하거나 사용처를 모두 감시하기란 불가능하고, 따로 자금 융통이 가능한 갭투자는 대출 규제와 무관해진다. 그렇다고 세입자가 존재하는, 즉 임대차 계약이 남아 있는 주택에 대한 매매 자체를 금지하는 것도 무리수다. 무주택자의 갭투자도 투기로 간주하자는 것은 난센스다.

앞으로 인구가 감소하면 집값이 떨어지지 않냐는 얘기는 차라리 '애교'에 가깝다. 인구가 줄어들수록 대도시 등 주요 지역으로의 인구 집중도는 오히려 높아진다.

여전히 어려운 '주택 공급'

정부가 지금까지 발표한 '공급 폭탄'이 구체화되는 시점에는 분명 주택 수요가 충족되면서 시장이 안정될 가능성이 높다. 하지만 '그 시점이 코앞이냐' 하면 그렇지 않다. 사전청약을 도입한 3기 신도시도 막상 입주까지는 소요되는 시간이 적지 않다. 2021년 상반기의 이슈였던 광명·시흥 택지지구, 속칭 LH 투기 사태처럼 예상치 못한 문제들이 발목을 잡을 수도 있다.

서울 같은 기존 도심에서 신규 주택을 대량으로 공급하는 것은 더욱 어렵다. 신규 택지를 찾기 힘들다는 것은 굳이 설명할 필요도 없다. 지금처럼 대규모 재건축과 재개발이 사실상 배제된 상황에서는 뾰족한 수가 없다. 정비사업이 추진되더라도 소요 시간이 적지 않다.

정부가 고밀 개발 방안으로 제시한 공공 재건축과 공공 재개발 역시 양쪽 모두 '이익 환수'라는 개념을 수반하기 때문에 단기에 활성화되기는 어렵다. 공공 재건축에서 재건축초과이익환수제가 완전히 배제된 것도 아니다. 새로 짓기만 하면 100% 완판이 예정된 지금의 부동산 시장에서 공공 개발을 선택하는 정비사업 조합의 수가 압도적일 것으로 보기는 어렵다. 설령 그렇더라도 동의율 요건 충족 등의 절차를 거쳐 완공까지 걸리는 물리적인 시간은 여전하다.

이런 상황에서 도심 고밀도 개발이 추진된다면 당분간의 결과물은 1~2동짜리 주상복합 확대 양상으로 귀결될 가능성이 높다. 물론, 대규모 아파트 단지보다 입주까지의 기간이 짧다는 것은 분명 장점이다. 이를 반영하듯 정부는 2021년 9월에 도시형 생활주택(이하 도생)과 오피스텔 규제 등을 완화하는 정책을 제시했다. 목적은 명확하다. 단기에 실행 가능하면서도 가족 단위 주거 수요를 충족할 수 있는 주택 공급을 확대하려는 것이다.

소규모 사업지를 이용한 도심 내 非아파트까지 포함해 어쨌든 주택 공급을 늘리려는 정책 기조만큼은 높게 평가할 수 있다. 그런데 오피스텔과 도생은 주상복합 같은 공동주택과 달리 분양가상한제가 적용되지 않기 때문에 실수요자더라도 아파트 청약보다 취득 가격이 다소 높을 수 있다. 동일 면적 아파트와 비교하면 관리비나 세금이 높다는 차이도 있다.

사람들이 대단지 아파트를 선호하는 이유는 여러 부대시설과 편의시설, 인근의 환경 변화 등이라는 점도 감안해야 한다. 기존 도심에서는 주택 수가 늘어나더라도 주변 노후 인프라는 동일하다는 점, 또 난개발 양상이 될 수밖에 없다는 점도 단점으로 꼽힌다. 이는 도시 경쟁력과 직결되는 '조화로운 도시 경관 형성'에도 문제를 일으킬 수 있다. 오히려 빠른 사업 승인과 추진이 문제를 악화시킬 수 있다는 얘기다.

예정된 지역 호재는 사라지지 않는다

이미 예정된 지역적인 호재가 너무 많다는 점도 부동산 가격을 끌어올릴 가능성이 높다. GTX로 대표되는 광역교통망, 신도시, 노후 도심 개발 계획은 2022년 대선 결과와 무관하게 취소나 대폭 변경이 어렵다.

도로나 철도 등의 SOC 투자로 교통망이 개선될수록 수혜 지역 부동산 가격은 들썩인다. GTX 신설역이 거론되자마자 인근 매도 호가가 폭등하는 것은 지극히 상식적이다. 신규 인프라는 물론 노후 인프라 개선도 경관 등의 환경 변화를 수반하기에 결과는 비슷하다.

정비사업에 대한 기대감도 여전하다. 2021년 상반기에 서울시장 보궐선거가 끝나자마자 재건축 아파트 가격이 수직 상승한 것이 이를 보여준다. 재개발에 대한 기대감이 높아지면서 예상 지역 노후 빌라 등을 매입하는 사례도 늘어났다. 여기에는 주거 안정을 목적으로 아파트보다 저렴한 주택을 매입하고자 하는 수요도 포함된다. 지금까지 대규모 정비사업이 다소 억제되던 와중에도 주거 정비사업 같은 소규모 정비사업은 정책적으로 권장됐다는 점도 감안해야 한다.

불안한 세입자들의 매수 수요

기존 주택 시장 매물은 다주택자가 아니더라도 지금처럼 잠길 가능성이 다분하다. 그간 주택 가격이 전반적으로 크게 오르면서, 거주하는 집을 매도하고 비슷한 집을 구매하는 것이 현실적으로 어려워졌기 때문이다.

가령 주택 가격이 5억원에서 10억원으로 올랐다면 취득세 자릿수부터 달라진다. 여기에 중개 수수료와 이사 비용, 입주 전 인테리어 비용 등이 더해지면 일반인에게는 이사가 그리 자유로운 상황이 아니다.

이런 와중에도 신규로 주택을 매입하는 수요는 적더라도 존재한다. 따라서 매매 건수는 줄더라도 신고가가 체결되는 양상이 지속될 것이다. 아파트 매매량 증감은 이미 지표로서 가치를 상실했다.

임대 가격은 매매 가격에 후행한다는 점에서 2022년의 방향성도 확정적이다. 더구나 2022년 하반기부터는 임대차법에 따라 계약을 갱신했던 매물이 점차 시장이 나오고 시세에 맞춰가면서 '반전세'가 늘어날 수도 있다. 이렇게 되면 임대 시장에서 불안감을 느끼는 세입자들이 매수로 돌아설 여지도 크다.

여러 사안이 맞물리고 누적되면서 발생한 부동산 상승장을 단번에 안정시킬 수는 없다. 먼저 오랜 기간 동안 꼬여온 문제는, 풀어내는 데도 그만큼의 시간이 걸릴 수 있다는 것을 인정해야 한다. 그다음에 실질적인 해결 방향을 모색하는 것이 맞다.

ESG 공시 요구 크게 증가
'그린워싱' 경각심도 높아져

명순영 매경이코노미 기자

▶ "2021년 재계 화두는 단연 ESG(환경 · 사회 · 지배구조)였다."

재계 주요 경영진 누구라도 이 말에 공감할 것 같다. 하루가 멀다 하고 'ESG 위원회 신설' 'ESG 전략 발표와 조직 개편' 'ESG 채권 발행' 등의 뉴스가 쏟아졌다. IT · 금융 · 제조업 등 산업 모든 분야가 ESG에 뛰어들었다고 해도 과언이 아니다. ESG는 환경 · 사회 · 지배구조를 경영 핵심 키워드로 꼽고 지속 가능 경영을 추진하는 전략이다. 1970년대만 해도 ESG는 기업 전략에서 고려 대상이 아니었다. "기업의 사회적 책임은 이윤을 늘리는 것이다"라는 프리드먼 독트린 (Friedman doctrine)의 말이 절대 원칙으로 받아들여졌기 때문이다.

그러나 주주 가치만을 높이려고 하는 주주 자본주의 병폐가 나타나기 시작했다. 환경과 불평등 문제가 부각되며 2005년 8월 유엔 주도로 스위스에서 열린 콘퍼런스에서 ESG 투자 개념이 공식적으로 처음 사용됐다.

이후 ESG를 재계 리더 머릿속에 각인시킨 인물은 전 세계에서 가장 큰 자산운용사인 블랙록 최고경영자 래리 핑크다. 그는 2020년 연례 서한에서 ESG를 챙기지 않는 기업에는 투자하지 않겠다는 뜻을 분명히 했다. 블랙록 자산 규모는

2021년 7월 기준 9조달러가 넘는다. 이는 은행을 포함한 전 세계 모든 금융기관 가운데 최대다. 7조달러를 운용하는 2위 자산운용사 뱅가드를 포함한 전 세계 대다수 기관 투자자가 블랙록과 ESG 행보를 함께했다. 기업가치를 유지하

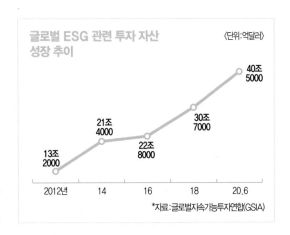

고 자본 조달 비용을 낮추고자 하는 기업이라면 ESG 경영을 외면할 수 없게 된 것이다. 이때부터 기업은 매출과 이익 등 재무 성과만으로 평가받지 않는다는 점이 분명해지는 계기가 마련됐다.

여기에 코로나19는 ESG를 한층 더 강화시켰다. 기업이 CSR(기업의 사회적 책임)을 뛰어넘는 '공익' '상생'의 책임을 다해야 한다는 목소리가 커졌다. 2018년 기준 국내에서 1조3000억원 규모로 발행됐던 ESG 채권이 2020년 46조원까지 늘어난 게 그 사례다.

정부도 힘을 보탰다. 정부는 2021년을 'ESG 경영 확산의 원년'으로 삼는다고 밝힌 바 있다. 문재인 대통령은 2021년 3월 "정부는 올해를 모두를 위한 기업 정신과 ESG 경영 확산 원년으로 삼고 더 많은 기업이 참여하도록 힘껏 돕겠다"고 말했다. 아울러 10월에는 "국내 온실가스를 2030년까지 2018년 배출량보다 40% 줄이겠다"고 밝히며 ESG에 속도를 내겠다는 의지를 분명히 했다.

ESG 공시 강화 흐름 이어져…기업은 전략적으로 활용해야

2022년에도 ESG라는 큰 물줄기는 더욱 강해질 것이다. 2021년이 ESG 출발선을 막 떠난 수준이라면, 2022년은 ESG 전략을 구체화하는 시기가 될 듯하다.

첫째, 기업은 ESG 관련 공시에 더욱 힘을 쏟을 게 분명하다. 금융당국부

터 ESG 정보 공개 원칙 마련 등 세부적인 방안을 마련하는 데 앞장서고 있다. 2021년 1월 '기업 공시 제도 종합 개선 방안'을 발표해 기업 공시 부담을 경감시킴과 동시에 투자자 이용 편의 제고, ESG 책임 투자 기반을 조성한다는 방침을 세웠다. 개선안의 핵심 사항 중 하나가 ESG 정보 공개 확대였다. 환경(E)과 사회(S) 정보를 포함한 '지속 가능 경영 보고서'의 거래소 자율 공시를 활성화하고, 단계적으로 의무화를 추진하는 것이다. 1단계는 2025년까지 'ESG 정보 공개 가이던스'를 제공해 자율 공시를 활성화한다. 2단계는 2025년부터 2030년까지 일정 규모 이상 기업 의무 공시를 추진한다. 3단계인 2030년부터는 모든 코스피 상장사에 공시 의무화를 목표로 한다. 기업 지배구조 보고서(G)의 경우 2019년부터 자산 2조원 이상 코스피 상장사의 거래소 공시를 의무화하고, 2026년부터 전 코스피 상장사로 확대한다. 금융당국은 스튜어드십 코드(수탁자 책임 원칙) 시행 성과를 점검하고 ESG 관련 수탁자 책임 강화 등 개정을 검토하는 한편, 의결권 자문사 정보 공개를 확대한다는 방침이다. 기업 입장에서 귀찮고 번거로운 일 하나가 늘어난 것처럼 보인다. 하지만 ESG 공시 강화가 단순히 정책 편의성이나 글로벌 기업들과의 키 맞추기 차원에서 진행되는 것은 아니다. 본질적으로 ESG 정보 공시를 확대해야 하는 주된 이유는 기업가치 상승이다. ESG 정보에 대한 공시는 적시에 충분한 정보를 전달함으로써 투자자 신뢰도를 높이고 기업가치 향상에 긍정적인 영향을 미친다.

비즈니스 모델에 ESG를 포함하는 작업 진행

둘째, 기업은 비즈니스 모델에 ESG 경영을 총체적으로 접목하는 데 공을 들일 것으로 보인다. ESG 경영에는 모범 답안이 없다. 다른 기업의 우수 사례를 그대로 가져와 적용한다고 해서 똑같은 성과를 내는 것이 아니다. 100개 기업에 100가지 다른 사업 모델이 있듯, ESG 활동도 각 기업 특성에 따라 맞춤형으로 이뤄질 때 효과가 극대화된다.

해외에서 ESG 경영을 활발하게 벌이는 한세실업은 참고할 만하다. 한세실업은 인건비가 저렴한 동남아시아와 중남미 지역 8개국에 생산 공장을 뒀다. 경제 발전이 더뎌 환경 등 사회 문제에 관심이 적은 국가들이다. 이에 한세실업은 각 지역에서 친환경 생태계를 만드는 데 적극적으로 앞장섰다. 대표적인 사례가 해외 공장에 빗물 재활용을 위해 설치한 빗물 저장 시스템과 에어컨 대신 작업장 내 온도를 조절하는 워터쿨링 시스템이다. 열대기후 지역에 집중된 공장 시설 내부 온도 조절을 빗물을 통해 컨트롤하도록 만든 시스템이다. 이를 통해 전력 사용량을 줄이는 것은 물론 직원들이 보다 쾌적한 환경에서 근무할 수 있게 됐다.

셋째, 기업 ESG 운영 시스템이 진일보할 것이다. 급하게 ESG 경영을 도입하다 보면 돌발 상황에 주먹구구식으로 대응하게 되는 경우가 적잖다. 예를 들어 외부 평가를 위해 부랴부랴 사내 봉사·활동을 추진한다든가, 은행 대출 심사 기준에 맞추려고 일회성 친환경 활동을 진행하는 식이다. 하지만 이런 땜질식 ESG 경영은 오래지 않아 한계에 부딪칠 가능성이 매우 높다. ESG 경영이 일회성에 그치지 않고 지속 가능하게 이어지기 위해서는 현장 실무자로부터 경영진에 이르기까지 체계적인 운영이 필수다. 무엇보다 중요한 것은 전사(全社) 차원의 ESG 관리 체계를 구축하는 것이다. 영역별로 ESG 체크 리스트를 만든다거나 실효성 있는 피드백 체계를 갖추는 것 등이 여기에 해당한다. 임원 평가와 보상에 ESG 성과를 반영하는 작업도 속도를 낼 듯 보인다. ESG 경영을 실질적인 효과나 수치로 보여주는 것도 중요하다. 온실가스 감축, 재생에너지 사용량 등을 수치적으로 제시하고 개선해나가는 모습을 부각하는 것도 좋다. 기업의 친환경 전략이나 사회적 책임, 지배구조 개선 등으로 인해 발생하는 이익을 정리하고 장기적인 경영 전략에 반영하는 것이 ESG 경영의 핵심이다.

ESG 관련 투자 급증…한국은행 "ESG 미흡한 기업 채권 · 주식 사지 않겠다"

넷째, ESG 관련 투자가 급증할 듯 보인다. 슈로더투자신탁운용은 전 세계 투자자를 대상으로 진행된 '슈로더 글로벌 투자자 스터디 2021(Schroders Global Investor Study 2021)' 2차 조사 결과, 코로나19 팬데믹 이후 지속 가능 투자에 대해 관심이 커졌다. 조사에 따르면 전체 응답자 중 57%, 국내 투자자 중 47%는 코로나19 대유행 이후 리스크와 다각화 수준이 동일하다고 가정했을 때, 자신의 투자 포트폴리오를 지속 가능 테마로 전환하는 것에 긍정적이라고 답했다. 지속 가능 투자에 호의적으로 응답한 투자자 중 74%는 환경과 사회 문제 해결에 긍정적인 영향을 줄 수 있을 것이라는 의견을 밝혔다.

국내에서는 한국은행이 외화 자산 투자 기준에 ESG를 포함하며 책임 투자에 나선 것이 한 사례다. 삼정KPMG가 발간한 보고서 '금융과 ESG의 공존: 지속 가능한 금융 회사의 경영 전략'에 따르면, 2020년 국내 연기금의 책임 투자 규모는 1년 동안 3배 이상 성장해 103조원에 달했다. 특히 국민연금이 2019년 11월 책임 투자 원칙을 제정하며 국내 주식의 책임 투자 규모 비중은 2019년 24%에서 2020년 57%까지 급증했다.

무늬만 ESG, 그린워싱에 대한 경각심 높아질 듯

ESG 책임 투자에 대한 사회적 요구가 커지며 중앙은행 차원의 대응책도 나왔다. 한은은 "외환보유액 운용과 관련해서도 책임 투자 요구가 커지고 있다"며 'ESG 운용 기본 방향·계획'을 발표했다. 한은은 ESG가 미흡한 기업의 채권과 주식은 사들이지 않겠다고 공표했다. 한은은 그동안 외화 자산 운용 목표인 안전성, 유동성, 수익성 요건에 부합하는 범위 내에서 ESG 투자를 확대해왔다. 이전에는 외화 자산을 다변화하는 차원에서 ESG 상품에 투자하는 것에 그쳤다면, 이제는 외화 자산 전체에 ESG 요소를 적용해나가겠다는 계획이다. 2021년 6월 말 기준 한은의 ESG 투자 규모는 총 71억2000만달러에 달했다. ESG 주식은 2019년 12월 위탁운용 자산을 통해 투자를 시작한 이후 12억2000만달러까지 확대해왔다.

다섯째, 가짜 ESG, 이른바 '그린워싱'에 대한 경각심이 높아질 듯 보인다. '그린워싱'은 녹색(green)과 세탁(washing)의 합성어다. 실제로는 친환경 경영과 거리가 멀지만 비슷한 것처럼 홍보하는 '친환경 이미지 세탁'을 의미한다. 이를테면 부적합한 펀드나 대출 등 금융 상품을 ESG로 분류하거나, 이름만 바꿔 고객에게 제시하는 등 실질적인 개선 없이 ESG를 홍보 수단으로 삼는 것이 금융사 그린워싱의 대표 사례다. ESG가 글로벌 경영 화두로 떠오르며 실제 일부 기업이 무늬만 ESG 활동으로 대외적인 시선에만 신경 쓰는 사례가 늘었다.

우리금융경영연구소는 2021년 10월 '글로벌 금융 회사의 그린워싱 사례와 시사점' 보고서를 통해 글로벌 금융사의 그릇된 ESG 경영 사례를 소개했다. 해당 보고서는 2025년 글로벌 ESG 금융 상품 시장 규모를 2016년(23조달러) 대비 2배가 넘는 53조달러로 추산하며 전체 금융 상품 중 약 30%를 차지할 것으로 내다봤다. 금융사가 ESG 경영을 이행하기 위해 막대한 자금을 관련 상품에 투입하는 만큼 그린워싱 우려도 높아졌다는 분석이 나온다.

일례로 독일 도이치은행 계열 운용사 DWS가 기준에 부적합한 펀드를 ESG 상품으로 분류해 ESG 투자 규모를 허위로 공시했다는 의혹이 제기되며 독일과 미국 금융당국이 2021년 8월 조사에 착수했다. DWS는 2020년 지속 가능성 보고서에서 전체 운용 자산(9000억유로)의 약 50%(4590억유로)가 ESG 관련 자산이라고 발표했다. 하지만 DWS의 전 지속 가능성 책임자는 "DWS는 적절한 ESG 평가 시스템을 보유하고 있지 않았다. 실제 ESG 기준에 적합한 펀드는 극히 일부에 불과하기 때문에 이 공시는 허위"라고 폭로했다. DWS는 그린워싱 의혹을 부인했지만 조사가 시작되며 하루 만에 주가가 14% 가까이 폭락하고 평판이 추락했다. 금융사의 그린워싱이 발생하는 이유로 ESG를 판단하고 평가하는 명확한 기준과 규제가 부족한 것이 첫 번째로 꼽힌다. 국내 ESG 경영이 이제 막 걸음마 수준을 뗐고 외부 평가기관 역시 검증 기틀을 갖추지 못했다는 점이 국내 금융권에 시사하는 바도 적지 않다.

나랏빚 1000조…괜찮을까
확장 불가피 vs 과도한 부담

낙관론

재정수지 · 이자비용은 오히려 개선 중

김유찬 홍익대 경영학과 교수(前 조세재정연구원장)

▶ 정부는 2022년 예산안을 2021년 본예산(558조원)보다 8.3% 늘어난 604조4000억원 규모로 편성했다. 2019년(9.5% 증대), 2020년(9.1%), 2021년(8.9%)에 이어 2022년에도 지출을 늘리며 '확장적 재정 기조'를 유지하는 것으로 평가된다. 그러나 2021년에 이뤄진 두 차례 추경을 반영한 추경 예산(약 612조원)에 비교하면 그 규모가 오히려 소폭 줄었다. 2021년 예산이 코로나19 위기로 인해 대폭 확대됐다는 점을 감안하기는 해야 하지만 다른 한편 2022년에도 경제 회복을 확실하게 내다보기 어렵다는 점에서 대체로 '조심스러운 수준'의 확장 재정이라고 본다.

2020년 우리나라 경제는 OECD 주요 선진국 대비 역성장폭을 최소화했다. 기획재정부에 따르면 2020년 한국 실질 GDP 성장률은 -1%였다. 미국(-3.7%), 일본(-5.3%), 캐나다(-5.4%), 독일(-5.5%), 프랑스(-9.1%), 영국(-11.2%)과 비교하면 충격이 적었다.

2021년과 2022년 정부 예산안 비교 〈단위:원, %〉

■ 2021년 ■ 2022년 ● 증가율

514조6000억 548조8000억 558조 604조4000억

6.6 8.3

세입(총수입) 세출(총지출)

*주:2021년 세출(총지출)은 2차 추경 약 46조9000억원을 제외한 규모 *자료:기획재정부 2021~2025년 국가재정운용계획

경기 회복에 따라 세수 여건도 개선되고 있다. 2022년 예상되는 재정수지는 -55조6000억원 정도다. 2021년 본예산(-75조4000억원) 대비 19조8000억원 개선된 수치다. 2021년 추경 포함한 예산안(-90조3000억원) 대비로는 34조7000억원 올랐다. 재정수지의 GDP 대비 비중은 2021년 본예산은 -3.7%였고 2021년 추경 예산은 -4.4%였지만 2022년에는 -2.6%까지 개선된다. 물론 국가채무는 큰 폭으로 늘어나 2022년에는 1068조원에 달하게 되고 GDP 대비 50% 수준을 넘어가기는 한다. 하지만 그 증가폭을 살펴보면 2022년(112조3000억원)은 2021년 본예산(150조8000억원) 대비 38조5000억원 축소된다. 재정적자 심화의 흐름을 반전시켰다고 봐도 무방하다.

GDP 대비 총부채, 선진국보다 낮고 신흥국보다 높아

2021~2025년 국가재정운용계획에 따르면 GDP 대비 통합재정수지는 2021~2025년에 -3% 수준으로 관리될 예정이다. GDP 대비 국가채무는 2022년 이후 매년 2~3%포인트 정도 증가할 것으로 예측된다.

한편 2021~2025년 국가부채는 2년 전인 2019~2023년의 국가재정운용계

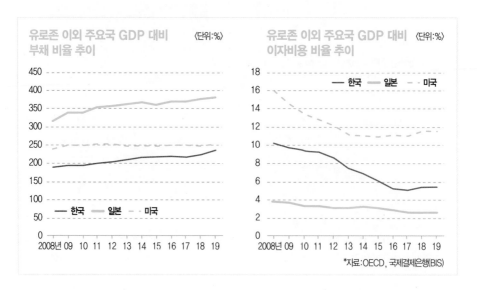

유로존 이외 주요국 GDP 대비 부채 비율 추이 〈단위:%〉

유로존 이외 주요국 GDP 대비 이자비용 비율 추이 〈단위:%〉

*자료:OECD, 국제결제은행(BIS)

획과 비교해 상당히 높은 수준으로 전망되고 있다. 2022년에는 1000조원 벽을 돌파하며 그 이후에도 매년 100조원 이상의 폭으로 증가할 것으로 예측된다. 그럼에도 불구하고 선진국 경제와 국제 비교를 할 경우 우리 국가부채 규모는 양호한 수준으로 평가된다. 코로나19에 따른 경제위기 극복 과정에서 주요 선진국 대비 한국의 재정지출 증가폭은 오히려 낮은 편이었다. 재정적자와 누적 국가부채 증가폭도 마찬가지다.

이번에는 정부 · 가계 · 기업, 이른바 '국가 경제 세 주체'의 부채를 망라한 '총부채'를 살펴보자. 한국조세재정연구원의 조사에 따르면 2020년 2분기 한국의 총부채는 GDP 대비 252.1%로 선진국에 비해 낮은 수준, 신흥국에 비해서는 높은 수준으로 확인됐다. 한국의 가계부채(98.6%)와 기업부채(108.3%)는 선진국 · 신흥국보다 모두 높은 수준이었으나 정부부채(45.2%)는 낮은 수준이었다. 2008년 금융위기 이후 한국은 선진국에 비해 가계부채의 증가폭이 높았던 것에 비해, 정부부채와 기업부채는 낮은 증가폭을 보였다. 반면 선진국은 가계부채가 감소했지만 정부부채가 대폭 늘어나며 총부채 증가를 주도했다. 신흥국의 경우에는 정부가 아닌 '기업부채'가 총부채 증가를 견인했다.

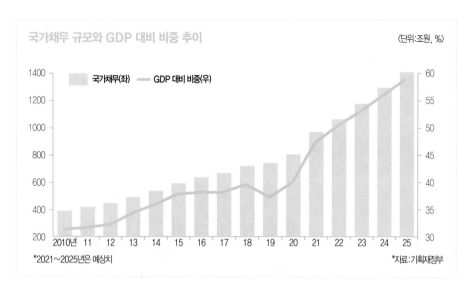

국가채무 규모와 GDP 대비 비중 추이 〈단위:조원, %〉

국가채무(좌)　　GDP 대비 비중(우)

*2021~2025년은 예상치　　　　　　　　　　　*자료:기획재정부

시장금리 인하로 부채 이자비용 감소

부채를 갚기 위한 '이자비용'이 감소했다는 점에도 주목해볼 만하다. 한국조세재정연구원에서 부채 부담에 따른 경제 부문별 이자비용을 분석한 결과 가계, 기업, 정부 부문을 통합한 총부채가 한국을 포함한 주요국 대부분이 증가했다. 그럼에도 불구하고 총부채에 대한 이자비용은 모든 국가에서 크게 감소하는 추세를 보였다. 국가별 부채 규모는 매년 높아졌으나 시장금리의 지속적인 하락으로 이자비용이 계속 떨어진 덕분이다. 비용 관점에서만 보면 부채 부담은 오히려 축소된 것이다. 우리나라의 경우 GDP 대비 총부채가 2008년 189.2%에서 2019년 236.2%로 47%포인트 증가했으나 총 이자비용은 같은 기간 10.2%에서 절반 수준인 5.5%로 감소했다.

국가부채 증가폭에 주의해야 하는 것은 맞다. 하지만 국가부채의 절대적인 수치나 GDP 대비 비율보다 더 중요한 것은 현재 국가 경제가 어떤 상태에 있는가 하는 것이다. 필요할 경우 재정을 동원해 정부 활동을 강화함으로써, 정부 이외에 국가 경제를 구성하는 가계와 기업이라는 민간 경제 주체들이 부채를 과도하게 만들지 않도록 이끌고 지원하는 것도 지속 가능한 성장을 위해 피할 수 없는 정부 역할이다.

　전반적으로 살펴볼 때 코로나19발 경제위기가 완전하게 극복되지 못한 현재, 국가부채와 관련해 지나치게 경각심을 갖고 보수적으로 재정을 운영하는 것은 국가 경제를 충분하게 회복시키지 못할 우려가 있다. 이 경우 장기적으로 오히려 재정건전성을 해칠 수도 있다. 우리나라 국가부채 수준은 객관적인 국제 비교를 통해 살펴봐도 아직 우려할 수준이 아닌 것으로 평가된다.

비관론

低성장 · 低소비인데 나랏빚만 高高

김광석 한국경제산업연구원 경제연구실장

　2022년 예산안은 604조원을 웃도는 '확장적 재정 정책'으로 결정됐다. 이름하여 '슈퍼 예산안'이다. 문재인 정권이 출범한 2017년 이후 재정지출 연평균 증가율이 8.6%에 달한다. 이전 5년간(2013~2017년) 연평균 증가율이 4.2%라는 점을 봐도 집권 이래 대규모 재정지출이 있었음을 알 수 있다. 비단 2020년 시작된 코로나19 사태 때문만은 아니라는 얘기다.

　물론 팬데믹 위기 극복을 위한 재정지출이 절대적이라고는 하지만 되묻고 싶다. 재정건전성은 누구의 몫인가? 물가 안정과 금융 안정을 고루 살펴 통화 정책을 운용하듯, 재정 정책 역시 경기 진작과 재정건전성을 고루 살펴 운용해야 한다.

　2022년 예산안에서 눈에 띄는 점은 '지출이 수입보다 크다'는 점이다. 2022년 세출이 604조4000억원인데, 세입은 548조8000억원이다. 증가율로 봐도 문제는 같다. 세출 증가율은 8.3%인데 세입은 6.6%에 머문다. 사실, 이제는 이런 현상이 특이한 것도 아닌 게 돼버렸다. 2020년 예산안과 2021년 예산안에 이어 세 번 연속 있는 일이기 때문이다. 일반적으로 가정에서 내년의 살림살이를 계획할 때도 이렇게 하지는 않는다. 가계, 소상공인뿐 아니라 중소기업과 대기업에 이르기까지 보통의 경제 주체는 마이너스로 예산을 계획하지 않는다.

적자재정을 계획했다는 면에서, 당연히 국가채무가 과다한 것은 아닌지 확인해봐야 한다. 국가채무는 코로나19 위기를 만나면서 껑충 뛰었다. 2020년 805조원에서 2021년 965조원으로 19.9% 증가했다. 역사상 이토록 국가채

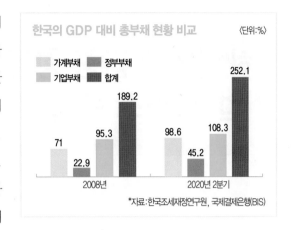

한국의 GDP 대비 총부채 현황 비교 〈단위:%〉

무가 빠르게 증가한 적이 없다. 2022년은 국가채무가 1000조원을 넘어서는 원년이 될 전망이다. 2021년에 이어서 역사상 두 번째로 높은 증가율인 10.7%로 국가채무가 누적돼 총 1068조원에 달할 것으로 예측한다.

경제는 역동적이지 못한데, 지출만 역동적이다. 문제는 바로 여기 있다. 나랏빚 증가 속도가 경제 성장 속도보다 더 빠르다는 점이다. 한국 잠재성장률은 고작 2.5% 수준인데, 국가채무는 2년 연속 두 자릿수 증가율을 보일 것이다. 기획재정부는 2022년 들어 'GDP 대비 국가채무 비중'이 50.2%를 기록할 것으로 전망한다. 역사상 처음으로 50%대를 초과하는 시작점이다. 국가채무는 계속 늘어날 테다. 저성장에 저투자, 저소비, 저고용, 저출산까지 모든 것이 '저저저'인데, 나랏빚만 이렇게 높게 쌓이면 경제에 상당한 부담이 될 수밖에 없다.

사상 최대 마이너스 재정을 도입하는 만큼, 재정의 운용 방법이 매우 중요하다. '정부 예산 투입 → 기업 투자 → 고용 확대 → 가계소득 증가 → 소비 진작'과 같은 선순환 구조가 없다면 국가채무는 눈덩이처럼 불어날 것이다. 즉, 세출이 세수로 연결되도록 해야 한다는 얘기다. 그렇지 않으면 적자재정은 또 다른 적자재정을 낳을 뿐이다.

해외여행 급증 항공·여행 회복 기업 '오피스 프리'로 '공간의 진화'

김경민 매경이코노미 기자

▶ '신종 코로나바이러스 감염증(코로나19) 일상회복 지원위원회'.

정부가 '위드 코로나', 즉 단계적 일상 회복 전환을 위해 2021년 10월 13일 공식 출범시킨 기관이다.

코로나19와 함께 살아가는 '위드 코로나' 시대가 도래하면 우리 사회에 어떤 변화가 나타날까. 극심한 침체에 빠졌던 여행, 항공 산업이 살아나고 손님이 뚝 끊겼던 오프라인 대면 산업도 점차 활기를 띨 것으로 예상된다. 물론 무작정 코로나19 이전으로 되돌아간다고 기대하기는 어렵다. 위드 코로나 방역 수칙이 얼마나 완화되느냐에 따라 지금과 비슷한 양상이 전개되거나 오히려 코로나19 시대 트렌드가 대세로 굳어질 것이라는 분석도 나온다.

싱가포르 등 트래블 버블 국가 여행 수요 폭발

위드 코로나 시대가 도래할 경우 당장 오프라인 콘택트 산업부터 활기를 띨 가능성이 높다. 영국은 2021년 7월 '자유의 날'을 선포하고 실내 마스크 착용 의무 등 방역 규제를 전면 해제했다. 우리도 영국 같은 위드 코로나 정책을 도입할 경우 여행, 항공, 레저 등 코로나19로 큰 타격을 입었던 업종부터 되살아날 것이라는 예상이다.

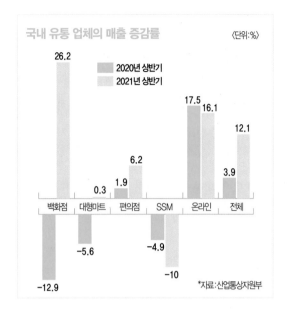

전 세계 국가 간 이동 제한 조치가 풀리면 꽉 막혔던 해외여행 수요부터 살아날 전망이다. 현재 해외여행이 가능한 곳은 '트래블 버블(여행 안전 권역)' 대상 국가다. 트래블 버블은 방역 관리에 대해 서로 신뢰가 확보된 국가 간 백신 접종자를 대상으로 자가격리를 면제해주는 제도다.

대표적인 곳이 싱가포르다. 우리 정부는 최근 싱가포르와 트래블 버블 합의를 마쳤다. 백신 접종 완료자는 2021년 11월 15일부터 싱가포르에서 개인 단체 여행, 상용 또는 관광 목적 여행을 격리 없이 할 수 있게 됐다. 앞서 가장 먼저 트래블 버블을 체결했던 사이판은 여행사를 통한 단체 관광객만 트래블 버블이 가능했는데 이보다 자유로워진 것이다. 미국뿐 아니라 독일, 스위스, 스페인 등 유럽 국가도 백신 접종 후 2주가 지나면 자가격리를 면제해주는 만큼 이들 국가 여행 수요도 급증할 가능성이 높다.

위드 코로나 시대가 도래하면 '공간의 진화'도 속도를 낼 전망이다. 위드 코로나가 시행되더라도 방역 규제를 한꺼번에 완화하기는 어렵다. 정부가 단계적으로 차근차근 일상 회복을 하겠다는 점을 분명히 했기 때문이다. 혹여 코로나19 5차 대유행이 나타나면 사적 모임 등 방역 규제를 위드 코로나 이전처럼 강화할 수 있다. 국민들도 불안감에 마스크를 계속 쓰고 다니거나 다중이용시설 방문을 기피할 가능성이 높다. 이 때문에 위드 코로나 시대에도 여전히 언택트 트렌드가

'뉴노멀'로 자리 잡을 것이라는 관측이 나온다.

기업 근무 공간부터 적잖은 변화가 나타날 수 있다. 거점 오피스 중심의 '오피스 프리(office-free)' 모델로 진화할 가능성이 높다. 위드 코로나 시대가 오더라도 임직원 감염 우려는 여전해 무작정 사무실 출퇴근을 강요하기는 어렵다. 재택근무를 수시로 병행하는 과정에서 거점 오피스 도입에 나서는 기업이 급증할 가능성이 높다. 거점 오피스는 회사 사무실이 아닌 직원 거주지 인근에 공유 오피스 등을 활용해 조성한 사무 공간이다. 업무 집중도 하락 등 재택근무 단점을 보완하고 출퇴근에 드는 시간을 단축해 근무 효율, 만족도를 높일 수 있는 것이 장점이다.

재택근무, 원격 근무가 확산되면 우리나라도 미국처럼 '줌 타운(Zoom Town)'이 인기를 끌 것이라는 예상도 나온다. 예를 들어 미국에서 뉴욕, LA 등 대도시에서 벗어나 거주 비용 부담이 적고 생활 인프라가 잘 갖춰진 지방 소도시로 대거 이주하는 식이다. 우리도 줌 같은 화상 회의 앱을 활용하면 얼마든지 회의, 업무가 가능한 만큼 머지않아 대전, 속초 같은 줌 타운이 인기를 끌 것이라는 전망이다.

재택근무, 원격 근무가 대세로 떠오르면 부동산 시장 트렌드도 달라진다. 무엇보다 가족이 집에 머무는 시간이 늘면서 오랜 기간 찬밥 신세였던 대형 평형 주택이 인기를 끌 것으로 보인다. 그동안 4인 가족 기준으로 방 3개짜리 전용 84㎡(30평대) 아파트가 인기를 끌었다면, 앞으로는 부모의 재택근무, 두 자녀 학교 온라인 수업을 위해 방 4개 이상을 갖춘 전용 100㎡(40평대) 이상 대형 아파트가 대세로 떠오를 것이라는 예측이다. 서울 인기 지역 입주 물량이 줄어들면서 노후 아파트 인테리어 수요가 늘어 가구, 인테리어 시장도 급성장할 것이라는 기대감이 팽배하다.

기업 경영 전략에도 상당한 변화가 나타날 것으로 보인다. 위드 코로나 시대에도 오프라인 산업이 당장 활성화되기는 어려운 만큼 비대면, 온택트 서비스를 갖쳐 감염 위험을 줄이는 곳이 늘어날 전망이다.

코로나19로 직격탄을 맞은 영화관 업계에서는 '언택트 시네마'가 대세로 떠오를 것으로 보인다. 영화관에 입장할 때부터 영화를 보고 나올 때까지 사람과 전혀 접촉하지 않아도 되는 극장이다. 유통 업계에서는 무인 카페, 무인 편의점이 대세로 자리 잡을 전망이다. 무인 카페는 로봇 팔과 자판기를 활용해 직원 없이 24시간 운영하는 카페다. 커피나 음료 주문, 결제, 제조, 픽업까지 바리스타 한 명이 해야 하는 전 과정을 모두 무인으로 처리할 수 있다. 온라인 쇼핑이 인기를 끄는 가운데서도 코로나19 감염 위험을 낮춘 오프라인 공간 중심의 소비가 살아날 것으로 보인다.

무인 카페, 언택트 시네마 인기몰이

유통 업계에도 적잖은 변화가 나타날 전망이다. 코로나19 여파로 극심한 실적 부진에 시달린 백화점부터 공격적인 출점에 나설 가능성이 높다. 산업통상자원부에 따르면 2021년 상반기 주요 유통 채널 중 백화점 매출 증가율이 가장 높았다. 백화점 상반기 매출액은 전년 동기 대비 26.2% 증가해 대형마트(0.3%)나 편의점(6.2%)은 물론 온라인(16.1%)까지 뛰어넘었다. 명품, 대형 가전 등 고가 제품 보복 소비가 되살아났다는 분석이다. 위드 코로나 시대가 오면 백화점 업계가 실적 회복에 힘입어 전국 곳곳에 대규모 출점을 진행할 것이라는 전망이 나오는 이유다. 덩달아 부동산 시장에서는 상가 등 상업용 부동산 수요가 늘면서 명동, 홍대 등 인기 상권 임대료, 매매가가 치솟을 가능성이 높다.

위드 코로나 정책이 성공하려면 확진자 수에 근거한 현 방역 정책 틀부터 바꿔야 한다는 목소리가 높다. 확진자 수가 아니라 중증 환자 치료, 사망자 수 관리에 보다 초점을 맞춰야 한다는 얘기다. 독감이 유행한다고 해서 확진자 수를 일일이 발표하지 않는 만큼 '확진자'가 아닌 '치명률'로 방역 정책 관점을 바꿔야 위드 코로나 정책이 내수 경제 활성화 효과를 낼 것으로 보인다.

전기·수소차 상호 보완적 성장
공급망 다변화·저변 확충 절실

배준희 매경이코노미 기자

▶ 전기차와 수소차는 서로 닮은 구석도, 다른 점도 많다. 무엇보다 전기를 동력원으로 쓴다는 것은 공통점이다. 다만 전기를 어떻게 쓰느냐에 차이가 있다. 쉽게 말해, 전기차는 이미 만들어진 전기를 리튬이온 배터리에 저장해뒀다 조금씩 사용하는 식이다. 반면 수소차는 수소 연료전지로 화학 반응을 통해 지속적으로 전기를 만들어내 모터를 구동한다는 차이가 있다. 기존에 생산된 전기를 저장하는 것(전기차)과 화학 반응을 통해 전기를 만들어내는 것(수소차) 사이에 상당한 기술적 격차가 존재한다. 가령, 현재 양산 중인 수소차는 고압 수소탱크에 충전된 수소에 산소를 넣어 화학 반응을 내는 방식이다. 수소와 산소는 백금 촉매를 거치면서 전기를 일으킨다. 수소차는 자동차 산업 생태계가 유지된다는 것도 전기차 대비 장점으로 평가된다.

전기차 가파른 성장…수소차 현대차 선두

2021년 들어 세계 자동차 시장에서 전기차의 성장은 유독 가팔랐다. 영국 경제일간지 파이낸셜타임스(FT)에 따르면 2021년 2분기 유럽에서 팔린 자동차

12대 가운데 1대는 배터리와 모터만 쓰는 순수 전기차였다. 내연기관 엔진까지 더한 하이브리드 차량까지 합하면 그 비중은 약 33%로 높아진다. 연간 전기차 판매량은 2018년 19만8000대에서 2021년 117만대로 6배 가까이 늘어날 것으로 전망됐다.

전기차 전환 속도를 높이는 요인은 유럽을 중심으로 한 친환경 규제 강화다. 가령, 영국은 2035년까지 내연기관차 판매를 아예 중단한다. 이미 전기차 비중 60%를 달성한 노르웨이는 2025년부터 전기차만 팔도록 했다. 유럽연합(EU)도 2035년 내연기관차 판매를 금지한다.

G2 중 하나인 중국은 친환경 흐름에 올라타 전기차 비중을 지속적으로 높이기로 했다. 2035년부터 순수 내연기관차 판매를 중단하고 전기차 또는 하이브리드 차량만 팔도록 할 방침이다. 전기차·수소 연료전지차 등 신에너지차 비중은 2030년 40%, 2035년 50% 이상으로 목표를 세웠다.

반면, 판매량만 놓고 보면 수소차는 아직 전기차에 한참 모자랐다. 시장조사 업체 SNE리서치에 따르면, 2021년 1~8월 세계 각국에 등록된 수소차는 총 1만1200대. 전년 동기(5900대)보다 89.8% 증가했다. 성장세는 가팔랐지만 절대 판매량 자체는 전기차에 한참 뒤처진 것이다. 이 기간 현대차는 전 세계에서 5900대의 수소차를 판매해 52.2%의 시장점유율로 1위를 기록했다. 이는 2020년 같은 기간 판매량(4400대)보다 34.1% 증가한 수치다. 일본 토요타가 4400대를 판매해 시장점유율 39.2%로 2위다.

단기 전망, 전기차 우세

2022년 이후 앞으로 전기차와 수소차의 모빌리티 패권 경쟁은 어떤 구도로 흘러갈까. 이를 위해서는 전기차와 수소차 산업 속성을 구분해 살펴야 한다. 미시적인 관점에서 자동차 시장만 놓고 본다면, 전기차 시장 성장 속도가 수소차보다 훨씬 빠를 것이라는 게 중론이다. 크게 전기차는 승용차를, 수소차는 긴 주행 거리가 필수적인 상용차를 중심으로 고속 성장할 전망이다.

우선, 자동차 시장만 놓고 보면 다수 시장조사기관에서 전기차 시장의 빠른 성장을 낙관한다. 신기술 전문 시장조사업체 블룸버그NEF는 2020년 팔린 승용차 중 4%만 전기차

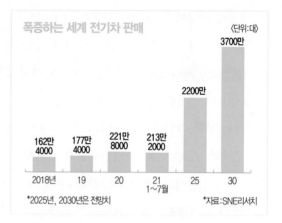

였지만 2030년에는 그 비중이 34%로 높아질 것으로 봤다. SNE리서치 역시 전기차 시장이 2030년까지 연평균 19%의 성장을 이어갈 것으로 봤다. 반면 수소차 전망은 아직 불투명하다. 수소 자원 확보와 저장·운송, 발전, 인프라 분야 등에 이르는 유관 산업의 동시다발적인 진화가 전제돼야 하기 때문이다.

단기적으로는 상용차 시장이 수소차의 성장 기반이 될 전망이다. 당장 현대차그룹은 상용차를 수소 연료전지 중심으로 개발한다. 특히 수소 연료전지 상용차를 앞세워 연 40만대에 이르는 유럽 중대형 상용차 시장 본격 진출을 노린다.

중장기적으론 서로 보완하며 성장

다만, 자동차에 국한된 전기차와 달리 수소차는 '수소 경제'라 부를 정도로 연관 산업 범위가 넓어 확장성이 매우 뛰어나다. 전기차와 수소차는 어느 한쪽을 일방적으로 대체하는 식이 아니라, 서로 영향을 주고받으며 보완재적 속성을 띤 성장 구도를 그릴 가능성이 높다.

실제 국내 주요 기업에는 전기차와 수소 산업 등에 동시다발적인 투자 전략을 펴는 중이다. 가령, 현대차그룹은 전기차뿐 아니라 수소차, 플러그인 하이브리드, 플라잉카 등 여러 모빌리티 대안에 전략적 투자를 병행하고 있다. SK그룹 역시 전기차 배터리를 만드는 SK온(SK이노베이션에서 물적분할)을 두고 있으

면서 수소 사업에 공격적인 투자를 단행했다. SK그룹은 2021년 3월 액화수소 플랜트 건설 등 수소 사업 확대에 향후 5년간 약 18조원을 투자한다고 밝혔다.

기업들이 동시다발적인 투자 포트폴리오를 갖춘 것에는 이론적 근거가 있다. 기술 발전이 불연속적인 속성을 보이는 하이테크 산업일수록 복수의 전략적 대안에 자원 투자를 병행해 불확실성을 줄이는 것이 조직의 생존 가능성을 높인다는 분석이다. 경영학계에서는 이를 '리얼옵션' 전략이라고 부른다. 실물 시장에서 리얼옵션이란, 쉽게 말해 단일 대안에만 투자하는 것이 아니라 복수의 대안에 소규모 투자를 단행하는 것이다.

종합하면, 단기적인 성장 속도는 전기차가 빠르겠지만 중장기적으로 수소에너지 인프라 확산에 따라 수소차 상용화도 머지않았다는 분석이다.

신산업 선두 지위 유지하려면

전기차와 수소차 시장에서 국내 기업의 선두적 지위를 유지하기 위해 풀어야 할 숙제도 적지 않다. 우선, 전기차 핵심 부품인 글로벌 배터리 산업을 한국이 주도하려면 유관 산업과의 협력 확대를 통한 배터리 기술 선점이 필요하다는 것이 전문가들 견해다. 배터리 원자재 공급망 안정화도 풀어야 할 숙제다. 희귀 광물이나 희토류의 광산 개발을 통해 자급률을 높이고 대체 기술 개발, 조달선 다변화 등 안정적인 배터리 공급망 구축을 위한 구체적인 대응책을 마련할 필요가 있다. 배터리 기술 패권을 둘러싼 글로벌 각국의 보호주의 움직임에 대응하려면 숙련된 비시장 전략 구사가 필수적이다. 배터리 리사이클링 기술 확보와 신흥국의 전기차 보급에 따른 배터리 시장 선점 노력도 뒤따라야 한다는 것이 전문가들의 대체적인 조언이다.

한국이 강점을 보유한 수소 활용 분야에서 지속적인 경쟁력을 유지하려면 이를 뒷받침하는 수소 인프라 구축이 필수다. 정부는 하루빨리 수소 생산, 인프라 부문 연구개발 투자를 늘려야 한다. 또 수소 충전소 확충과 더불어 공공 부문의 수소차 구입을 늘려 초기 시장 구축에 속도를 낼 필요가 있다.

시장금리 이미 우상향곡선
'영끌' 대출·투자 위험 신호

박수호 매경이코노미 기자

▶ 테이퍼링(tapering).

'점점 가늘어지다' '끝이 뾰족해지다'라는 영어 단어다. 경제용어로는 연방준비제도(Fed·연준)가 양적완화 정책 규모를 점진적으로 축소해나가는 출구 전략의 일종을 뜻한다.

미국 연준은 2021년 상반기부터 테이퍼링 논의를 시작하더니 하반기 테이퍼링 단행을 공론화했다. 이런 가운데 자산 시장은 요동쳤다. 테이퍼링은 자산 매입 축소, 즉 시중에 풀린 달러를 거둬들이겠다는 메시지로 읽힌다. 그래서 2021년 미국의 기준금리는 현상 유지를 했지만 시중금리는 우상향곡선을 그렸다. 덩달아 한국은 물론 신흥국 환율도 요동쳤다. 테이퍼링이 본격화될 2022년 자산 시장은 또 한 번 요동칠 가능성이 있다.

테이퍼링 파동 얼마나 될까

결국 테이퍼링의 파동, 즉 '영향력이 얼마나 될까'가 자산 시장의 초미 관심사다. 이를 위해서는 단행 시점부터 정리해볼 필요가 있다.

美 테이퍼링의 신흥국 파급 경로

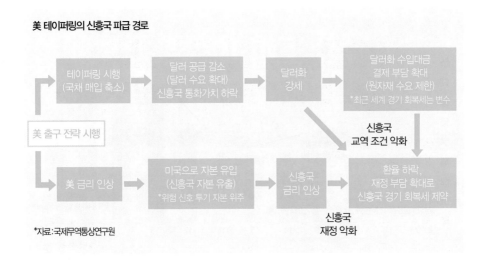

*자료:국제무역통상연구원

2021년 10월 공개된 9월 연방공개시장위원회(FOMC) 회의록에 따르면 2021년 11월이나 12월 중순 테이퍼링에 나서 이르면 2022년 중반쯤 자산 매입을 마무리할 가능성이 높다고 시사했다.

이미 2021년 한국 증시는 미국 연준이 테이퍼링 관련 언급이 있을 때마다 5~10%씩 떨어진 바 있다. 성장주 대신 경기방어형 자산주 중심 포트폴리오를 갖춰야 한다는 전문가 진단이 쏟아졌다.

이렇게 시장이 요동치는 이유는 2014년 상황과 비슷하다고 봐서다.

2014년 미국 연준은 테이퍼링을 단행, 1월부터 월 850억달러 규모의 3차 양적완화 규모를 통화 정책 회의 때마다 100억달러씩 줄였다. 이후 세계 경제는 미국 중심의 '나 홀로 성장' 국면을 맞았다. 2014년 중반기 이후 미국은 고용과 제조업 경기 지수가 뚜렷하게 개선되면서 빠른 속도로 경제가 정상화됐다. 반면 유럽과 중국, 일본 등 여타 국가는 연말까지 경기 회복이 지연됐다.

이런 현상을 겪어본 각 국가는 미국의 테이퍼링 언급 때 오히려 양적완화 정책을 더 펴는, 이른바 유동성 확대 전략을 펼치기도 한다. 일본과 유럽이 2021년 하반기에도 계속 시장에 돈을 푸는 이유가 여기에 있다.

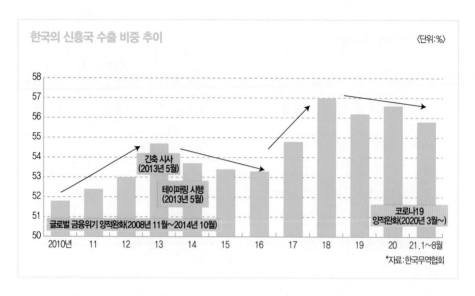

한국의 신흥국 수출 비중 추이 〈단위:%〉

*자료:한국무역협회

윤여삼 메리츠증권 애널리스트는 "미국 증시가 2021년 고점을 찍고 있는데 테이퍼링 본격 실시 메시지가 나와도 5% 이내 조정밖에 안 받았다. 반면 국내 증시는 10% 내외의 충격도 받은 바 있다. 달러화 강세를 이미 반영했다고 볼 수 있지만 원달러 환율 상승 요인은 계속 있을 수 있다. 2022년 국내 증시는 강달러 영향으로 외국인 투자 비중이 떨어질 수 있는 만큼 이 지표를 유념해야 할 것"이라고 진단했다.

"테이퍼링 효과는 제한적" 의견도 많아

물론 테이퍼링이 본격화되더라도 국내 자산 시장에 미치는 충격이 크지 않을 것이라는 전망도 꽤 있다. 미국 테이퍼링이 실시되면 시장금리 상승, 달러 강세 등의 결과가 나올 수 있다. 그런데 이는 시장에서 선반영됐다는 해석도 있다.

김상훈 KB증권 자산배분전략부 이사는 "테이퍼링 실시는 이미 알려진 사실이기 때문에 시장에서 충분히 대비하고 있다고 보는 것이 맞다. 2021년에 한국은 미국보다 먼저 기준금리를 올렸고 앞으로도 올릴 것이라 보므로 오히려 기준금리 추가 인상 시기, 횟수가 변수라면 변수"라고 말했다.

더 큰 변수는 美 기준금리 인상 시기

미국 경기와 기준금리 인상 시점은 어떻게 될까. 2021년 하반기, 2022년 상반기까지는 미국 경기가 강세를 띨 것이라는 전망이 지배적이다.

김상훈 이사는 "다만 새해 2분기 이후 미국 물가가 하향 안정화되는 가운데 고용지표마저 둔화된다면 '스태그플레이션' 우려가 나올 수밖에 없다. 오히려 이럴 경우 한국은 물론 미국 증시가 흔들릴 수 있다는 점에서 자산 시장은 안전자산 위주로 돈이 쏠릴 수 있다"고 내다봤다.

김학균 신영증권 리서치센터장도 "미국 기준금리가 급격하게 인상되면 강달러 기조가 심화하기 때문에 원달러 환율은 급격한 변화가 올 수 있다"고 말했다.

자산 시장 안전자산 위주로 재편 가능성

확실한 것은 자산 전략도 2021년과는 달리 가져가야 한다는 점이다.

시장금리가 이미 우상향곡선을 그리고 있다. 이는 '영끌(영혼까지 끌어모은)' 대출로 주식과 부동산에 투자하는 전략이 무용지물이라는 말이다.

주택용 부동산은 공급 부족으로 상승 여지가 남아 있다 치더라도 부동산 시장의 '큰손'인 상업용 부동산은 금리 인상 여파를 당장 맞을 수 있다는 분석도 뒤따른다. 유정상 씨엘자산운용 대표는 "시장금리가 올라 조달금리도 오르므로 상대적으로 2022년 상업용 부동산 시장은 금리 인상폭에 따라 2020년, 2021년만큼의 수익률을 기대하기 어려울 것"이라고 말했다.

이에 따라 2021년 하반기부터는 안전자산 성격이 강한 금값이 오르고 달러 관련 재테크 상품도 속속 등장하기 시작했다.

송재경 흥국증권 리서치센터장은 "공급망 병목현상, 미국발 부동산, 에너지 인플레이션까지 겹치면 중앙은행이 쓸 수 있는 카드가 긴축 정책밖에 없다. 이럴 경우 시장 변동성이 커지게 되는데 이때는 안전자산인 달러, 물가연동채, 배당주, 금으로 자금이 이동할 것"이라고 말했다.

2022년 가을 기점 새로운 질서
美 중간선거 결과 따라 지형 변화

강계만 매일경제신문 워싱턴 특파원

▶ 조 바이든 미국 행정부는 도널드 트럼프 전 행정부 정책을 전면적으로 부정하면서도 대중국 견제 기조만큼은 계속 이어가고 있다. '포스트 코로나 시대'로 향하는 경제 회복 과정에서 미중 무역 전쟁마저 다시 불붙으면서 신냉전이 펼쳐지고 있다. 조 바이든 미국 대통령은 2021년 1월 취임하면서 국가 비전으로 '더 나은 재건(Build Back Better)'을 제시했다. 내부적으로는 코로나19 위기 극복과 경제 성장을, 대외적으로는 미국의 국제사회 리더십 복원을 외치고 있다.

바이든 대통령은 취임하고 나서 뜸을 들이다 한 달 가까이 지난 2021년 2월 시진핑 중국 국가주석과 처음 전화 통화했다. 그러면서 중국의 불공정 관행, 신장 인권 탄압, 대만 문제를 직접 거론하고 우려를 표명하면서 미·중 긴장 관계를 재설정하기 시작했다. 양국 정상 간의 두 번째 전화 통화는 7개월이 지난 2021년 9월이었다. 바이든 대통령은 혼란스러웠던 '아프간 사태'를 종식하고 중국, 러시아, 북한, 이란 등 4개국에 정책 역량을 집중하겠다고 밝힌 직후 시진핑 주석과 전화 통화했다. 그는 '공정하게 경쟁은 하되 의도하지 않은 충돌을 방지할 수 있도록 노력하자'는 취지를 시 주석에게 전했다.

2022년 2월 베이징 동계올림픽, G2 갈등 시험대

미국과 중국의 리더십은 2022년 가을을 기점으로 새로운 변화를 예고한다.

바이든 대통령은 2022년 11월 미국 상원의 3분의 1과 하원 전부를 교체하는 중간선거 승리를 위해 총력을 기울이고 있다. 시진핑 주석은 2022년 2월 중국 베이징 동계올림픽의 성공적인 개최를 통해 코로나19 방역과 경제적인 부흥을 과시하고 같은 해 10월 공산당의 제20차 당대회에서 3연임에 도전한다.

이런 중차대한 정치적 빅 이벤트를 앞두고 미중 정상은 대내외적으로 과시할 성과를 만들어내기 위해 목이 마르다. 무엇보다 국내 정치에서 답답한 상황을 풀기 위해 해외로 눈을 돌릴 가능성이 크다. 이로 인해 미국과 중국은 거리를 유지하면서 세계 주도권을 놓고 끝까지 부딪히는 '치킨 게임' 양상으로 흘러갈 수 있다.

중국은 2008년 베이징 하계올림픽을 전 세계에 경제대국 진입을 알리는 계기로 활용했다. 중국에서 두 번째 열리는 올림픽인 2022년 2월 동계올림픽은 코로나19 방역 성공과 공산당 체제를 선전하고 시진핑 집권을 공고히 하는 자리가 될 것으로 보인다.

미국 의회와 바이든 행정부에서도 베이징 동계올림픽 참석에 대한 우려를 쏟아내고 있다. 중국의 체제 경연장에 들러리 설 수 있다는 부담이 크기 때문이다. 낸시 펠로시 하원의장은 '외교적 보이콧'을 시사하기도 했다. 미국 기업들의 베이징 올림픽 협찬을 금지하려는 움직임도 있다. 이로써 베이징 동계올림픽은 미중 갈등을 표면화하는 시험대가 될 가능성이 크다.

G2 빅 이벤트, 권력 지형 변화 분수령

베이징 올림픽을 넘어 바이든 대통령과 시진핑 주석은 모든 일정표를 2022년 가을에 맞춰놓고 있다. 바이든 대통령은 백악관과 미국 상·하원을 모두 장악하는 '블루 웨이브' 바람을 타고 집권했지만 극단적으로 분열된 정치 구도에서 국정 추진력을 발휘하는 데 애를 먹었다. 특히 아프가니스탄 철군 과정에서의 혼란으

인권 문제
- 신장 지역 강제노동
- 티베트 독립 반대
- 홍콩 민주주의 후퇴

항행 자유
- 대만 해협 군사적 긴장
- 남중국해 실효 지배
- 인도태평양 평화와 안정

기술 주도권
- 5G 등 핵심 기술 유출 방지
- 반도체·원자재 공급망 안정
- 지식재산권 보호
- 악의적인 해킹과 사이버 활동

미중 관세 폭탄과 무역 전쟁

코로나19 기원 조사 협조

중국 기업의 미국 상장 중단

중국 핵무기 증강·군비 경쟁

로 지지율까지 추락하는 바람에 2022년 11월 중간선거까지 민심을 되찾는 게 급선무다. 최근 10년 만에 진행된 2020년 인구조사 결과 텍사스와 플로리다 등 공화당이 우세한 주에서 인구가 늘어나면서 중간선거를 앞두고 민주당 입지는 더욱 좁아져 있는 상태다.

바이든 대통령은 천문학적인 인프라 예산을 투입해 미래 경제 성장 초석을 쌓고 일자리를 늘리는 데 역량을 집중하고 있다. 1930년대 대공황 극복을 위해 막대한 재정지출에 나섰던 프랭클린 루스벨트 대통령의 뉴딜 정책을 계승한다는 방침이다. 미국 내부 문제를 정리하면 바깥으로 시선을 돌려 중국과의 경쟁 구도에 집중한다.

시진핑 주석은 2022년 10월에 열리는 중국 공산당 20차 당대회에서 5년 더 집권할 것으로 확실시된다. 국가주석을 최대 10년(2기) 이상 맡지 못하도록 하는 '2연임 초과 금지 조항'도 2018년 삭제하면서 시진핑 3연임에 걸림돌은 없다. 그러나 중국 국민들의 압도적인 지지를 받을지는 시진핑 주석의 장기 집권을 이어가는 데 있어 중요한 과제다.

'미·중 샌드위치' 한국, 양쪽서 선택 압박 거세

미중 패권 전쟁에서 한국은 철저히 샌드위치 신세다. 바이든 행정부는 기후 변화뿐 아니라 쿼드 실무 그룹, 반(反)랜섬웨어 이니셔티브, 민주주의 정상회의 등에 한국의 참여를 줄기차게 요구하고 있다. 중국 정부도 시진핑 주석 방한 가능성을 열어놓고 한국 정부와의 협력을 강조한다. 한국 입장에서는 미중 간에 어느 한쪽을 선택할 수도, 공개적으로 균형 외교를 선언할 수도 없는 처지다.

　문재인정부를 지나 2022년 5월을 기점으로 새로운 정부 탄생이 예정돼 있는 가운데 북핵 문제에서도 한국의 선택지는 많지 않다. 문재인정부가 남북 관계 개선을 위해 마지막까지 노력하는 가운데 미국 정부도 북한을 향해 전제 조건 없는 대화를 제안하며 보조를 맞추는 부분은 긍정적이다. 2022년 베이징에서 열리는 동계올림픽이 남·북·미 참여에 따른 한반도 정세 변화를 이끄는 중대한 계기가 될 수 있다. 그러나 아무래도 미국 입장에서 보면 다른 큰 현안이 많아 당분간 북한 상황을 소극적으로 관리할 수밖에 없다.

　경제안보 측면에서 한국은 워싱턴과 베이징으로부터 동시에 압박받는다. 바이든 행정부에서 고율의 관세를 유지하는 등 미중 무역 전쟁마저 2라운드에 접어든 상태에서 수출 주도 한국 경제에 대한 타격도 불가피하다.

　바이든 대통령은 바이아메리칸을, 시진핑 주석은 바이차이니스를 각각 선언하면서 자국 제품 우선주의를 표방하고 있다. 한국 기업이 세계 최대 소비 시장인 미국과 중국에서 거래하려면 현지에 공장을 두고 미국산, 중국산 꼬리표를 달아야 하는 상태로 몰리는 것이다. 미국과 중국의 반도체 공급망 안정화 차원에서 한국 기업의 현지 투자를 요구받을 수도 있다. 코로나19로 인해 억눌렸던 소비 심리가 살아나면서 반도체 같은 핵심 부품 공급 부족 사태는 2022년까지 지속될 것이라는 전망이 나오기 때문이다. 예를 들어 미국 자동차 회사들이 차량용 반도체 부족으로 생산에 차질을 빚게 되자, 바이든 행정부는 삼성전자를 포함한 모든 반도체 제조 회사들에 고객 정보와 재고 현황 등 영업 기밀까지 제출하라고 압박하기도 했다. 중국 정부 역시 중국에 진출한 한국의 반도체 공장의 안정적인 운영과 투자 확대를 요구할 수도 있는 형국이다.

본인이 '갑'이라 생각하는 김정은
구체적인 대북 정책 못 정한 미국

차두현 아산정책연구원 수석연구위원

▶ 2021년 10월 4일 남북 통신선이 복원되면서 북한이 드디어 대화 재개를 택했다는 해석에 무게가 실렸다. 그러나 내면을 들여다보면 남북 통신선 복원은 오히려 북한의 간접적 청구서 성격을 지니고 있다. 김정은 북한 국무위원장이 통신선 복원 방침을 밝힌 것은 2021년 9월 29일이었고, 당시 그는 '10월 초' 통신선을 복원할 것이라고 했다. 남북 통신선 복원에는 복잡한 기술적·제도적 절차가 필요하지 않다. 그럼에도 굳이 유보 기간을 둔 이유를 파악하려면 복원 선언 이전 행보를 들여다봐야 한다.

김여정 북한 노동당 부부장은 2021년 9월 24일과 25일 연속으로 담화를 냈다. 이를 통해 북한 핵을 비롯한 대량 살상 무기 개발은 자위적인 수단이므로 이를 경계하지 말고 한미 연합훈련 등 북한 적대시 정책을 철회하라는 요구를 했다. 통신선 복원에 걸린 닷새간의 기간은 바로 이 입장에 대해 한국이 얼마큼 성의 있는 반응을 보이는가를 보겠다는 뜻으로 해석될 수 있다.

이 행동은 남북한 관계의 현주소를 여실히 보여준다. 2018년 이후 남북한 관계의 주요 국면에서 북한은 항상 자신들의 의제(주장)를 먼저 내걸고 이에 대한 한국 반응에 따라 대화와 교류 협력의 수준을 조정했다.

문제는 북한이 요구하는 내용의 상당 부분이 한국이 단독으로 들어주기 곤란한 사항이라는 점이다. 한미 연합훈련 폐지는 한미 동맹 악화를 감수해야 하기에 수락하기 힘들다. 대북 제재 해제나 미북 관계 개선 역시 국제사회의 냉담한 반응에 직면해야 했다. 통신선 복원 조치는 향후 남북 관계를 풀어나가는 데 상당한 어려움이 있을 수밖에 없음을 암시하는 것이다.

2021년 북한 미사일 발사 일지	
1월 22일	평안북도 구성에서 서해상으로 순항 미사일 2발 발사
3월 21일	평안남도 온천에서 서해상으로 순항 미사일 2발 발사
3월 25일	함경남도 함주 일대에서 동해상으로 탄도미사일 2발 발사
9월 11~12일	신형 장거리(약 1500km) 순항미사일 발사(위치 미상)
9월 15일	평안남도 양덕에서 동해상으로 탄도미사일 2발 발사
9월 28일	자강도 룡림군 도양리에서 극초음속 미사일 '화성-8형' 1발 시험 발사
9월 30일	신형 반항공(지대공)미사일 시험 발사(위치 미상)
10월 19일	신포 일대에서 동해상으로 탄도미사일 1발 발사(미니 SLBM 추정)

*자료:합동참모본부

북한 내구력 소진, 2022년 2월 베이징 동계올림픽은 기회 요인

2021년 말부터 2022년까지 남북 관계를 전망하려면 기회 요인과 위협 요인을 동시에 고려해야 한다. 이들이 어떻게 상호작용하는지도 중요하다.

첫 번째 기회 요인은 북한의 내구력 소진이다. 최근 경제지표를 들여다보면 국제 제재와 코로나19 방역으로 인한 물리적 단절 충격으로 북한의 경제적 내구력이 점차 소진되고 있는 듯 보인다. 김정은 위원장이 자신의 업적으로 중요시하는 경제 발전을 이루기 위해서는 한국과의 협력이 절실하다.

두 번째 기회 요인은 바이든 행정부의 대북 정책 방향이다. 바이든 행정부는 탄력적이고 실용적인 대북 정책을 구사하겠다고 밝혔다. 미국 역시 남북 대화가 장기 교착되고, 북한의 무력시위가 이어지는 상황을 바람직하다고 생각하지 않을 것이다. 2022년에 들어서면 북한과의 대화에 적극적 자세를 보일 수도 있다.

2022년 2월 예정된 베이징 동계올림픽 역시 기회가 될 수 있다. 2018년 평창 동계올림픽이 남북 관계 해빙의 기회가 됐듯 베이징 동계올림픽은 평양이 자신들의 낯을 살리면서도 남북 관계에 복귀할 수 있는 명분을 만들어줄 것이다.

한편 위험 요인 역시 존재한다. 남북 관계를 바라보는 김정은 위원장과 평양의 시각이 가장 큰 리스크다. 김정은 시대 북한의 가장 큰 특징은 '주도권'에 대한 집착이다. 김정은 시대에 들어 북한은 자신을 '동방의 핵대국'으로 명시했으며, 미국의 부당한 행태에 제동을 거는 존재로 규정해왔다. 이런 김정은 위원장의 자기 존대는 북한이 지난 수년간 급속히 발전시켜온 핵 능력에 기초한다. 북한은 2019년 이후 매년 장차 핵탄두 탑재가 가능한 단거리 발사체 전력을 시위해왔다. 2021년 1월에도 8차 노동당 대회에서 김정은은 총화보고를 통해 순항미사일, 극초음속 활공 전투부(HGV) 등이 모두 '첨단 전술 핵무기'라고 언급해 핵 탑재 추진을 시사했다. 이후 9월 시험 발사한 발사체 중 2종이 이와 관련된 실험이었다. 남북한 간 경제력 등 국력 격차는 이미 비교가 불가능할 만큼 한국이 우위다. 그러나 핵무기 보유는 결국 남북한 관계를 '동방의 핵대국'과 '어중간하고 경제만 부강한 중견국'의 관계로 일거에 역전시킬 수 있다는 것이 평양의 계산일 것이다. 김정은 시대 북한은 한국에 대해서는 분명한 '갑(甲)'이라는 의식을 갖고 있다.

두 번째 리스크는 북미 협상 전망이 불투명하다는 것이다. 바이든 행정부는 추상적 수준의 대북 정책 원칙을 발표한 뒤 구체적 방향을 제시하지 못하고 있다. 대북 정책을 이끌어갈 조직 역시 완전히 갖춰지지 않았다. 대북 특별대표 성 킴은 인도네시아 대사를 겸임하고 있으며, 동아·태 담당 부차관보인 정 박을 제외하면 미 국무부에서 대북 협상을 전담할 실무 인력이 부각되지 않았다.

평양 내부의 불투명성 역시 2022년 남북 관계에 대한 긍정적 전망을 가로막는 요인이다. 김정은 위원장에 집중된 권력이 심각하게 흔들린다는 징후는 아직 외부로 나타나지 않았지만, 대북 제재와 코로나19 방역으로 인한 경제적 성취의 미약은 분명히 적지 않은 부담이다.

더욱이 2022년 세계가 '위드 코로나'를 추구하는 방향으로 변화할 경우, 평양은 전혀 다른 길을 가야 하는 부담이 있다. 여전히 백신에 회의적인 것으로 알려진 북한으로서는 고도의 주민 통제를 2022년에도 유지해야 한다. 세계는 행동의 자유를 얻어가는데 자신들은 여전히 묶여 있어야 하는 현실을 북한 주민이 얼마나 감내할 수 있을지 따져봐야 한다.

회담 대가로 북한 요구 수용하는 방식은 바람직하지 않다

많은 이가 2022년의 남북한 관계를 전망할 때 정상회담 개최 여부를 중요한 잣대로 삼는다. 그러나 정상회담 자체는 결정적인 전환점이 되기 힘들다. 남북 정상 간 회동이 뜸했고, 남북한 간에 해결돼야 할 주요 의제가 합의되지도 않았던 시점에서는 정상회담이 중요한 의미를 지닐 수 있었다. 그러나 이제 남북한이 서로 어떤 점을 준수하고 어떤 길로 나아갈지에 대해서는 2018년 판문점 선언과 평양공동선언에서 합의됐다. 주의 깊게 살펴야 할 것은 남북한 간 대화가 '어떻게' 복원되는가의 문제지, 정상회담 여부가 아니다.

평양이 요구하는 의제를 수용한다면, 대화에는 분명히 긍정적인 계기가 될 수 있다. 그러나 이런 방식의 접근은 한계가 있으며 바람직하지도 않다. 이제는 한국 스스로 원칙과 인내심에 따라 북한의 계산법 변화를 기다리고 유도하는 방향으로 전환해야 한다. 기회 요인과 위험 요인으로 인해 평양 역시 자기 방식만을 고집할 여지가 현저히 줄어들 것이다. 그 시점에서 적절한 명분을 만들어주는 것이 관건이다.

그 이전까지는 기존의 대북 제의에 집착하고 북한의 반응에 대한 희망적 사고에 몰입하는 것보다는 우리 사회 내의 의견 수렴에 집중하는 것이 현명하다. 우리의 대북 정책 결정 방식도 되돌아봐야 한다. 그동안 남북 관계와 관련된 쟁점과 대안이 광범위한 숙의(熟議) 과정보다는 소그룹 결정(small-group decision)의 틀을 벗어나지 못했고, 정부와 사회의 양방향 소통보다는 '홍보'가 주를 이뤘다. 관계 진전을 위해서는 이런 관행에서 벗어나야 한다.

양국 모두 선거 시즌 시작
관계 개선 도모할 확률 낮다

최은미 아산정책연구원 연구위원

▶ 2021년에도 달라지지 않았다. 수년째 경색된 한일 관계는 여전히 갈등 상황에 놓여 있다. 2022년에는 달라진 한일 관계를 기대해볼 수 있을까.

한일 관계에서 역사 갈등은 오래된 사안이다. 위안부 문제, 강제징용 문제, 역사교과서 왜곡 문제, 일본 총리의 야스쿠니 신사 참배 문제, 독도 문제 등 다양한 갈등 사안으로 한일 관계는 부침을 겪어왔다. 한일 갈등이 있을 때마다 매번 그 파장은 작지 않았으나, 유독 이번은 해결이 더 쉽지 않다.

시작은 2018년으로 거슬러 올라간다. 2018년은 한일 관계의 전환을 가져온 기념비적인 '김대중-오부치 공동 선언(21세기 새로운 한일 파트너십 공동 선언)'의 20주년을 맞이하는 해로, 양국 정부는 이를 계기로 한일 관계 개선을 도모했다.

그러나 제주국제관함식에서의 일본 욱일기 게양 문제(2018년 10월), 한국 대법원의 강제동원 판결(2018년 10월), 한일 레이더 · 초계기 갈등(2018년 12월), 일본의 대한국 수출 규제(2019년 7월)와 한국의 일본 제품 불매운동과 관광 보이콧, 한일군사정보보호협정(GSOMIA) 파동(2019년 8월) 등 갈등 사안이 연이어 발생하며 한일 관계는 급격히 악화됐다. 여기에 코로나19가 겹치면서 한일 간 교류가 대폭 감소 혹은 중단됐다.

2021년 7월에는 양국 정부가 '2020 도쿄 올림픽'을 계기로 한일 정상회담 개최를 추진하고 있었으나 주한 일본대사관 소마 히로히사 총괄공사가 문재인 대통령을 비하하는 부적절한 발언이 큰 논란이 되며 정상회담은 끝내 무산됐다. 이같은 상황에서 2021년 10월 4일 기시다 후미오 내각이 새롭게 출범하였다.

기시다 내각에서의 한일 관계는 달라질 수 있을까.

유감스럽게도 단기간 내 변화를 기대하기는 어려울 것으로 전망한다. 기시다 내각은 출범과 함께 새롭게 구성된 각료 명단을 발표했는데, 각료 20명 중 유일하게 외교·안보 라인만은 유지하며 정책의 연속성과 안정성을 예고했다.

하지만 보다 현실적인 이유는 한일 양국 모두 선거 국면에 접어들었다는 점이다. 한국은 2022년 3월 대통령 선거, 일본은 2021년 10월 중의원 선거에 이어 2022년 여름 참의원 선거를 앞두고 있다. 한일 관계는 선거 국면에서 반일·반한 감정과 연계돼 정치적으로 악용될 가능성이 더 높다.

한편, 기시다 총리는 중의원·참의원 선거에서 모두 압도적인 승리를 거둬야만 비로소 진정한 의미의 국민 대표가 되는 것이라 볼 수 있는데, 이는 자민당 총재 선거 과정에서 나타난 파벌의 논리를 넘어설 수 있는 유일한 방법이기 때문이다.

다수당 총재가 총리가 되는 일본 정치 체제에서 현재 절대 우위에 있는 자민당 총재가 곧 일본 총리가 되는데, 기시다는 사실상 파벌의 역학 과정에

일본 총리 야스쿠니 신사 참배 일지

아베 2차 집권기
- 2013년 12월 26일 아베 총리, 야스쿠니 신사 참배
- 이후 봄가을 큰 제사와 종전 기념일에 공물만 봉납
- 2020년 9월 19일 퇴임 사흘 뒤 야스쿠니 신사 참배

스가 정권
- 2020년 10월 17일 스가 총리, 야스쿠니 신사 가을 큰 제사에 내각 총리 대신 명의로 공물 봉납
- 2021년 4월 21일 야스쿠니 신사 봄 큰 제사 공물 봉납
- 2021년 8월 15일 종전 기념일 야스쿠니 신사에 공물 봉납

기시다 정권
- 2021년 10월 17일 기시다 총리, 취임 후 처음으로 야스쿠니 신사에 공물 봉납

의해 선출된 것과 다름없다. 이번 총재 선거에 함께 입후보한 고노 타로 전 행정개혁담당상이 1차 투표에서 당원 44.2%의 압도적인 지지를 얻은 반면 기시다는 28.8%에 그쳤는데, 과반을 득표한 후보가 없어 이어진 결선 투표에서 국회의원 65.5%(고노 34.5%)의 지지를 얻고 당선됐다. 당원들의 지지가 고노에 비해 높지 않았다는 뜻이다. 대다수 여론조사에서도 차기 총리 1위로 고노가 거론됐다. 따라서 기시다 총리에게 중의원·참의원 선거는 국민적 지지를 확인하고, 확고한 지지 기반을 구축할 수 있는 중요한 선거인 셈이다.

선거 결과가 나오기 전까지는 기존 자민당 내 기득권 세력 영향을 받을 수밖에 없다. 자민당 내에는 여전히 아베 신조 전 총리, 아소 다로 전 부총리를 중심으로 한 보수 세력 영향력이 크다. 이는 한일 관계에는 반가운 소식은 아니다. 2018년부터 현재까지 한일 갈등에 고압적인 태도로 맞선 것이 이 세력이다.

결국 전통적으로 한국, 중국 등 아시아 국가와의 관계를 중시하는 성향을 가진 고치카이의 수장인 기시다 총리가 중의원 선거, 참의원 선거까지 2번의 선거를 압승해 자신의 지지 기반을 확고히 할 수 있는 2022년 여름 이후에나 상황의 변화를 기대해볼 수 있을 것이다. 이 시기는 마침 한국에도 새로운 정권이 들어서 한일 관계 분위기 전환을 모색해볼 수 있는 계기로 삼을 수 있는 시점이기도 하다.

단, 선거 후에도 한일 관계가 급격히 개선될 확률은 낮다. 분위기 전환을 기대해볼 수 있는 시기지만, 문제의 본질은 달라지지 않았기 때문이다.

기시다 총리는 아베 내각에서 4년 7개월여간 외무대신을 지냈다. 기존 정책에서 큰 전환을 하는 '자기 부정적' 태도를 취할 것이라고 보기는 어렵다. 더군다나 '2015 위안부 합의'를 이끌었던 만큼, 합의가 유명무실해진 현재 상황에 대해 불만을 갖고 있는 것으로 전해진다. 다만, 양국 갈등 상황에 대해 결자해지(結者解之)의 마음으로 임할 가능성은 기대해볼 수 있다.

역사적으로 볼 때, 한일 관계에 큰 변화가 나타날 수 있었던 것 뒤에는 몇 가지 요소들이 작용했다.

첫 번째는, 북핵 위협 혹은 경제위기 등 양국이 협력할 수밖에 없는 위협이 발생했을 때다. 두 번째는, 한일 양국 지도자의 정치 철학, 외교 비전, 대외 정책의 방향성이 유사할 때다. 1998년 '김대중-오부치 공동 선언' 당시 김대중 대통령과 오부치 총리가 대표적인 예다. 세 번째는 정책 결정자의 변화로 인한 정치 구조 변화다. 여야의 교체, 신구 세력 교체 등 기득권 세력이 교체되는 식이다. 네 번째는 한미일 공조 체제에서 한일 갈등을 장애 요인으로 여기는 미국의 압박이 작용할 때다. '2015 위안부 합의' 체결이 대표적인 예다.

2022년에는 이런 여건들이 마련될 것으로 보이지 않는다. 무엇보다 북핵 위협이나 미중 갈등 등 외부로부터의 위협은 발생한다 해도, 양국 간 본질적인 갈등을 봉합하지 않은 형태의 협력은 바람직하지 않다.

둘째, 한일 양국의 상호 간 전략적 의미는 과거에 비해 점차 하락하고 있는 데다 기시다 총리는 이미 취임 과정에서 '미국, 일본, 인도, 호주' QUAD를 중심으로 한 '자유롭고 열린 인도-태평양(FOIP · Free and Open Indo-Pacific)' 실현을 일본 외교의 목표로 제시한 바 있다. FOIP는 아베 내각에서부터 이어져오고 있는 일본의 대외 정책 비전이다.

셋째, 현재 분열된 야당 대비 절대 우위에 있는 자민당 중심 일본 정치 구도가 바뀔 것으로 보기는 어렵고, 넷째, 미국 바이든 정부의 적극적인 관여도 기대하기 어렵다. 바이든 정부는 한미일 공조와 한일 갈등 해소의 필요성에 대해 공감하면서도 양국 관계 개선에 전면적으로 나서고 있지는 않다. '2015 위안부 합의'의 무리한 체결이 갖고 온 파장을 알고 있기 때문이다.

여건이 좋지 않은 가운데 강제징용 문제, '위안부' 문제, 후쿠시마 오염수 방출 문제 등 다양한 갈등 요인이 여전히 남아 있다. 또한 당장 강제징용 문제, '위안부' 문제 소송 결과로 현금화 조치가 일어난다 해도 이상하지 않고, 이 경우 일본 정부의 보복 조치가 있을 것으로 예고된 만큼 위태로운 상황이기도 하다.

에너지價 급등세 잠잠해졌지만 불확실성 높아 추가 상승 가능

신환종 NH투자증권 FICC리서치센터장

▶ 글로벌 에너지 가격이 급등하고 있다. 경제가 회복되면서 발생한 수요 급증을 글로벌 공급이 따라가지 못한 것과 함께 전 세계적으로 탈탄소 정책이 진행되면서 그린플레이션(Green+Inflation) 우려가 커지고 있기 때문이다. 환경 오염에 대한 규제가 강화되면서 탄소 발생이 많은 원자재의 생산이 줄어들고, 이런 원자재 가격 급등이 전반적인 물가 압력으로 이어질 것이라는 우려가 확산되고 있다. 여기에는 코로나19로부터의 경제 회복, 비우호적인 기후 환경 그리고 주요 국가들의 정치적·지정학적 이슈들이 영향을 미쳤다. 특히 에너지 가격이 이런 흐름에 크게 영향을 받아 급등했다.

글로벌 경제 활동 재개는 에너지 수요를 뒷받침해줬고, 상품 수요가 급증하면서 재고가 빠르게 소진되자 제조 업체들은 생산량을 늘려야만 했다. 글로벌 산업 생산이 빠르게 증가하면서 상품 무역도 빠른 속도로 회복됐다. 비우호적인 기후 환경도 에너지 공급을 더욱 악화시킨 주범이다. 중국과 호주, 유럽과 러시아 등 각국 정부 정책 변화와 지정학적인 갈등도 에너지 시장 혼란에 영향을 줬다.

수년간 에너지 개발 섹터에 투자가 많이 실행되지 못한 것도 위기를 악화시킨 요인이 됐다.

경제 영향, 과거보다 충격 흡수 장치 많아져

에너지 가격 급등이 경제 성장을 크게 둔화시킬까. 그 가능성을 배제할 수는 없지만 에너지 가격 급등이 글로벌 경제에 미치는 영향은 과거보다는 확실히 덜하다. 미국 가계의 에너지 지출은 1980년의 가처분소득 대비 8.3%에서 최근에는 3.5~4%까지 하락했다. 추가로 상승한다면 이 수치가 좀 더 높아질 수 있겠지만 미국 소비자는 이런 타격을 잘 흡수할 수 있을 것이다.

미국의 대외 에너지 자급도가 높아지면서 많이 개선된 미국 에너지 생산 업체들 상황도 미국 경제의 완충장치로 작용할 것이다. 2021년 10월 기준 미국은 사우디아라비아보다도 많은 1100만배럴 이상의 원유를 매일 생산한다. 에너지 비용 증가는 유럽 경제에 더 많은 타격을 입힐 것이다. 하지만 회복되고 있는 유럽 지역 성장 모멘텀을 고려할 때 이런 어려움을 견뎌낼 가능성이 높다.

에너지 지출 비중이 높은 국가 소비자는 부담이 커질 수 있다. 인도같이 석탄 외에 원유 또는 천연가스 등 에너지 자원이 부족한 국가는 특히 그렇다. 태양광 발전 등의 신재생에너지가 최근 활성화되고 있으나 기존 에너지원 부족분을 상쇄하기는 역부족이다.

과거와 달리 에너지 가격 급등이 기준금리 인상으로 이어지면서 금융 시장이 타격을 받는 경우가 줄어든 것도 경제 성장의 완충장치로 작용하고 있다. 주요국 중앙은행은 기준금리 결정 시 더 이상 에너지 가격 급등락을 핵심 요인으로 보지 않는다. 글로벌 금융위기 이전에는, 미 연준도 유가 급등에 민감하게 반응하면서 금리를 인상하고는 했다. 그 이후 근원물가 상승률이 유가와 더 이상 높은 상관관계를 보이지 않았기 때문에 미 연준의 금리 결정 시 에너지 가격 변동은 핵심 요인이 되지 못했다. 유럽중앙은행(ECB)도 유사한 흐름을 보였는데, 마리오 드라기 ECB 전 총재와 크리스틴 라가르드 ECB 총재는 이전과는 다른 노선을 취하고 있는 것 같다. 각종 발언을 통해 드라기 전 총재는 총재 재임 시절 ECB가 완화 정책을 상당히 오랫동안 유지하는 정책을 추진해왔으며, 그 뒤를 이은 라가르드 총재도 각종 발언을 통해 통화 정책 정상화에 상당히 많은 시간이 필요하다는 암시를 주고 있다.

단기 긴급 처방 덕 에너지 가격 상승세 완화했지만…

각국 정부의 적극적인 대책에 힘입어 에너지 시장 균형이 다소 회복될 수 있을 것이다. 급등한 유가는 바이든 정부 집권 이래 미래가 불투명했던 화석에너지 업체 상황을 호전시키면서 미국의 시추 설비 수를 2020년보다 두 배 늘렸다. 화석에너지 의존도를 줄이는 정책을 추진하던 중국 정부는 다시 70개 탄광에 생산능력을 확대할 것을 지시하면서 임시방편적인 처방을 했다. 그리고 유틸리티 기업들이 요금을 인상하는 것을 허용함으로써 해당 기업의 전력 생산을 확대할 유인을 제공하고, 전기요금 인상을 통해 소비자의 전력 사용을 줄이도록 유도했다. 또한 중국은 호주산 석탄 재고의 일부를 방출하고 있는데, 이는 호주로부터의 수입이 재개되는 신호탄이 될 가능성이 있다.

하지만 에너지 가격의 추가적인 상승을 유발할 수 있는 불확실성은 여전히 높은 상태다. 무엇보다 중국의 오락가락하는 에너지 정책은 매우 불확실성이 높은 상태로, 지방정부 평가에 있어 중기적인 탈탄소 정책 추진의 중요성 때문에 임시방편적인 처방이 얼마나 효과를 보일지 모르는 상황이다. 또한 러시아와 유럽 간 노르트 스트림2 파이프라인에 대한 미국, 유럽, 러시아 간 분쟁이 언제, 어떻게 해결될지를 둘러싼 불확실성도 지속되고 있다.

OPEC · 기후 변화 등 추가 상승 가능성 남아

OPEC 상황도 불확실성이 매우 높다. 코로나19 사태로 수요가 급락했던 2020년 이후 지금까지 OPEC과 파트너 국가들이 생산량을 늘리는 것을 주저했다. 그러나 유가가 높은 상태가 계속된다면 지나치게 높은 가격으로 인해 전기차 도입 등 신재생에너지로의 이전이 가속화될 것이라는 두려움 때문에 OPEC이 생산량을 늘릴 수 있다. 석유 수출 국가들은 석유가 가치가 있을 때 매장량으로부터 가능한 한 많은 매출을 뽑아내는 것이 낫다고 판단할 수 있는 만큼, 수급 환경이 뒤바뀔 것을 경계해야 한다.

특히 중동에서는 이란 핵협상 전개가 중요한 변수가 될 가능성이 높다. 새로 당선된 에브라힘 라이시 이란 대통령이 미국과의 핵협상을 원만히 추진한다면 이란의 원유 수출 제재가 풀리면서 그만큼의 물량이 시장에 공급되고 가격 안정에 기여할 수 있다. 반면 이란이 핵무기를 제조하기에 충분한 양의 농축우라늄을 확보하는 등 강경 노선을 계속 추구한다면 중동 지역 갈등이 심화되면서 원유 공급망 안전성 문제가 불거지면 유가는 더 높아질 수 있다.

기후도 여전히 미지수다. 미국 기후센터는 2021년 겨울 라니냐 발생 가능성이 70~80%에 달한다고 추정한다. 라니냐가 발생하면 일반적으로 서유럽 · 북유럽 대부분 지역에 한파가 닥친다. 2021년 겨울 전력 난방 수요가 급증할 가능성이 높다. 2021년 말 가뭄이 오래 지속되면 수력 발전 비중이 높은 브라질도 전기요금 인상과 전력 부족이 예상된다.

2022년 에너지 가격은 주요국의 긴급 처방과 다양한 정책에 의해 상승 추세가 완화될 것이라 전망된다. 그러나 여느 때보다 경제 외적인 다양한 요인에 의해 불확실성이 높아진 상태라 예상치 못한 사태가 발생할 가능성이 높고, 그때마다 그로 인한 충격이 금융 시장을 강타할 가능성이 높다.

수요예측 실패·하역 인력 부족···
2022 하반기에나 조금 풀릴까

신동준 KB증권 리서치센터장

▶ 코로나19 팬데믹 이후 글로벌 기업들의 공급망(Supply Chain) 차질이 심화되고 있다. 팬데믹에 따른 공급 충격과 탄소중립을 필두로 한 '에너지 전환 정책'이 맞물리면서 일부 에너지 자원 가격이 폭등 중이고 원자재, 인력 부족 등으로 생산 차질과 물류 대란이 벌어졌다. 특히 미국 등 선진국의 공급 병목현상은 심각한 상황이다. 이런 공급망 차질은 대부분 팬데믹의 장기화에 따른 결과다. 수요와 공급, 양 측면 모두에 원인이 있다.

반도체, 수요예측 실패로 차량용 부족···원자재 가격은 급등

먼저, 수요 측면이다. 백신 접종 확대로 멈췄던 경제 활동이 재개되면서 수요는 빠르게 회복된 반면 생산량 회복은 상대적으로 느리게 좇아왔다. 대규모 정부 보조금은 수요 회복을 더욱 부추겼다. 델타 변이 바이러스 확산으로 사람들이 집 안에 머물면서 재화 소비가 폭발적으로 증가했지만, 재택근무 등으로 공장 가동은 제한되면서 재고 부족에 따른 공급 병목현상이 심화됐다. 팬데믹 초기부터 전면적인 이동 제한에 나섰던 미국, 유럽 등에 비해 상대적으로 생산과 수출이 원

활했던 중국, 한국, 대만 등
아시아 기업에서 일부 수혜가
나타나기도 했다.

미국 ISM제조업지수에 나타난 공급 차질 〈단위:%〉

배송지연지수 가격지수

*자료:블룸버그, KB증권

공급 측면에서의 원인은 조
금 더 복잡하다.

먼저, 수요예측 실패다. '반
도체 공급난'이 대표적이다.
팬데믹 이후 자동차 수요 부
진을 예상한 차량용 반도체 업체들이 설비를 IT용 반도체 등으로 전환하면서
2021년 초부터 차량용 반도체 공급 부족이 심화됐다. 2021년 가을에는 IT와
반도체, 자동차 부품 생산 비중이 높은 동남아 지역에 델타 변이 바이러스가 확
산되면서 부품 조달 문제를 더욱 악화했다. 이는 결국 GM과 포드, 폭스바겐,
토요타 등 완성차 업체 생산 축소로 이어졌다. 반도체와 자동차 이외에도 우유·
새우·토마토·커피 원두 같은 식품은 물론 가전·가구, 영국에서는 가솔린에
이르기까지 공급 병목현상이 확산됐다.

공급 차질의 더 큰 원인은 운송 차질과 노동력 부족 등 물류 시스템의 문제다.
재화 소비 증가로 물동량은 급증했지만, 코로나19 방역과 검역 강화로 수출입
처리가 지연됐다. 바이러스 확산에 따른 항만 노동자 부족으로 하역 작업도 지체
됐다. 중국 등 다수 국가에서는 델타 변이 확산에 따라 주요 항구를 일시적으로
폐쇄하기도 했다. 극심한 정체로 인해 미국 서부 항만에는 하역을 못하고 해상
대기 중인 컨테이너 화물량이 팬데믹 이전보다 약 3배나 증가했다.

해상 운송뿐 아니라 내륙 운송 문제도 심각한데, 내륙 운송은 주로 노동력 부족
이 원인이다. 2021년 10월 조 바이든 미국 대통령은 항만 물류 문제를 해결하
기 위해 기존에 '주 5일, 주간'에만 운영되던 항만 작업 시간을 '주 7일, 24시간'
운영 체제로 전환했고 컨테이너 처리량은 기존보다 2배로 늘어날 전망이다. 그

러나 컨테이너 하역 작업이 늘더라도 철도와 야간 운송에 나설 트럭 운전기사가 부족한 것이 아이러니다. 겨우 야간 운송에 성공한다고 해도 창고가 있는 물류센터에서 야간에 하역 작업을 할 노동력을 구하기도 쉽지 않다.

석탄, 석유, 천연가스 등에서도 공급 병목현상이 나타나고 있다. 경제 재개방에 따른 에너지 수요는 확대된 반면, 탈탄소 정책에 따라 전통 화석 연료의 채굴 투자가 감소하면서 원유 등 원자재 가격의 구조적 강세가 나타나고 있다. 이에 따라 인도, 중국 등 석탄 발전 비중이 높은 국가들과 영국 등 러시아산 천연가스 의존도가 높은 국가들을 중심으로 전력난이 발생하고 있다.

단기 해결 어려워…코로나19 재확산 가능성도 여전

이런 공급 병목 현상은 당분간 지속될 것으로 보인다. 노동력 부족과 국제 해상 물류 신규 선박 투입, 노동력 부족, 기업 재고 확충 등의 문제들이 단기에 해결되기는 어렵기 때문이다. 또한 코로나19 변이 바이러스 재확산에 따른 생산·물류의 추가적인 차질 가능성 등도 존재한다.

그러나 주요국 백신 접종 상황과 위드 코로나 진행 속도를 감안할 때, 2022년 하반기에는 공급 차질 해소가 가능할 것으로 보인다. 백신 접종률이 높아지면서 코로나19에 대응한 이동 제한 정책들이 점차 없어지고 있다. 이동 제한과 항만 폐쇄 조치로 차질을 빚은 상품의 운송과 생산은 재개될 것이고, 사람들이 집에 오래 머물면서 높아진 재화 소비 수요도 서비스로 이전되며 낮아질 전망이다. 동남아 지역의 자동차 부품 생산이 정상화되고 있으며, 저임금 서비스업에서 이탈해 업종을 전환하려던 사람들도 마찰적 실업 기간 동안 경제적 부담을 느끼고 회귀할 가능성이 높다.

차량용 반도체 등 상품 생산과 운송 측면에서 글로벌 공급 차질 문제의 핵심 지역은 동남아다. 말레이시아와 태국은 각각 반도체, 자동차 관련 생산의 주요 기지고 베트남에는 IT 제품과 의류, 잡화 등 소비재 공장이 집중돼 있다.

동남아발 공급 차질이 영원히 지속되지는 않을 것이다. 백신 접종 확대와 위드 코로나 도입을 통해 근본적인 원인이 해소될 수 있기 때문이다. 동남아 주요국은 코로나19 종식의 어려움과 경제 성장 둔화 부담, 백신 접종 확대를 바탕으로 위드 코로나 추진 계획을 밝혔다. 비메모리 반도체의 공급 부족 장기화는 TSMC, 삼성전자의 신규 생산능력 증설 효과가 나타나며 2022년 하반기로 갈수록 공급 부족의 강도가 점차 완화될 전망이다.

추가적으로 몇 가지 생각해볼 만한 이슈가 있다.

첫째, 공급망 혼란을 야기한 수요 급증에는 일부 '가수요'가 섞여 있다는 점이다. 미국 재고 증가율이 눈에 띄게 낮지 않다는 점에서 공급 차질의 원인은 재고 부족보다 주문 급증일 가능성이 있다. 2021년 말 소비 시즌에 매출 차질을 우려한 유통 업체들이 물류망 선점과 선주문에 나서고 있는 것으로 보인다. 이런 가수요는 연말이 지나면서 자연스럽게 수그러들 가능성이 있다.

둘째, 원자재 공급 병목에는 일부 투기적 수요 영향도 있다. 최근 원자재 선물 시장에서 개인의 거래 비중이 높아지고 있는데, 상당수는 현물 헤지가 아닌 단기 차익을 노린 자금으로 판단된다. 이런 자금은 정부 개입에 취약한 모습을 보인다.

셋째, 공급 병목현상은 아시아에서는 거의 찾아보기 힘들며, 주로 미국 등 서방 선진국에 집중되고 있다는 점이다. 생산시설 부족이라는 근본적인 문제라기보다는 해당 국가의 일시적인 물류망 교란으로 볼 수 있는 대목이다. 실제 공급 병목에 따른 인플레이션 문제도 미국 등 선진국에 국한돼 있다. 최근 중국은 1% 이하, 한국은 2% 중반 그리고 일본은 마이너스 물가 상승률을 기록하고 있다.

전 세계 물동량이 가장 많은 연말, 쇼핑 시즌을 앞둔 선주문과 가수요, 또 동절기 난방 수요가 고비가 되겠지만 이들이 마무리되면 중국의 생산 차질 완화와 함께 2022년 하반기로 갈수록 공급망 차질은 점차 개선될 전망이다. 각국의 에너지 가격 안정 정책과 기저효과 등으로 2022년 1분기 이후 물가 부담도 완화될 것이다.

III

2022
매경아웃룩

지표로 보는
한국 경제

쓸 돈 없는데 어떻게 소비를?
결국 민간 일자리 창출이 관건

김천구 대한상공회의소 SGI 연구위원

▶ 2021년 상반기는 코로나19 충격에서 벗어나며 민간소비가 반등하는 모습을 보였다. 실제 민간소비 증가율은 2021년 1분기 1.2%, 2분기 3.7%로 점차 높아지고 있다. 하반기도 이런 추세가 이어질 것으로 보여 2021년의 민간소비 성장률 숫자 자체는 나쁘지 않을 것으로 예측된다. 물론 비교 시점인 2020년의 민간소비가 워낙 좋지 않아 상대적으로 2021년 성장률이 상대적으로 높아 보이는 점이 크다. 즉 기저효과(Base Effect)가 작용한 결과일 뿐, 정상적인 성장 경로로의 회귀를 의미하는 것은 아니다. 2021년 10월 기준 코로나19 4차 재확산으로 강도 높은 사회적 거리두기가 진행되고 있다. 앞서 언급한 대면 서비스업인 숙박·음식, 예술·스포츠·여가 등은 코로나19 이전 생산 수준의 70~80%에 머물고 있다. 물론 코로나19 백신 접종 확대로 감염 우려가 낮아지고 있어 2021년 연말로 갈수록 방역 조치가 다소 완화될 것으로 예상된다. 감염병에 대한 민감도 역시 점차 둔감해지고 있어 외부 활동과 소비는 점차 회복할 것이다.

그렇다면 2022년 이후 민간소비의 향방은 어떻게 될까.

민간소비는 전망과 관련 긍정적인 요소와 부정적인 요소가 혼재된 상황이다.

우선 민간소비 방향에 있어 가장 중요한 요소인 가계소득은 점차 개선되는 모습을 보일 것이다. 가계소득이 늘기 위해서는 결국 최대한 많은 인구가 취업하고 이들의 임금이 높아져야 한다. 노동 시장은 최악의 상황에서 벗어나 점차 회복세를 보이기 시작했다. 제

민간소비 증가율과 전망 〈단위:%〉

2.2 2.6 2.8 3.2 2.1 2.8 3.4

2015년 16 17 18 19 20 21 22

−5

*2021~2022년은 한국은행 전망치   *자료:한국은행

조업의 경우 국내외 수요 회복으로 산업 경기가 정상화되며 회복세를 보일 가능성이 높다. 서비스업은 코로나19 백신 접종 확대로 경제 활동 제한이 완화되면서 취업자 수가 대면 서비스업 중심으로 회복세를 보일 것이라는 예측이다.

임금 상승률 역시 2022년 비교적 높은 증가세를 기대해볼 수 있다. 우선 최저임금 상승률이 높아진 것이 눈에 띈다. 최저임금 인상률은 2020년은 2.9%, 2021년 1.5%로 비교적 낮았다. 반면 2022년 최저임금은 2021년 8720원보다 약 5% 높은 9160원으로 확정됐다. 일반적으로 최저임금을 받는 계층은 평균 소비 성향(처분가능소득 대비 소비지출)이 높아 자신이 번 돈의 많은 부분을 소비에 투입한다. 단기적으로는 2021년 최저임금의 높은 상승률은 고용 상태를 유지한 일부 가계의 소비 확대에 도움을 줄 것이다. 2020년과 2021년 경영 여건이 좋지 않아 성과급 감소, 임금 상승폭이 제약됐던 기업의 경우 수익성이 점차 회복되면서 임금 상승에 대한 목소리가 높아질 것으로 보인다.

다만, 자산 시장은 소비에 우호적이지 못한 환경이다. 가계 자산 중 가장 큰 비중을 차지하는 부동산은 시장에 풀린 풍부한 유동성과 부동산 이외에 대체 투자 자산이 부족하다는 점이 가격 상승을 견인한다. 당분간 아파트 입주 물량이 줄어든다는 점, 주택 상승에 대한 기대 심리 역시 가격 상승 요인이다. 다만 부동산

가격이 오르더라도 현재 정부의 양도세·보유세 등 세금 부담이 많이 늘어난 상황에서 자산 효과를 기대하기 어렵다.

가계부채 구조적 부담 작용

가계소비를 제약하는 구조적 요인인 가계부채 문제는 2022년에도 여전하다. 지금까지 국내 기준금리가 사상 최저 수준인 0.5%로 낮아졌다는 점은 가계부채의 소비 제약 강도를 다소 완화해주는 역할을 했다. 다만 한국은행이 금융 불균형 해소를 위해 기준금리를 8월에 0.75%로 인상했고 향후에도 기준금리가 점진적으로 높아질 것으로 전망된다. 특히 둔화세를 보이던 가계부채 증가율이 지난해 하반기부터 오름세를 보이며 최근 9%대까지 다시 높아졌다. 이에 따라 가계의 상환 능력과 비교해 부채 수준을 평가하는 처분가능소득 대비 가계부채 비율이 2021년 4분기(171.5%) 처음으로 170%를 넘어섰다. 이것은 5년 전인 2015년 1분기(131.5%)와 비교해 약 40%포인트나 늘어났다. 상환해야 할 원리금 부담이 지나치게 커져버린 상황에서 가계는 지출을 더욱 줄일 수밖에 없다.

인구 구조 변화도 소비 위축 요인이다. 결혼 적령기 남녀들은 육아 부담과 불확실한 경기 전망 등으로 결혼과 출산을 꺼리는 분위기가 여전하다. 2021년 합계출산율(가임기 여성 1명이 평생 낳을 것으로 기대되는 아이의 수)은 0.86명으로 사상 최저치로 떨어졌다. 저출산 문제가 더욱 심각해지는 만큼 출산, 육아 그리고 교육을 위한 가계지출이 빠르게 줄어들면서 평균 소비 성향을 떨어뜨리는 요인으로 작용할 것이다.

주력 소비 연령층인 30~40대 인구가 지속해서 줄어들고 있다는 점도 우려스럽다. 음식료품, 주거비 등에 많은 부분을 지출하는 고령층과 달리 30~40대 연령층은 소득 수준이 높아 자동차, 전자 제품 등 내구재를 중심으로 한 소비 규모가 크며 소비 시장의 트렌드를 이끌어가는 주축이다. 주력 소비 계층 감소는 앞으로의 소비재 시장을 어둡게 하는 요소다.

　한편, 부진한 민간소비에 활력을 불어넣기 위해 정부는 2022년에 확장적 재정 정책을 이어갈 것이다. 재정지출 증가율은 2021년 8.9%를 기록했고 감염병 확산 장기화에 대응하기 위해 두 차례(3월 14조9000억원, 7월 34조9000억원)에 걸쳐 추경을 편성했다. 코로나19로 피해를 본 계층을 지원하고 경제 활력 제고를 위한 재정지출 확대 기조는 2022년에도 이어질 것이다. 정부는 2022년 정부지출을 2021년보다 8.3% 늘어난 604조4000억원 규모로 계획하고 있다.

　결론적으로 가계의 소비 여력 확대 등 일부 소비에 긍정적 요인도 관찰되지만, 민간소비가 활기를 띠기에는 구조적 제약 요인이 아직 많다. 결국, 가계가 소비를 늘리기 위해서는 쓸 돈이 많아져야 한다. 경제 내에 유휴 노동력이 줄고 취업자의 임금이 높아지면 가계소비는 자연스럽게 회복될 수 있다. 이런 선순환 구조를 만들기 위해 공공 일자리를 중심으로 일자리 총량을 늘리는 정책도 중요하지만 결국 고용은 민간에서 창출돼야 한다. 민간 부문 성장동력 강화를 바탕으로 양질의 일자리가 창출돼야 소비의 원천인 가계소득이 늘어날 수 있기 때문이다.

　가계부채에 대한 안정적인 관리와 주거비 부담 완화 등도 정부가 계속해서 신경 써야 할 부분이다. 채무 상환 부담 증가로 위험 가구의 채무불이행이 늘어날 경우 가계 부실이 전반적인 소비 위축으로 이어지므로 이에 대한 제도적 지원 방안 마련이 필요하다. 상환 기간 연장, 채무 감면 등 채무 조정 제도를 강화함으로써 가계부채 취약 가구의 채무 부담 완화, 신용 회복을 지원해야 한다. .

　마지막으로 가구의 소비 심리가 회복되도록 적극적인 경기 대응에 대한 일관된 메시지를 가계에 주는 것이 중요하다. 불확실성 확대는 가구의 자산 가치, 소득의 리스크를 확대함으로써 가구의 예비적 저축(Precautionary savings) 성향을 높일 수 있다. 결국 민간소비 회복을 위해서는 정책 불확실성을 미리 방지해야 할 필요성이 있다.

유가·원자재 가격 안정으로 2022 물가 오름세 주춤

반진욱 매경이코노미 기자

▶ 2021년 1월부터 8월까지 소비자물가는 2% 올랐다. 농축수산물 가격 강세가 지속되는 가운데 공업 제품 물가가 상승세로 전환되면서 전체 물가 상승폭이 확대됐다.

농축수산물 물가는 과채류와 축산물 가격이 오름세를 이끌면서 1~8월 중 11.6% 상승했다. 봄철 이상 기후로 채소류, 과일류 작황이 부진하면서 가격이 급등했다. 축산물 물가는 조류인플루엔자(AI) 유행으로 인한 달걀 생산량 감소 영향을 받았다. 달걀이 가격 상승세를 주도하며 2021년 상반기 중 높은 오름세가 지속됐다.

공업 제품 물가는 국제유가 상승에 영향을 받아 급격히 올랐다. 2020년 코로나19 유행으로 인해 큰 폭으로 하락했던 국제유가는 2021년 세계 경제가 정상화되면서 반등했다. 공급이 수요를 따라가지 못하면서 가격이 급등했다. 2021년 1분기와 2분기 국제유가는 2020년 대비 각각 21.9%, 120.8% 상승했다. 이에 따라 2020년 대비 석유류 물가 상승률도 2021년 1월 8.6%, 3월 1.3%, 5월 23.3%, 7월 19.7%, 8월 21.6%를 기록했다.

서비스 물가는 공공 서비스 물가 하락폭이 축소되고, 집세 물가와 외식 물가가 오르면서 상승폭이 커졌다. 공공 서비스 물가는 무상교육 추가 시행 효과에도 불구하고 하수도료와 국제 항공료가 증가하면서 하락폭이 감소했다. 개인

소비자물가·근원물가 추이   〈단위:%〉

— 소비자물가   — 식료품·에너지 제외 지수

*전년 동월 대비   *자료:통계청

서비스 물가는 외식 수요 증대, 농축산물 가격 상승 여파로 외식 물가 오름세가 커지면서 크게 증가했다.

2021년 하반기 물가 역시 상반기와 비슷한 흐름이 나타날 확률이 크다. 농축산물 물가 상승세는 둔화되나, 서비스 물가와 에너지 물가 상승세가 계속되면서 2% 내외 상승률을 보일 전망이다. 한국은행은 2021년 8월 2021년 국내 물가 상승률이 2.1%를 기록할 것이라고 예측했다. 다만 유가 상승세가 이어진다면 물가 상승률은 더 높아질 수 있다. 이주열 한국은행 총재는 10월 12일 열린 간담회에서 "소비자물가 상승률은 당분간 2%대 중반 수준을 이어갈 것으로 예상한다. 하지만 유가가 국내 물가에 미치는 영향이 워낙 크기 때문에 (유가 상승이 지속된다면) 2021년 소비자물가 상승률은 8월 수치를 넘어설 것으로 예상한다"고 말했다.

2022년 소비자물가-국제유가 안정으로 오름세 낮아질 것

주요 경제기관들은 2022년 한국 소비자물가 상승률이 1.5~1.6% 수준에 머무를 것으로 내다본다.

국회예산정책처는 2022년 소비자물가가 국제유가 안정에 따른 영향으로 2021년보다 낮은 1.6% 상승률을 기록할 것으로 예상했다. 한국은행은 2022

년 물가 상승률이 1.5% 수준이라고 전망했다.

2022년 물가 상승을 이끄는 요인은 서비스 물가와 임금 상승이다. 위드 코로나 정책 실시로 민간소비가 늘어나면서 수요 증가에 따른 물가 상승 압력이 덩달아 높아질 가능성이 많다. 특히 개인 서비스를 중심으로 한 근원물가(식료품, 에너지를 제외한 물품 물가) 상승세가 높아질 전망이다. 또 교육비, 의료비 지원 효과가 축소되면서 공공 서비스 물가 하락폭이 감소하는 점 역시 소비자물가 증가를 부추기는 요인이다.

명목임금 상승폭 확대 등도 소비자물가 상승 요인으로 작용할 것이라는 분석이다. 국내 경기 회복과 수출 증가 영향으로 2021년 상반기 내내 임금 상승세가 계속됐다. 2022년에도 경기 회복과 기업 실적 개선으로 임금 상승세가 지속될 전망이다.

물가를 떨어뜨리는 요인은 국제 원자재 가격과 유가의 안정이다. 2021년 물가 상승률이 높았던 배경 중 하나는 국제유가 급등에 따른 석유류 제품 가격 상승이었다. 그러나 2022년에는 국제유가와 원자재 가격이 2021년에 비해 다소 안정될 것으로 예상된다. 원료 가격 하락으로 공업 제품 물가 상승폭도 크게 줄 확률이 높다.

농축산물 물가는 오름세가 다소 둔화될 전망이다. 2020~2021년 기상 여건 악화로 농축산물 가격이 급격히 상승한 것에 따른 기저효과다. 국제 농산물 가격이 안정되고 있다는 점도 가격 안정화에 힘을 실어준다.

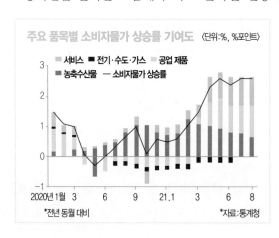

주요 품목별 소비자물가 상승률 기여도 〈단위:%, %포인트〉

2018년부터 국내 물가 상승률을 억제해왔던 '관리물가'의 영향력은 줄어들 것으로 보인다. 관리물가란 정부가 직간접적으로 가격 결정에 영향을 미치는 품목의 가격이다. 의료비와 교육비뿐 아니라 전기료, 도시가스료, 상하수도료, 담배 가격 등이 포함된다. 문재인정부 출범 이후 무상교육 강화와 건강보험 보장 범위 확대로 의료비와 교육비가 지속 하락해왔다. 이는 곧 소비자물가 상승세를 제약하는 요인으로 작용했다. 소비자물가 하방 압력으로 작용해왔던 관리물가 하락세는 2022년부터 해소될 전망이다.

글로벌 공급망 불안정으로 인한 불안 요소 존재

국내 물가 상승률에 영향을 미치는 다른 변수는 세계 경제 상황이다. 현재 코로나19 후유증으로 인해 글로벌 공급망이 불안정한 상태다. 또 전력난에 시달리는 중국 제품 수출 가격이 상승하면 세계 경제 전체에 인플레이션 압력이 높아진다. 이는 곧 국내 수입 물가 급증으로 이어진다.

글로벌 공급망 훼손은 단·중기적으로 물가 상승률에 영향을 미친다. 단기적으로는 공급망 병목현상을 일으킨다. 중간재 생산이 제대로 되지 않으면서 최종 소비재 공급까지 줄어드는 식이다. 공급량 감소에 따른 물가 상승을 부추긴다. 대표적인 예가 반도체다. 반도체 생산량이 수요를 따라가지 못하면서 자동차, 컴퓨터, 스마트폰 등 반도체가 필수인 제품들이 생산에 차질을 빚었다.

중기적으로는 글로벌 공급망 대신 자국 공급망을 구축하는 국가를 증가시킨다. 글로벌 공급망 붕괴의 위험성을 인식한 국가들이 가격을 고려하지 않고 자국 내에 공급망을 만드는 것이다. 임금이 비싼 선진국이 자국에서 중간재, 원자재 등을 직접 생산하면 글로벌 물가는 자연스레 올라간다.

중국 임금 상승도 물가 상승의 주요인이다. 1990년대 이후 중국은 저렴한 노동력을 바탕으로 값싼 제품을 생산·수출하며 물가 안정에 기여해왔다. 그러나 2010년대 들어 생산 가능 인구가 감소하고 임금이 높아지면서 글로벌 물가를 올리는 요인으로 작용하고 있다.

반도체·ESG 덕분에 투자 급증 2022년 지식재산생산물 투자↑

박용정 현대경제연구원 선임연구원

▶ 2021년 상반기 전체 투자(총고정자본형성)는 민간 투자 증가로 2020년 같은 기간보다 3.9% 증가했다. 이미 상반기에만 2020년 연간 전체 투자 증가율 2.6%를 앞질렀다. 2021년 상반기 투자 확대는 민간 투자의 증가 덕분이다. 2021년 상반기 민간 총 투자 규모는 전년 같은 기간 대비 6.5% 증가한 반면, 정부 총 투자 규모는 2020년 코로나19로 투자가 집중된 기저효과를 고려하더라도 7.7% 감소했다. 결국 반도체 등 정보기술(IT)과 신산업을 중심으로 기업 경쟁력 확보를 위한 민간 투자가 확대된 결과다. 2021년 하반기 투자는 코로나19 4차 대유행 등 불확실성 확대에도 불구하고 긍정적인 흐름을 유지하고 있다. 반도체 관련 업종을 중심으로 기계류 수주가 지속되면서 설비 투자 상승세는 전반적인 투자 확대를 이끌 전망이다.

신산업과 친환경 부문의 투자 확대

세부적으로 보면, 2021년 상반기 설비 투자는 지난해 같은 기간 대비 12.6% 증가했다. 이 역시 2020년 연간 증가율 7.1%를 크게 뛰어넘는 수치다. 2022

년에도 설비 투자는 증가세가 지속될 전망이다.

첫째, 비대면 경제 활동 확산에 따른 반도체 수요 증가다. 반도체 부문은 파운드리 투자가 확대되고 클라우드 서버·모바일 반도체 등 메모리 부문 시장 수요도 지속될 것으로 예상한다. 코로나19로 촉발된 비대면 트렌드와 재택근무 등은 경제 산업 구조의 디지털 전환을 가속화했으며 반도체 등 관련 산업의 확장을 유도하고 있다.

둘째, 환경(Environment), 사회적 책임(Social), 지배구조(Governance)를 중시하는 ESG 경영 부각에 따른 친환경 부문 투자 증가다. 미국, 유럽연합(EU) 등을 중심으로 탄소 국경세 도입 이슈가 주목받으며 수출 비중이 높은 국내 주력 산업을 중심으로 친환경 설비 투자 증가가 예상된다. 자동차 산업은 전기·수소차 등 친환경차 생산을 위한 투자가 확대될 것으로 전망된다. 중장기적으로 내연기관차 환경 규제 강화 흐름에 대비하기 위해 성장동력 확충을 위한 투자가 중심이 될 것으로 예상된다. 석유화학은 2차 전지·신소재 개발 투자가, 철강·조선업은 탄소중립 전략 도입에 따른 친환경 생산 설비 구축이 투자의 중심이 될 것이다. 향후 ESG 관련 기술·선제적 시장 공략을 위한 투자 등 시장점유율 확대를 위한 기업 간 경쟁은 더욱 치열해질 테다.

셋째, 노동력 대체를 위한 자동화 생산시설 투자다. 인구 구조 고령화 등으로 감소한 노동력 보완을 위해 자동화 기술에 대한 투자가 늘어날 것으로 전망된다. 동시에 기업들은 재택근무 확대 등 비대면 인프라 관련 투자도 지속할 것으로 예상한다.

마지막으로 세계 경기 회복과 수출 호조다. 국제통화기금(IMF)의 세계 경제 전망(7월)에 따르면 세계 경제성장률은 2021년 6%, 2022년 4.9%의 성장세가 유지될 것으로 예상된다. 백신 공급 등의 요인으로 국가 간 경기 회복 속도 격차가 심화할 것이라는 우려가 여전히 상존해 있지만, 세계 경기 회복세는 유지될 것으로 보인다. 특히, 설비 투자와 밀접하게 관련 있는 수출 경기 회복은 긍정적

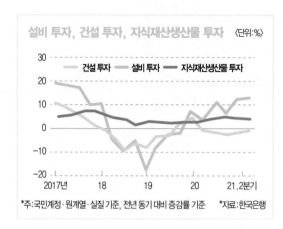

설비 투자, 건설 투자, 지식재산생산물 투자 (단위:%)

*주:국민계정·원계열·실질 기준, 전년 동기 대비 증감률 기준   *자료:한국은행

인 요인이다. 국제통화기금은 2022년 세계 교역량(7월 전망)을 전년 대비 7% 증가할 것으로 전망했다. 반도체, 자동차, 석유화학, 철강 등 주력 산업의 수출 호조는 분명 설비 투자 확대에 긍정적이다. 이는 제조업 등 국내 산업 전반의 수익성, 성장성 개선과 함께 투자 여력 확대 요인으로 작용한다. 설비 투자는 신산업 주도권 확보, 고부가가치 창출 등을 위한 밑거름이 된다는 점에서 중요한 요소이다. 이를 종합해볼 때 2022년 설비 투자는 전년 대비 2%대 수준의 증가세를 보일 것으로 예측한다.

주거용 건물 건설 확대

2021년 상반기 건설 투자는 지난해 같은 기간 대비 1.5% 감소했다. 2020년 상반기 1.6% 증가와 비교하면 큰 폭의 감소다. 2020년 연간 0.4% 감소보다도 큰 부진이다. 토목 부문이 상반기 크게 위축되며 건설 투자 부진의 그늘이 깊어졌다. 다만, 주택 착공 증가·미분양 물량 감소, 신규 주택 수요 확대 등의 요인이 작용하면서 건물 건설을 중심으로 완만한 회복세가 이어지는 흐름이다.

2022년에는 건설 투자가 증가세를 보일 것으로 전망된다. 대규모 주택 공급 본격화에 따른 주거용 건물 건설과 설비 투자 확대에 따른 공업용 건물 건설 착공 증가는 건설 투자를 견인할 것으로 보인다. 토목 부문은 정부 사회간접자본(SOC) 예산 확대, 광역철도 등 각종 균형 발전 인프라 투자가 회복 요인으로 작용할 것으로 예상한다. 각종 부동산 건축 규제와 방역 여건에 따른 공사 차질 등의 불확실성이 상존해 있지만 종합해볼 때 2022년 건설 투자는 전년 대비 2%가량 증가할 전망이다.

지식재산생산물 투자 낙관적

2021년 상반기 지식재산생산물 투자는 전년 동기 대비 4% 증가하면서 2020년 상반기 3.3% 증가를 넘어섰다. 2022년에는 핵심 전략 기술 연구개발(R&D) 비용 세액 공제 상향, 백신 관련 예산 증액 등의 영향으로 3%대 성장을 보일 전망이다. 제조업 실적 개선과 이에 따른 연구개발 투자를 중심으로 지식재산생산물 투자가 확대될 것이다. 코로나19로 촉발된 정보기술 서비스 수요 역시 증가하면서 소프트웨어 개발 관련 투자가 집중될 것으로 예상된다. 한국판 뉴딜 정책의 일환으로 추진되는 소프트웨어 인재 추가 양성·중심 대학 확대 등 관련 분야 정책 지원 확대도 2022년 지식재산생산물 투자 전망을 비교적 낙관하는 이유다.

2021 말 한 차례 더 금리 인상
2022 기준금리 1.5% 예상

허문종 우리금융경영연구소 경제·글로벌연구실 팀장

▶ 2020년 말 0.97%로 1%를 밑돌았던 국고채 3년물 금리는 2021년 9월 말 기준 1.59%로 62bp(1bp = 0.01%) 상승했다. 백신 보급으로 국내외 경제 정상화 기대가 커진 가운데, 적극적인 재정지출 확대에 따른 국채 발행 물량 부담, 기준금리 인상 등 통화 정책 정상화 기대, 글로벌 금리 오름세가 종합적으로 반영된 결과다. 이런 기조에 발맞춰 한국은행은 2021년 8월 국내 경기 회복과 물가 오름세, 금융 불균형에 대한 우려를 고려, 16개월 만에 기준금리를 기존 0.5%에서 0.75%로 인상했다.

2021년 말 국내 기준금리 한 차례 더 올릴 듯

한국은행은 2021년 하반기에 기준금리를 1%로 올리고 2022년(한국 GDP 성장률 3.3% 전망)에는 1.5%까지 추가 인상할 것으로 예상한다. 금융통화위원회는 2021년 8월 통화 정책 방향 결정문에서 '통화 정책의 완화 정도를 점진적으로 조정해나갈 것'이라는 메시지를 시장에 줬다.

이주열 한국은행 총재는 금통위 직후 기자간담회에서 "누적된 금융 불균형 완

화를 위한 첫발을 뗀 것"이라는 발언으로 추가 금리 인상을 시사했다. 이후 곧바로 기준금리 인상을 예상했지만 2021년 10월에는 한 템포 쉬어 갔다. 10월 금통위는 '통화 정책 완화 정도의 점진적 조정'이라는 정책 기조에 맞춰 기준금리를 연속 인상하기보다는 직전 기준금리 인상(8월 26일) 효과, 8~9월 중 가계대출 동향, 미 연준 테이퍼링 여부 등을 점검하면서 기준금리를 0.75%로 동결했다.

2022년 남은 하반기 금통위는 양상이 좀 다를 것이다. 수출 호조, 물가 오름세, 백신 보급과 대규모 초과 저축에 기반한 소비 반등, 추경 등 확장적 재정 기조, 주택 시장과 연계된 금융 불균형에 대한 우려를 종합적으로 감안해 기준금리를 25bp(0.75% → 1%) 추가 인상할 것으로 예측한다.

2022년에도 기준금리 계속 올려

2022년 기준금리는 경기 회복세를 저해하거나 주택 가격 급락을 초래할 정도의 긴축적인 수준은 아닌 것으로 판단한다. 한국은행의 통화 정책 반응함수를 추정한 결과, 2022년 말 시나리오별 기준금리는 각각의 경제 전망에 비춰 다소 완화적인 수준으로 평가한다. 이는 기준금리가 산출갭(실제성장률과 잠재성장률의 차이), 물가갭(기대 인플레이션과 물가 목표의 차이), 신용갭(가계신용 규모와 장기 추세치와의 차이) 크기에 따라 조정된다는 테일러의 법칙(Taylor Rule) 아래 통화 정책 반응함수를 추정한 결과다.

0%대 기준금리를 유지하고 있는 기축통화국과 비교하면 코로나19 위기 이후 한국의 국내총생산(GDP) 회복 속도가 이들(미국 제외)보다 빠르기 때문에 1% 초중반 기준금리 수준이 과도하지는 않은 것으로 보인다.

혹자는 미국 기준금리 인상 시점이 변수라고 본다. 그러나 미국은 한국보다 국내총생산 회복세가 강하지만 고용(연준 정책 목표)이 위기 이전 수준에 미치지 못하는 점을 감안할 필요가 있다.

2022년 말까지 미국 기준금리 인상 속도는 과거 세 차례 인상 사이클의 중간 정도에 해당하는 점진적인 수준이 될 것으로 보인다. 과거 인상 시기와 비교할 때 2021~2022년 분기 평균 인상폭은 2010~2011년에 크게 못 미치고, 2005~2008년, 2017~2018년보다는 높지만 그 차이가 크지 않을 것이라는 예상이다.

새 정권 들어서도 경기 확장 정책 계속

2022년 한국은 새로운 대통령을 맞는다. 신정부 출범 후 확장적 재정 기조는 어떻게 될까. 정권 초반이라 계속 확장 정책 기조를 유지할 수밖에 없을 것이다. 여기에 더해 백신 접종 가속화로 고용·소비가 본격 회복되고 제조업 생산을 저해했던 공급망 제약(예: 차량용 반도체 수급 불안)도 해소돼 금리 인상의 부정적 충격이 완충될 것으로 예상한다.

한국은행의 통화 정책 보고서(2021년 9월) 분석 결과를 준용하면 기준금리 100bp 인상 시 국내총생산 성장률과 주택 가격 상승률이 각각 0.4%포인트, 1%포인트 하락하는 것으로 나타났다. 2021년 경제성장률(4.3% 전망)과 주택 가격 상승률(10%)에 비춰보면 통화 긴축 효과는 제한적일 것으로 판단한다.

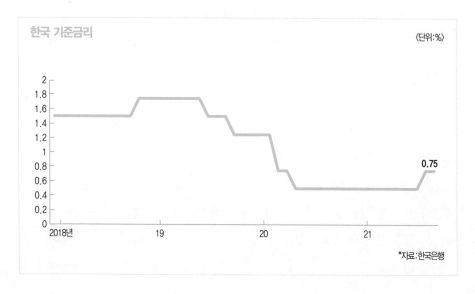

한국 기준금리 〈단위:%〉

0.75

2018년   19   20   21

*자료:한국은행

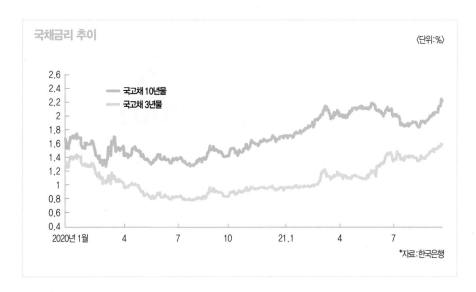

국채금리 추이 〈단위:%〉

- 국고채 10년물
- 국고채 3년물

2.6 2.4 2.2 2 1.8 1.6 1.4 1.2 1 0.8 0.6 0.4

2020년 1월   4   7   10   21.1   4   7

*자료:한국은행

2022년에는 글로벌 경제가 2021년보다 더욱 정상화되는 가운데 국내금리가 전반적으로 상승 흐름을 이어갈 것으로 전망한다. 다만, 기준금리 인상 등 통화 정책 정상화 기대가 선반영돼 2022년 말 국고채 3년물 기준 1.8% 수준으로 완만한 오름세를 나타낼 것으로 보인다.

변수는 없나

다만, 코로나19 재확산세가 악화돼 실물경제에 부정적 영향이 커질 경우 양상은 좀 달라질 것으로 보인다. 기준금리 인상 시기가 2022년 1분기로 늦춰질 가능성도 상존한다. 글로벌 경기가 예상보다 빠르게 둔화될 수 있다는, 이른바 하방 시나리오(한국 GDP 성장률 2.8% 전제)에서는 2022년 기준금리가 한 차례 추가 인상(1.25%)되는 데 그칠 것으로 추정한다.

미국 고용지표 개선이 관건
실업률 4% 중반…1200원 안팎

서정훈 하나은행 자금시장영업부 박사

▶ 2021년 원달러 환율은 전년도 코로나19 상황 이후 미국 연방준비제도의 강력한 유동성 확대 정책 등으로 1달러당 1080원 초반 흐름에서 출발했다.

백신 접종 확산에도 불구하고 델타 변이 바이러스 속출 등 상반기까지는 코로나19 장기화 여파가 계속됐다. 이런 가운데 미국 대선에서 조 바이든 대통령이 당선됐다. 하원도 민주당이 장악하면서 재정 확대 움직임이 강화됐다. 코로나19 불확실성에 따른 안전자산 선호 현상과 맞물리며 달러 강세가 지속됐다.

그런 이유로 2021년 초 환율은 1110원대를 돌파했다. 미국 주도 경제 회복 정책도 달러 강세에 불을 지폈다. 2월 초 바이든 대통령의 2조달러 규모 초대형 인프라 투자 계획 발표가 그것이다. 이는 미국 내수 경기 활성화와 맞닿아 있다. 즉 달러를 내수 경기 진작에 쓰겠다는 시그널은 결국 한국 등 신흥국에는 '달러가 빠져나갈 수 있다'는 논리로 읽혔다. 인플레이션 기대 심리도 강달러 기조를 부추겼다. 기대 인플레이션 급등은 미 10년 국채금리를 1.7%대까지 끌어올리는 마중물 역할을 했다. 원달러 환율이 2021년 3월 초반 1140원대로 고점을 뚫은 이유가 여기에 있다.

2021년 2분기 원달러 환율이 잠시 소강상태를 보인 때도 있었다. 3월 후반 급등했던 미 국채금리가 다소 숨 고르기 양상을 보였기 때문이다. 하지만 다시 재닛 옐런 재무장관의 금리 인상 언급, 4월 연준 의사록에서의 테이퍼링(자산 매입 축소) 가능성 시사에 따라 환율은 1120원대로 올라선 이후 등락 흐름을 보였다.

2021년 하반기 원자재 급등에 강달러 돌입

2021년 하반기부터는 원달러 환율이 다시 강세를 보였다. 국제유가 상승, 공급망 병목 등에 따른 글로벌 인플레이션 우려가 커져서다.

국제통화기금(IMF)은 2021년 10월 세계경제전망(WEO) 보고서에서 "물가 오름세가 이전 수준을 되찾아 인플레이션이 안정을 찾을 것으로 기대했지만 이 같은 전망은 매우 높은 불확실성을 안고 있다. 각국 중앙은행은 인플레이션 상승 압력이 확대되는 경우 고용 회복이 지연되더라도 통화 정책을 긴축 상황으로 바꿔야 할 수 있다"고 전망했다. 미국 입장에서 긴축 정책으로 돌아선다면 '달러를 거둬들일 수 있다'는 신호이므로 원달러 환율은 계속 우상향곡선을 그릴 수밖에 없는 모양새가 됐다.

2021년 하반기 국제 뉴스도 원달러 환율이 높아지는 데 영향을 줬다. 중국 전력난에 따른 경기 둔화 우려, 미 연준의 연내 테이퍼링 가능성, 중국 부동산 개발 업체 형다(恒大)그룹 사태 등 대외 악재가 그것이다. 이는 위험자산 기피, 달러 선호 현상으로 계속 갈 수 있음을 시사한다.

원달러 환율 운명 가를 두 가지 시나리오

원달러 환율의 운명은 결국 미국 경제가 어떻게 흘러갈 것이냐와 밀접한 관련이 있다.

테이퍼링 본격 시행 여부와 관계없이 고용 상황이 회복된다면 오히려 원달러 환율 급등 현상이 2022년에는 잦아들 수 있다.

테이퍼링이 시행된다 해도 이는 장기간에 걸친 인플레이션이 주요 원인이었다. 이런 열기를 완화시켜주는 효과를 주되 이사이에 미국 고용지표가 개선된다면 원달러 환율은 오히려 하향 안정화될 수 있다.

결국 관전 포인트는 실업률이다. 연준 목표치는 4% 중반대. 실업률이 이 수준 혹은 이 수준 이하로 떨어진다면 오히려 물가 상승은 경기 활성화에 따른 수요 증가로 읽을 수 있다. 따라서 연준이 밝히고 있는 2023년 금리 인상 전까지는 제로 수준 금리의 유동성 효과가 계속 일어날 수 있다. 이럴 경우 성장주 중심 투자, 위험자산 선호 현상이 일어나면서 2022년 한 해는 원달러 환율이 1200원 전후 가격을 형성하기는 해도, 저점을 서서히 낮출 수 있을 것으로 예상된다.

물론 반대 경우도 생각해봐야 한다. 테이퍼링 이후로도 공급발 충격에 의한 인플레이션이 지속되고 고용 회복이 더디며, '위드 코로나' 전환이 예상했던 것보다 늦춰지면 원달러 환율은 더욱 요동칠 수밖에 없다. 인플레이션은 지속되는데 경기 침체마저 일어난다면 최악의 시나리오는 '스태그플레이션' 상황에 놓이는 것이다. 이럴 경우 달러 선호 현상으로 전환되면서 원달러 환율은 급등세를 이어갈 수밖에 없다.

스태그플레이션 올까

결론부터 얘기하면 '스태그플레이션'이 오기는 쉽지 않을 것 같다. 일단 각국 중앙은행이 절대 이런 상황을 좌시하지 않을 것이다. 따라서 전자 쪽의 흐름, 즉 공급망 부족 현상 개선, 경기 회복세 쪽으로 전개될 가능성에 무게의 추를 놔도 될 것으로 판단된다.

테이퍼링이 2022년 1분기 중 시장 예상대로 전개되면서 긍정적 '위드 코로나' 국면으로 진입하면 연준은 당분간 고용과 민간 부문 활성화에 집중할 것으로 예상된다. 따라서 2022년 상반기까지는 상대적으로 원달러 환율 변동성이 그렇게 크지 않을 수 있다.

변수는 하반기다.

미국이 본격 출구 전략 일환으로 2022년 말 기준금리 인상을 시작한다면 원달러 환율은 출렁일 수밖에 없다. 연준 금리 인상은 과거 경험상 그 속도가 매우 빠를 것으로 예측되기 때문이다.

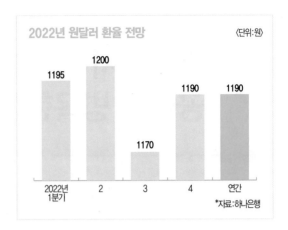

문제는 신흥국이다. 코로나19 여파에서 덜 회복된 신흥국 부채 문제가 2022년 말 시장 이슈로 부각될 수 있다. 테이퍼링 조짐이 보일 때마다 아시아 주요 신흥국 외환 시장 변동성이 심화됐다는 점을 상기하면, 연준이 금리 인상을 본격적으로 하면 해당 신흥국은 자본 유출에 따른 금융 불안정성이 커질 여지가 상당하다. 따라서 2022년 외환 시장 변수에서 상반기는 테이퍼링, 하반기는 금리 인상이라는 화두를 면밀히 살필 수밖에 없다.

한국, 美 금리 인상에도 잘 버틸까

물론 '위드 코로나' 상황으로 진입하는 2022년에 한국은 2021년에 비해 경제 회복 속도가 빨라지면서 원화가 상대적 강세 현상을 띨 수 있다. 다만 신흥국발 금융 불안정 사태가 이어지면 대외 요인 때문에 국내 시장에도 여파가 미칠 수 있다. 따라서 원달러 환율은 일시적으로 높은 변동성을 경험하게 될 것이다. 이에 따라 선제적인 리스크 관리와 시장에 대한 모니터링 강화 등에 좀 더 면밀히 신경 써야 할 한 해가 될 것이라 예상해본다.

수요 늘면서 글로벌 교역 증가
'공급망 병목현상'이 복병

홍준표 현대경제연구원 산업연구실장

▶ 국제수지 흐름의 핵심은 다른 국가와의 교역과 투자다. 교역 즉, 수출입에서 흑자를 많이 낼수록, 투자에서 투자금이 많이 유입될수록 국제수지 흑자폭이 커진다. 즉, 국가 경제의 기초 체력이 견고해 해외에서 국내로 유입되는 자금이 많을수록 국제수지 흑자폭이 커지고, 취약할수록 자금이 국내에서 해외로 빠지며 국제수지 흑자폭이 축소된다. 국제수지는 분야별로 보면 크게 경상수지, 자본수지, 금융계정 세 부분으로 나눠진다. 그러나 자본수지가 차지하는 비중은 미약하기 때문에 여기서는 경상수지와 금융계정만 다루기로 한다. 경상수지의 경우 2021년에는 2020년 대비 상품수지와 서비스수지 모두 흑자 규모가 축소됐다. 이로 인해, 경상수지 역시 흑자 규모는 2020년 대비 큰 폭 줄어들었다. 금융계정의 경우 외국인의 국내 투자는 정체되는 경향을 보였지만, 내국인의 해외 투자가 증가하면서 투자금이 국내에서 해외로 이동하는 방향성을 보였다.

2022년 국제수지 전망은

첫 번째 관심 사안은 최근 1년간 감소했던 경상수지 흑자 규모의 반등 여부

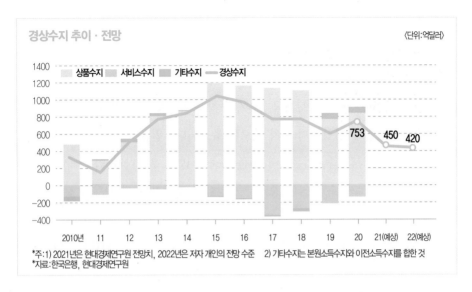

경상수지 추이 · 전망 〈단위:억달러〉

상품수지　서비스수지　기타수지　─경상수지

*주:1) 2021년은 현대경제연구원 전망치, 2022년은 저자 개인의 전망 수준　2) 기타수지는 본원소득수지와 이전소득수지를 합한 것
*자료:한국은행, 현대경제연구원

다. 경상수지는 상품수지, 서비스수지, 본원소득수지, 이전소득수지를 포함하고 있으나 상대적인 비중을 고려해보면 상품수지와 서비스수지가 경상수지 규모를 결정한다고 보면 되겠다. 상품수지는 수출과 수입 차이에 의해서 결정되므로, 2022년의 수출·수입이 어떤 흐름을 보일까를 예상하면 된다. 수출과 수입을 결정짓는 요인 중 가장 중요한 글로벌 수요는 견고할 것으로 예상된다. 백신 접종이 원활히 진행되고 각 국가 경제 활동이 점차 정상화되며 소비 수요가 강해지는 것에 대응해 국내 수출 경기는 긍정적인 흐름을 보일 것으로 예상된다. 그러나 복병이 있다. 바로 공급망 병목현상이다.

　2022년에 수요가 늘어나면서 글로벌 교역은 2021년에 비해 개선될 것이 확실해 보이지만, 이를 가로막는 공급망 병목이 어느 정도일지가 관건이다. 공급망 병목현상은 코로나19 발생으로 생산 공장 폐쇄와 재개가 반복되면서 생긴 누적현상이다. 팬데믹으로 인한 인력난으로 항구에서의 하역이 정체되는 현상, 기상이변·자연재해 등에 따른 물류 연결망 훼손, 변이 바이러스로 인한 생산 공장 가동 차질 등을 예상할 수 있다. 이때 향후 발생할 수 있는 실질적인 이동 불가항력이 물류 흐름과 교역 자체를 가로막을 수 있다는 점이 수출 경기 회복의 복병이다.

두 번째 관심 사항 역시 경상수지 흑자 반등과 깊은 관련이 있는 분야로 국제유가 흐름이 계속 상승할 것인가, 정체 혹은 하락할 것인가다. 우리나라는 원유를 수입에만 의존하는 국가이므로 국제유가가 상승하면 원유 수입에 지불하는 비용이 증가하면서 결국 경상수지 흑자 규모는 축소된다. 원유 가격이 상승하면 원유를 가공해 만든 상품 즉, 석유화학 제품 수출이 많은 우리나라 입장에서는 수출 금액도 증가함으로써 수입 금액 증가분을 상쇄할 것이라는 생각도 들 것이다. 그러나 우리나라 산업 구조상 원유 관련 수입은 원유 관련 수출을 초과한다. 따라서 유가가 상승하면 금액으로 산출된 원유 관련 수출입 규모가 확대되지만, 원유 관련 수출보다 수입이 더 크게 증가한다.

2021년에 상승 기조를 보였던 국제유가는 2022년에도 그 흐름을 유지할 것인가. 해외 전망기관 등에 따르면 상승보다는 보합 내지는 다소 하락하는 흐름을 보일 것으로 예측된다. 글로벌 각 국가 경기 흐름이 2022년에 정상화되면서 코로나19 충격에 대응했던 각종 경기 부양책 역시 위기 이전으로의 정상화 즉, 부양 규모가 축소 내지는 중단될 수 있기 때문이다. 이것은 가속화될 수 있는 글로벌 원유 수요를 진정시킬 수 있는 요인이다. 이에 더해 산유국의 원유 생산시설이 재가동되면서 기본적으로 원유 공급이 늘어날 것이다. 수요 진정세와 공급 증가 등의 영향으로 국제유가는 하향세를 보일 것으로 전망된다.

경상수지를 구성하는 또 다른 큰 축인 서비스수지 적자폭은 확대될 것으로 보인다. 한국의 서비스 교역 규모가 큰 여행 부문을 위주로 살펴보자. 2022년 여행수지는 적자폭이 2021년 대비 커질 것으로 예상된다. 국내외 백신 보급 확대로 해외여행이 재개될 것으로 예상되기 때문이다. 해외여행 부문은 특히 보복 소비 느낌으로 그동안 억눌려왔던 여행 수요가 폭발할 가능성이 매우 높다.

경상수지 부문을 요약하면, 공급망 병목현상 강도에 따라 견고할 것으로 예상되는 글로벌 수요가 제한을 받겠지만, 기본적으로는 상품 수출이 수입을 넘어서며 상품수지는 안정적인 흑자 흐름을 이어갈 것이라는 예상이다. 여행수지 적자에 영향을 받으며 서비스수지는 적자폭이 확대되겠지만, 전체적인 경상수지 흑자를 적자로 반전시킬 정도까지는 아닐 것으로 판단된다.

금융계정에서는 국내로 들어오는 자금보다 나가는 자금이 더 많을 전망이다. 금융계정도 다양한 항목을 포함하고 있으나 그 중요도를 고려해 직접 투자(Foreign Direct Investment)와 증권 투자(Foreign Portfolio Investment) 두 가지만을 살펴본다.

2022년 금융계정에서 나타날 특징적 현상으로 첫째, 직접 투자 부문에서 국내로 들어오는 외국인 자금은 축소되는 반면, 해외에서 투자되기 위해 국외로 향하는 국내 투자금은 확대될 가능성이 있다. 국내 기업의 탈(脫)한국 러시가 주요인이다. 국내 시장에서 투자 유인이 사라지고 있기 때문이다. 성장률 2%대의 성장절벽과 경직된 노동 시장 그리고 가계부채 문제로 인한 소비 절벽까지. 내수 시장 회복을 가로막는 요인이 많다.

둘째, 주식 투자 같은 증권 투자에서도 해외로 유출되는 자금이 늘어날 것으로 전망된다. 성장동력 약화 추세인 국내 경제 펀더멘털이 변화하지 않는 상황에서, 한국 시장에서 기대수익률이 낮다면 외국 자금은 차익을 실현하고 더 좋은 수익률이 기대되는 시장을 찾아 나설 것으로 보이기 때문이다. 다만, 한 가지 기대요인은 미국의 기준금리 인상으로 인해 취약한 신흥국에서의 자금이 한국으로 향할 수 있는 가능성이 상존하는 점이다.

결론적으로 2022년 경상수지와 금융계정상 자금 흐름 전체로는 해외로 나가는 것보다 국내로 들어오는 것이 더 많을 것이다. 다만 그 유입 규모는 2021년에 비해 다소 적을 것으로 예상된다.

취업자 증가…코로나 실업 진정세
경기 회복세에도 청년 실업 여전

이진영 강원대 경제 · 정보통계학부 교수

▶ 코로나19 팬데믹으로 침체됐던 세계 경제는 백신 접종률이 높은 선진국을 중심으로 2021년 상반기 경제성장률이 빠르게 상승하는 등 회복 조짐을 보이고 있다. 한국 경제 역시 고용지표가 개선되며 경기 회복에 대한 기대감이 높아지고 있다.

국내 경기 회복에 대한 신호 중 하나는 2021년 2분기 고용지표 개선이다. 1분기 고용률은 58.6%로 전년 동기 대비 1.3%포인트 감소했으나, 2분기 고용률은 61%를 기록하며 전년 동기 대비 1%포인트 상승했다. 특히 2020년 2분기 고용률이 전기 대비 약 0.1%포인트 상승에 그쳤던 것과 대조적으로, 2021년 2분기 고용률은 전기 대비 약 2.4%포인트 상승하며 코로나19 사태 이전인 2019년 2분기 고용률(61.3%)에 근접했다. 2021년 상반기 취업자 수 증가 역시 고용 시장 회복에 대한 기대를 높였다. 2021년 1분기 취업자 수는 2637만명으로 2018년 1분기 취업자 수 수준인 2628만명을 조금 웃돌았다. 2021년 2분기 취업자 수는 2018년 이래 최고치인 2747만명을 기록했다. 전년 동기 대비 약 41만명 감소했던 2020년 추이와 대조를 이뤘다.

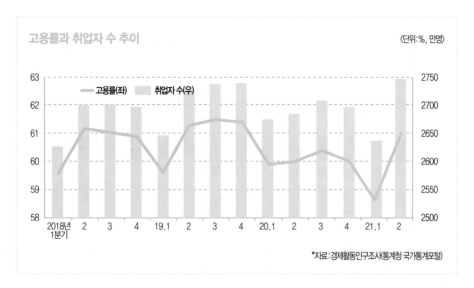

고용률과 취업자 수 추이 〈단위:%, 만명〉

범례: 고용률(좌), 취업자 수(우)

*자료:경제활동인구조사(통계청 국가통계포털)

실업자 수 감소세…고용 시장 회복 '청신호'

코로나19발 고용 시장 위기로 인해 치솟았던 1분기 실업자 수도 2분기에 들어서며 진정세를 보였다.

2021년 1분기 실업자 수는 2018년 이래 최고치인 138만명이었으나, 2분기 실업자 수는 전기 대비 25만명 하락한 113만명을 기록했다. 코로나19 사태 전인 2018년 2분기 실업자 수와 비슷한 수준으로 복귀한 것이다. 2020년에 나타났던 실업률의 계절적 역행 현상, 즉 '1분기 실업률에 비해 2분기 실업률이 높았던 현상'도 2021년에 사라지며 코로나19 사태 이전의 계절적 순환으로 회귀했다. 2021년 1분기 실업률은 5%, 2분기 실업률은 3.9%였는데, 특히 2분기 실업률은 2018년 2분기 실업률과 같은 수준이었다.

'고용보조지표3' 추이를 살펴봐도 2021년 고용 상황이 2020년과는 다르다는 것을 알 수 있다. 고용보조지표3은 경제 침체 시기에 과소 추정되는 경향이 있는 경제활동인구와 실업자에 대해 각각의 확대 지표를 이용해 계산한 실업률이다. 공식 발표되는 실업률의 보조지표로 이용되고 있다. 총 3개 고용보조지표 중 고용보조지표3은 가장 확대된 개념의 경제활동인구와 실업자에 대한 개념을 이용

고용 부진 업종의 취업자 수 증감 추이

단위:천명

	1월	2월	3월	4월	5월	6월	7월	8월
G 도매·소매업	-218	-194	-167	-183	-135	-164	-185	-114
I 숙박·음식점업	-367	-231	-28	61	4	12	-12	-38
P 교육 서비스업	-75	-82	32	66	43	21	27	52
C 제조업	-46	-27	-11	9	20	-10	6	-76
S 협회·단체, 수리·기타 개인 서비스업	-104	-84	-71	-29	-45	-55	-50	-41

2021년, 전년 동월 대비 　　　　　　　　　　　　　　자료:경제활동인구조사(통계청 국가통계포털)
고용 부진 업종은 2020년 기준 전년 대비 취업자 수 감소폭이 가장 컸던 상위 5개 업종을 의미

해 계산된 지표다. 고용보조지표3은 2019년 이후 증가 추이를 보이며 코로나19발 고용 시장 악화를 여지없이 증명하고 있다. 그러나 2021년 2분기에는 전기 대비 큰 폭의 감소세를 보였다. 이런 추이는 큰 폭 상승세를 보였던 전년 동기와 대조된다.

전체 실업자 수와 전체 실업률 추이는 모두 고용 시장 회복에 대한 청신호로 해석된다.

한국은행은 2021년 8월 발표한 경제전망을 통해 "2021년 하반기 취업자 수는 전년 동기 대비 약 27만명이 증가할 것"이라 예측했다. 이는 상반기 증가폭인 12만명보다 2배 이상 늘어난 수치다. 또한 한국은행은 "2021년 연간 취업자 수는 전년 대비 약 20만명이 증가하고, 2021년 고용률과 실업률은 전년과 비슷한 수준을 기록할 것"이라 예측했다. 고용률은 전년보다 0.1%포인트 상승한 60.2%, 실업률은 전년보다 0.1%포인트 하락한 3.9% 수준에 이를 것이라 전망했다.

2022년 고용 시장, 백신 접종 확대되며 개선세 뚜렷할 듯

한국은행은 2021년 경제성장률은 4%, 2022년 경제성장률은 전년 대비 1%포인트 감소한 3%일 것이라 예측했다. 2020년 경제성장률인 -0.9%를 저점으로 경기가 점차 회복될 것이라 예측한 것으로 해석할 수 있다.

고용 개선 업종의 취업자 수 증감 추이								단위:천명
	1월	2월	3월	4월	5월	6월	7월	8월
Q 보건업·사회복지 서비스업	−74	90	171	225	241	207	237	243
H 운수·창고업	30	25	72	107	90	90	121	107
A 농업·임업·어업	−14	32	−26	−3	−3	16	12	37
O 공공 행정, 국방·사회보장 행정	20	38	94	80	83	87	91	47
N 사업시설 관리, 사업 지원·임대 서비스업	27	20	29	39	101	81	87	48

2021년, 전년 동월 대비
자료:경제활동인구조사(통계청 국가통계포털)
고용 개선 업종은 2020년 기준 전년 대비 취업자 수 증가폭이 가장 컸던 상위 5개 업종을 의미

2022년 한국 경제성장률이 2021년에 비해 1%포인트 하락할 것이라는 예측은 2022년 경기 회복 추세가 다소 주춤할 것이라는 점을 의미한다. 따라서 2022년 고용 시장 회복 속도도 완만할 것이라 예상된다. 한국은행은 "2022년 연간 취업자 수가 2021년에 비해 24만명 증가하고, 2022년 연간 실업률은 2021년 연간 실업률보다 0.1%포인트 하락한 3.8%, 2022년 연간 고용률은 2021년 연간 고용률보다 0.4%포인트 상승한 60.6%일 것"이라 예상했다.

2022년 고용 시장 회복 속도가 완만할 것이라 예측되는 또 다른 이유는 세계 경제가 회복세를 보이고 있고 전망도 밝은 편이나, 세계적인 코로나19 바이러스 확산에 대한 불확실성이 높아 글로벌 경기 회복에 제동이 걸릴 가능성이 있기 때문이다. 백신 접종률이 전 세계적으로 빠르게 증가하고 있고 선진국을 중심으로 매우 높은 접종률을 기록하고 있지만 백신을 무력화하는 변이 바이러스 출몰 가능성이 항상 존재하기 때문에 감염병 재확산과 함께 세계 경제가 다시 침체 국면으로 접어들 가능성을 무시할 수 없는 상황이다. 코로나19의 세계적 대유행 상황이 수그러들지 않을 경우, 대외 무역 의존도가 높은 한국 경제는 양호한 회복 흐름을 이어가기 힘들 것이다.

대내외 여건을 종합적으로 고려해볼 때 2022년 고용 시장은 세계 경제 회복과 백신 접종 확대에 힘입어 완만한 속도로 개선될 것이라 예측된다.

특고·비정규직 처우 개선 과제 대선 결과 따라 노사 논의 물꼬

정흥준 서울과학기술대 경영학과 교수

▶ 2022년 노사 관계는 여느 해보다 전망이 쉽지 않다. 가장 큰 이유는 정치적 환경 변화다. 2022년 3월 대통령 선거가 예정돼 있어 선거 결과에 따라 노사 관계도 크게 영향을 받기 때문이다. 그러나 이는 노동조합을 중심으로 하는, 이른 바 '조직 노동'을 중심으로 한 평가에 적용되는 얘기다. 전체 노동-자본 지형은 어떤 성향의 정부가 출범하더라도 크게 달라지지 않을 것으로 보인다. 노동 시장은 국내·글로벌 경제와 산업 변화 등에 영향을 더 많이 받을 수 있기 때문이다.

음식·숙박업·관광업 고용 증가···소득 격차 해소는 과제

2022년 노동 시장은 본격적인 위드 코로나로 인한 기대와 불안 그리고 코로나 19 이후의 과제가 도처에 남아 불확실성이 더욱 커질 것이다. 위드 코로나가 안정적으로 자리를 잡을 경우 내수 시장이 활성화되며 그동안 침체됐던 일부 산업 (음식·숙박업, 관광·서비스업 등)에서 고용이 늘어날 것으로 보인다.

다만 이런 긍정적인 변화에도 2022년 노동 시장은 적어도 세 가지의 과제를 예상해볼 수 있다.

첫째, 늘어나고 있는 노동 시장 소득 격차를 어떻게 줄일지다. 대기업과 중소기업, 원청과 하청, 정규직과 비정규직 간의 소득 격차는 어제오늘 일이 아니지만 그 격차가 계속 커지고 있어 우려가 크다. 위 표를 보면 30인 이하 사업장 임금은 지난 10년 동안 거의 오르지 않았다.

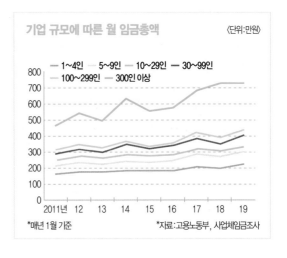

둘째, 코로나19와 기후위기 등으로 인한 노동 시장 변화다. 우선, 코로나19로 인해 저숙련, 비정규직의 고용 불안과 소득 감소가 커서 이를 어떻게 회복할 것인가가 중요한 과제가 됐다. 다음으로 기후위기 주범인 탄소 배출을 줄이기 위한 산업 전환도 논의 중에 있는데, 이 역시 고용 등 노동 시장에 미치는 영향이 적잖다. 특히 자동차, 에너지 산업 등에서도 고용 불안이 예상된다.

마지막으로 최근 급증하고 있는 특수고용이나 플랫폼 노동에 대한 대응이다. 구체적으로 특수고용과 플랫폼 노동자는 1인 자영업자로 분류돼 노동기본권을 보장받지 못하고 있는데, 일하는 방식 등을 고려하면 최소한의 기본권을 보장해야 한다는 목소리가 크다.

요약하면, 2022년 노동 시장은 소득 격차와 산업 전환에 따른 고용위기, 새로운 고용 형태를 가진 노동자에 대한 보호 등 다양한 과제가 산적해 있다. 정부를 포함해 노사는 이런 현안을 해결하기 위해 다양한 모색을 할 것으로 보인다.

아울러 변화하는 노동 시장은 노사 관계에도 적지 않은 영향을 미칠 것이다.

우선 민간 부문과 공공 부문을 나눠보면, 민간 부문 노사 관계는 주로 노동조합이 조직돼 있는 300인 이상 사업장이 다수인데, 이들 사업장에서는 임금 인상이나 처우 개선을 둘러싼 대립이 심각하지 않을 것으로 보인다. 상대적으로 중·소 규모 사업장 임금이 정체돼 있어 대규모 사업장 임금을 추가로 올리기가 쉽지 않으며 이에 대한 사회적 동의 수준도 낮기 때문이다.

반면 공공 부문 노사 관계는 다양한 쟁점이 형성되면서 긴장감이 있을 것으로 예상된다. 공무원이나 공공기관 정규직 등 안정적인 노동자보다 정규직으로 전환된 무기계약직 공무직이나 공공기관 자회사 노동자의 처우 개선 요구가 클 것으로 예상된다. 이들의 경우 고용 안정을 위해 정규직으로 전환했으나 처우 개선은 미뤄 차기 과제로 넘겨졌기 때문이다. 한편, 2017년 이후 공공 부문 노사 관계는 민간 부문에 비해 더 주목을 받고 있는데 최근 공공 부문 노동조합 조직률이 더 올라 이런 경향은 2022년에도 계속될 것으로 보인다.

두 번째로 고용 형태별 노사 관계를 전망해보면, 정규직 노사 관계는 안정적인 흐름을 유지할 것으로 보이지만 비정규직이나 특수고용 등의 노사 관계는 다양한 쟁점이 형성되고 때로는 갈등을 반복할 것으로 보인다. 2021년에도 파업 등 노사 갈등의 상당 부분은 학교 비정규직, 택배, 배달 등 비정규직과 새로운 고용 형태를 가진 비정규직 영역에서 많이 발생한 바 있다. 2022년에도 상대적으로 안정적인 정규직에 비해 비정규직과 특수고용 노동자의 처우 개선에 대한 요구가 클 것이다. 이에 대한 사회적 지지가 어느 정도 형성돼 있기 때문이다.

마지막으로 어떤 내용을 두고 노사 간 대립이 생기는지도 중요하다. 2022년 노사 관계의 핵심 주제는 노동기본권, 노동안전망, 산업안전 등이 될 것이며 이를 둘러싼 노사 간 대립 속에서 정부 역할이 중요해질 전망이다.

먼저, 노동기본권은 두 가지 쟁점을 갖고 있다. 하나는 5인 미만 사업장 노동자에게 근로기준법을 전면 적용할지다. 현재 5인 미만 사업장 노동자에게는 해고, 근로 시간, 휴게 시간, 초과 근무 수당 등 근로기준법의 주요 내용이 적용되지 않고 있는데, 노동조합은 5인 미만 사업장 근로기준법 전면 적용을 제기할 것이고 사용자는 영세 사업주의 어려움을 이유로 전면 적용을 반대할 것이기 때문이다. 노동기본권의 또 다른 주제는 사용자 범위를 확대해 초기업 수준으로 단체교섭을 확대하자는 것이다. 이 역시 노사 간 의견이 달라 갈등이 예상된다.

　다음으로 노동안전망은 전 국민 고용보험 등을 어떻게 현실로 만들지와 관련 있다. 문재인정부에서 전 국민 고용보험 추진을 발표했고, 2025년까지 1인 자영업자까지 포함한 전 국민 고용보험 로드맵을 발표한 바 있다. 전 국민 고용보험이 현실화되기 위해서는 특수고용과 플랫폼 노동자에게도 고용보험이 전면 적용될 수 있는 시스템을 구축해야 한다. 따라서 2022년 고용보험 가입 대상 조정, 보험료 산정 기준, 보험료의 징수·보상 체계 등 다양한 세부 사항을 두고 보험료 납입 주체인 노사가 협의를 할 것이며, 이 과정에서 이해에 따라 쟁점이 형성될 것으로 보인다.

　마지막으로 산업안전도 노사 간 중요한 논의 의제가 될 것으로 보인다. 이미 중대재해처벌법이 제정돼 사업장 수준의 산업안전이 중요한 상황이다. 이에 기업들은 중대 재해 발생 시 사업주 처벌만이 아니라 향후 생산 등에 미칠 영향을 크게 우려해 재해 예방 활동을 준비하면서 동시에 중대재해처벌법의 수위를 낮춰야 한다는 입장이다. 반대로, 노동조합은 현행 중대재해처벌법 시행령이 기업 책임을 가볍게 만들고, 질병 재해 등의 측면은 지나치게 완화해 중대 재해를 줄일 수 있을지 의구심을 제기하면서 현행법을 더 강화해야 한다는 입장이다.

　이런 주제들은 정부의 정책 수립만이 아니라 법 개정이 필요한 사안이기 때문에 정부 역할이 무엇보다 중요하다. 따라서 노동기본권, 노동안전망, 산업안전 등은 2022년 정부가 고용 노동에 대해 어떤 기준을 갖고 있는지에 따라 달라질 수 있다. 이 때문에 2022년 노사 관계는 대선 결과에 적잖은 영향을 받을 수밖에 없다. 상대적으로 진보적인 정부가 당선된다면 문재인정부에 숙제로 미뤄둔 과제들을 논의하게 될 것이다. 이와 달리 보수적인 정부가 당선된다면 지난 5년간의 고용 노동 정책은 재검토가 불가피하며 노동과 기업의 균형을 강조하는 방향으로 정책이 변화할 것이다.

가계부채 꾸준한 증가세 전망
정부부채 韓 경제 최고 리스크

주원 현대경제연구원 이사대우

▶ 가계부채 규모는 2020년 말 기준 약 1728조원에서 2021년 말에는 전년 대비 10% 정도 증가해 1900조원 내외를 기록할 것으로 추정된다. 코로나19 경제위기로 사상 최저 수준 저금리 기조가 유지되면서 가계부채 증가율은 코로나 19 이전인 2019년 4.2%에서 2020년 8% 그리고 2021년 약 10%로 급격하게 높아지는 모습이다. 주택담보대출 등 부동산 관련 대출이 가계부채 증가를 견인했다.

2021년 재정수지는 확장적 재정 정책의 결과 급격하게 악화됐다. 우선 본예산 기준으로 2021년 예산은 재정지출 558조원, 재정수입 482조6000억원으로 75조4000억원 규모의 수지 적자를 예상했다. 그러나 2020년 네 차례의 추가 경정예산 편성이 있었듯 2021년에도 추경이 두 차례가 있었다. 2021년 10월 중순 기준 2021년 추경 편성은 2차까지 진행됐다. 그 결과 재정수지 적자는 총 90조3000억원으로 급증했다. 이에 따라 2021년 재정수지 적자의 국내총생산 (GDP · Gross Domestic Product) 대비 비율은 원래의 본예산 기준 3.7% 에서 최종(2차 추경 기준) 4.4%로 높아졌다.

한국 경제의 뇌관, 가계부채와 정부부채

2022년 가계부채의 방향성을 결정짓는 요인들로는 실물경제 여건, 통화 정책 기조, 부동산 시장 동향 등을 들 수 있다.

2022년에도 여전히 방역 상황이 불안하겠으나 경제는 좋아지는 방향으로 움직일 가능성이 높다. 실물경제가 나아진다는 것은 기본적으로 가계부채가 늘어나는 요인이 된다. 경제 상황 개선은 시장 활성화를 의미하기 때문에 부가가치 창출 기회가 많아지면서 가계와 기업의 경제 활동을 위한 건전한 대출 수요도 늘어나는 것이 정상이다. 다만, 이것은 통상적인 경기 사이클상에서의 움직임이다. 지금과 같이 큰 경제위기로부터의 탈출 과정에서는 달리 생각할 필요가 있다. 2022년 한국 경제가 코로나19 위기를 완전히 극복하고 정상 궤도로 진입한다는 가정이면 대출 수요는 높은 수준을 보일 것이다. 그러나 2022년 한국 경제는 제한적인 '위드 코로나(with corona)'의 영향권 내에 위치할 가능성이 높다. 독감이 유행할 때처럼 마스크는 쓸 사람만 쓰고 확진자를 조사하지도 않으며 격리도 없는 코로나19 이전의 모습은 아닐 것이다.

그렇다면 내수 시장 회복은 제한이 있을 것이고 미래에 대한 낙관적 기대(언젠가는 코로나19 바이러스로부터 벗어난다는 기대)는 있겠으나, 가계 입장에서 앞으로의 고용과 소득에 대한 불안감은 지속될 것이다. 따라서 합리적인 가계라면 실물경제의 빠른 회복을 예상하고 부채 리스크를 짊어지는 행동은 꺼리게 될 테다.

다음으로 통화 정책 기조 변화를 들 수 있다. 지난 2021년 8월 한국은행은 기준금리를 0.5%에서 0.75%로 0.25%포인트 올리는 금리 인상 결정을 시작으로 통화 정책을 정상화하는 출구 전략 실행에 들어갔다. 한국은행 금리 인상은 실물경제 회복 속도에 맞추는 것이 아니라, 과잉 유동성에 따른 금융 불균형과 인플레이션 우려를 완화시키기 위한 행동이다. 따라서 펀더멘털이 여전히 취약한 상황에서의 과격한 금리 인상은 경제에 예상치 못한 위기를 불러일으킬 수 있다.

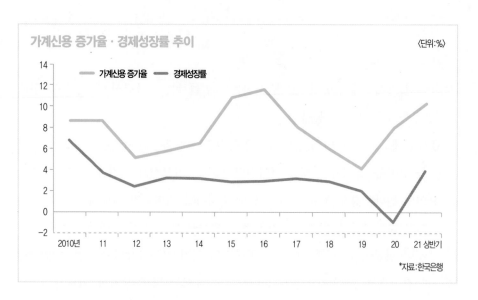

가계신용 증가율 · 경제성장률 추이 〈단위:%〉

━━ 가계신용 증가율 ━━ 경제성장률

*자료:한국은행

　글로벌 금융 시장에서 주목하는 미 연방준비제도이사회(Fed, 이하 연준)는 유동성 증가 속도를 줄이는 테이퍼링을 시작은 하겠으나, 본격적인 통화 정책 정상화를 의미하는 금리 인상은 그 속도를 완만하게 가져갈 가능성이 높다. 금융위기 당시에도 연준은 2008년 12월부터 2015년 11월까지 7년 동안이나 제로금리를 유지했기 때문이다. 그런 상황에서 한국은행이 금리 인상 속도를 빠르게 가져가는 것은 상당한 부담으로 작용할 수 있다. 따라서 국내 금리 인상이 이자 부담을 증가시켜 가계부채 확대를 막는 효과는 있을 것이나, 금리 인상이 완만하게 이뤄질 가능성이 높아 가계부채를 줄이는 효과는 크지 않을 것으로 보인다.

　2022년 가계부채 방향성을 예상하는 데 있어 부동산 시장을 주목하지 않을 수 없다. 부동산 시장과 관련된 부채가 가계 대출의 핵심이기 때문이다. 2022년이 정권 교체기기 때문에 부동산 대출 규제 기조가 후퇴할 여지는 있다. 그러나 '벼락거지'라는 말이 유행할 정도로 한국 사회 내에서 자산 양극화는 큰 이슈가 되고 있다. 따라서 부동산 시장 호황은 누그러질 것이고 이에 따라 시세차익을 노리는 시장 수요와 연관된 가계 대출은 정체될 것으로 보인다.

　요약하면 2022년 가계부채 증가 속도는 2021년보다 낮아질 것으로 예상된다. 다만 가계부채의 증가 속도가 낮아진다는 것이지 가계부채 자체가 축소되는 것을 의미하지는 않는다.

2022년 재정수지 전망

재정수지는 정부 예산안에서 볼 수 있듯 2022년에도 적자는 불가피해 보인다.

우선 재정지출 측면에서 보면 2022년 예산안은 여전히 확장적이다. 코로나 19 위기 이전부터 사회안전망을 위한 복지 지출이 높아지는 추세이고, 경제위기로 인한 취약계층 지원도 시급하기 때문이다. 특히, 디지털 전환과 그린 전환을 골자로 하는 뉴딜 정책에 대한 예산 소요까지 필요한 실정이다. 정부가 국회에 제출한 2022년 예산안상 재정지출 규모는 604조4000억원에 달한다. 다만, 2020년 네 차례 그리고 2021년 두 차례의 추경예산 편성이 있었기 때문에 2022년의 실물경제 회복이 생각보다 더디게 진행될 경우 국민지원금 등과 같은 추가적인 예산 소요로 추경이 편성될 가능성도 있다. 따라서 현실적으로는 이번 2022년의 실제 재정지출 소요는 본예산안 규모보다 많을 것으로 생각된다.

다음으로 조세 수입은 예상치를 웃돌 가능성이 있다. 2022년 본예산안에서의 총수입 규모는 548조8000억원이다. 그러나 경험상 실제 정부의 총수입은 예산안에서 제시됐던 규모보다 많았던 경우가 흔히 있다. 재정당국은 국가 가계부를 책임져야 하기 때문에 총수입 산출에 대해서는 보수적이기 때문이다. 따라서 2022년 재정수지 적자는 불가피하지만, 그 수준은 2021년보다 완화될 것으로 보인다.

2022년에도 재정건전성은 여전히 악화 추세인 것은 분명하다. 재정적자폭이 감소는 하겠으나, 2020년부터 시작된 재정수지 적자를 보전하기 위한 대규모 국채 발행은 피할 길이 없다.

가계부채와 더불어 정부부채가 한국 경제의 중요한 리스크로 부상하고 있음을 간과할 수 없는 시점이다.

코로나 이전 수준으로 회복 中 양극화 훨씬 심해져 문제

이상호 산업연구원 국가균형발전연구센터 지역산업·입지실장

▶ 2021년 지역 경제는 코로나19 충격으로부터 점차 회복하는 모습을 보이고 있다. 연초 3차 대유행과 7월 이후 4차 대유행 발생, 사회적 거리두기 4단계 조치 연장 등 불안정한 경제 여건에도 불구하고 1차 백신 접종률 확대, 안정적인 보건 체계, 방역 수칙 준수 정착 등으로 코로나19 공포감이 축소된 덕을 봤다. 올해부터 경제 활동 제약이 실질적으로 완화되기 시작했다. 대외적으로도 중국, 미국을 비롯 유럽 지역 백신 보급이 확대되면서 관광을 제외하고는 전 분야에 걸쳐 국가 간 교역이 전년 대비 확대됐다.

2021년 지역 경제-코로나19 이전 수준 회복 중, 양극화는 심해져

경제 주체들의 경제 활동 확대는 지역 경제 회복으로 나타났다. 우선 지역 제조업 수출 회복이 두드러졌다. 상반기 비수도권 지역 수출은 전년 동기 대비 27% 증가했다. 2분기에는 전년 동기 대비 45.2%까지 증가했다. 이런 수출 증가 수준은 지난해 크게 감소(-23.1%)한 기저효과 영향에 기인한 측면도 있지만, 교역 규모가 코로나19 이전 수준으로 빠르게 회복하고 있다는 것을 반영한 결과기

도 하다.

산업생산지수는 수출 회복 기조에 힘입어 대부분 지역에서 2021년 2분기 기준 2020년 1분기 수준을 웃도는 것으로 나타났다. 특히 제조업 생산 활동은 2분기 기준 코로나19 발생 시기인 2020년 초 수준에 근접하거나 일부 웃돌았다. 지난해 역성장에 따른 경제 활동 손실분을 고려할 때 지역 경제 성장 회복을 위해서는 추가 성장이 필요해 보이지만, 제조업 경기가 회복 경로에 있음은 틀림없다.

서비스업 활동 역시 대부분 지역이 2021년 2분기 기준 2020년 연초 수준을 넘어선 것으로 나타났다. 완연한 회복 기조에 진입한 것으로 판단된다.

지역 경제가 점차 회복하고 있지만 문제는 지역 주민이 체감하는 회복이 크지 않다는 점이다. 한국은행 조사 결과 13개 지역 생활 형편 관련 소비자동향지수는 2021년 9월 기준 평균 88로 여전히 낮은 수준이다. 체감경기의 상대적 부진 원인을 구조적인 측면에서 보면 낮아진 지역 제조업 비중을 들 수 있다. 제조업 회복세가 서비스업보다 상대적으로 높지만 낮은 제조업 비중으로 지역 경제에 미치는 영향력이 작아졌다. 종사자 수 기준 제조업이 지역 경제에서 차지하는 비중은 2013년 23.1%에서 2019년 기준 20.7%로 크게 감소했다. 반면 상대적으로 비중이 높아진 서비스업 회복 수준은 여전히 2019년 말 수준에 도달하지 못하고 있다.

경기 회복 과정에서 나타나는 지역 경제의 또 다른 문제는 지역별 회복 격차가 코로나19 이전부터 지속돼온 지역 경제 성장 격차와 궤를 같이하고 있다는 점이다. 즉, 코로나19 이전부터 낮은 성장세를 기록한 지역이 2021년 회복 과정에서도 낮은 회복세를 보이고 있으며, 상대적으로 견조한 성장을 지속해온 지역은 빠르게 회복 중이다.

2022년 지역 경제-점진적인 성장세 이어간다

2022년 지역 경제는 2021년에 보여준 역동적인 반등 기조보다는 점진적인

제조업 누적 생산지수(2019년 4분기 = 100 기준)   단위:%

지역	2020년				2021년	
	1분기	2분기	3분기	4분기	1분기	2분기
서울	99.4	92.5	98.4	101.5	104.9	103.6
부산	89.1	82.7	86.4	89.5	89.8	91.7
대구	95.6	88	89	88.3	88.1	89.8
인천	97.9	78.5	90.6	95.7	100.4	99.2
광주	99.3	93.9	101.7	102.8	104.5	107.8
대전	103.9	89.7	117	110.7	114.7	111.2
울산	90.5	85.9	95.5	97.8	95.4	95.7
경기	93.7	87.1	99.2	98.7	99.5	94.3
강원	104.1	96.5	101.8	102.5	117.1	113.9
충북	99.3	92.2	94.2	99.2	96.8	91.1
충남	97.9	91	95.6	104.3	106.5	107.3
전북	100.9	95.9	97.4	101.7	100	100.2
전남	97.7	93.1	95.2	96.8	101.9	103.4
경북	98.4	92.7	95.4	93.8	101.4	103.7
경남	97.9	89.8	96.4	95.8	104	100.7
제주	98.5	86.5	91.5	96.5	94.8	92.4

자료:통계청, 광업제조업동향조사
주:2019년 4분기를 100으로 설정 후 지수 재산정

성장 경로로 회복하는 모습을 보일 것이다. 따라서 비수도권 지역 내 총생산은 2021년에 3.8% 정도 성장을 기록한 다음, 2022년에는 다소 낮아진 3% 안팎의 성장세를 기록할 것으로 전망된다. 즉 2022년 지역 경제는 코로나19 이전까지 지속돼온 저성장 기조로 회복되는 수준이 될 것으로 보인다.

산업별로 보면, 2021년과 달리 지역 제조업 회복세보다는 서비스업에서의 회복세가 두드러질 전망이다. 코로나19 위기에서 벗어나는 동안 일부 정보통신업, 전문 서비스업, 금융보험업, 보건복지 서비스업만 수혜를 받았다. 본격적인 위드 코로나 시기로 접어들면서 도소매, 음식·숙박, 관광, 문화·오락·서비스, 교육 등 서비스업 전 분야가 정상화될 것으로 예상한다.

제조업의 경우 수출 경기 반등에도 불구하고 대내외 여건의 불확실성이 상존하

서비스업 누적 생산지수(2019년 4분기 = 100 기준) 단위:%

지역	2020년				2021년	
	1분기	2분기	3분기	4분기	1분기	2분기
서울	91.1	92.2	94.5	101	96.6	99.6
부산	92.5	91.8	92.3	96.3	92.9	97.3
대구	90.9	93.1	95.6	98.4	93.3	98.1
인천	89.7	85.2	85.6	88.4	85.5	89.6
광주	94.7	95.7	95	98.8	94.8	99.5
대전	85.1	88.9	89.8	97.5	86.2	91.9
울산	93.3	93.6	93.5	97.6	93.3	96.7
경기	92.2	95.6	94.6	98.4	94	100.8
강원	90.4	93.3	95.1	94.9	89.7	98
충북	91.6	95	94.3	96.5	91.7	98.5
충남	91.4	93	95.4	96.8	92.6	98.3
전북	93	96.8	96.5	96.9	93.3	99
전남	93.8	95.2	96.1	96.4	93.4	98.6
경북	90.6	92.3	94	95.2	92.1	96.9
경남	93.9	95.2	96	97.9	94	98.4
제주	91.6	86.3	91	90.5	85.8	91.1

자료:통계청, 서비스업동향조사
주:2019년 4분기를 100으로 설정 후 지수 재산정

는 상황이다. 또 주력 제품의 글로벌 공급망 구축에 있어 지역 경제 역할과 위상이 크지 않다는 점을 고려하면 수출 회복이 지역 경제 투자로 이어지는 등의 수혜는 크지 않을 것으로 보인다.

지역 경제 성장세를 제약하는 요인은 지역 제조업 자체에 있다. 무엇보다 지역 제조업의 낮은 생산성이 문제다. 낮은 생산성은 지역 제조 업체가 수혜를 받지 못하는 주요인이다. 기존에 의존해오던 주력 산업 비중을 낮추는 동시에 다각화 전략을 통해 지역 제조업의 생산성을 제고할 필요가 있다.

2022년은 회복기에 접어든 지역 경제가 새로운 성장 경로에 진입할 수 있는 기회다. 다양성을 확보하고 고도화된 산업으로의 특화를 유도하기 위한 노력이 더욱 요구되는 상황이다.

예상보다 빠른 반등…회복세 완연
공급망 재편 · 인플레이션 변수

강성은 한국무역협회 동향분석실 연구원

▶ 2021년 글로벌 교역은 완연한 회복세를 보였다. 코로나19로 공급망이 마비되고 교역이 위축됐던 2020년과는 달리 2021년에는 코로나19 확산세가 지속됐음에도 불구하고 글로벌 교역이 예상보다 빠르게 반등했다. 미국, EU(유럽연합) 등 주요국이 대규모 경기 부양책을 쏟아낸 덕분에 연초부터 소비, 생산, 투자 등 글로벌 경기는 서서히 회복되는 모습을 보였다.

2분기부터는 백신 보급도 탄력을 받으면서 주요국을 중심으로 본격적인 경제 활동이 재개됐고 수출입 물동량도 크게 늘어났다. 물론 델타 변이 바이러스 확산이 연중 하방 리스크로 작용하기는 했지만 전반적인 무역 회복세에는 큰 영향을 끼치지는 못했다. 세계무역기구(WTO)는 지난 3월에 2021년 상품 무역 증가율을 8%로 전망했으나 상반기 중 교역량이 코로나19 이전 수준을 회복하면서 10월에는 전망치를 10.8%로 2.8%포인트 상향 조정했다.

미국은 연초 바이든 행정부가 들어선 후 대규모 인프라 투자 계획이 발표되고 재정 확대 · 통화 완화 기조가 이어지면서 원자재와 약품, 완구 등 소비재 수입 수요가 크게 늘었다. 이로 인해 북미의 수입량 증가율은 12.6%로 전 지역 중 가

장 높을 것으로 예상된다. 대
외 수입 수요가 개선되면서 중
국과 한국의 중간재, IT 제
품 수출이 호조세를 보였으며
이에 아시아 수출량 증가율은
전 지역 중 가장 높은 14.4%
로 예측됐다. 반면 백신 접종
률이 낮은 중동, 아프리카, 남

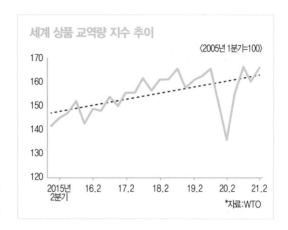

아시아 등은 경기 회복이 더디게 진행되면서 저개발 국가의 교역량 증가율은 5%
내외에 그칠 전망이다.

　2022년 글로벌 교역은 회복세를 이어갈 것으로 예상된다. 선진국 백신 접종
률이 60%를 넘어선 가운데 먹는 코로나19 치료제 보급 소식까지 들려오면서 선
진국을 중심으로 '위드 코로나'로의 전환이 빨라지고 있다. 이에 코로나19가 교
역에 미치는 부정적인 영향이 줄어들면서 글로벌 교역은 2022년부터는 금융위
기 이후 나타났던 일반적인 장기 추세를 되찾을 것으로 보인다. 세계무역기구는
2022년 글로벌 교역량이 4.7% 증가할 것으로 내다봤다.

　한편 코로나19 극복에 대한 시장 기대감이 커지고 있기는 하지만 공급망 교란
과 인플레이션 장기화가 하방 리스크로 작용하면서 교역 환경의 불확실성은 더욱
커질 것으로 예상된다.

인플레이션 압박에 미국 테이퍼링 본격화되면 글로벌 교역 둔화 가능성

　코로나19 여파로 발생했던 공급망 교란은 2022년까지 지속되면서 실물경제에
부담으로 작용할 전망이다. 2021년 주요국을 중심으로 경제 활동이 재개되면서
억눌렸던 수요가 폭증했고 이로 인해 공급 부족 사태가 빚어지면서 전반적으로
물가가 상승하는 모습을 보였다. 실제 2020년 배럴당 10달러까지 떨어졌던 유

가는 2021년 10월 배럴당 80달러를 넘어서며 7년 만에 최고치를 경신했다. 이 뿐 아니라 탄소중립 달성을 위한 에너지 패러다임 전환이 불가피해지면서 구리, 알루미늄, 니켈 등 주요 원자재에 대한 수요가 증가해 비철금속 원자재 가격도 동반 상승했다.

핵심 교역 품목인 반도체는 수급 부족으로 전 세계 곳곳에서 자동차·스마트폰 등 공급망 교란이 나타났다. 코로나19로 인해 발생했던 항만 적체가 미국뿐 아니라 유럽까지 번지면서 전 세계적으로 물류 대란이 발생하고 있는 가운데 해상 운임은 통계 집계 이래 연일 최고치를 기록하는 중이다. 이런 요인들이 맞물려 인플레이션 압박은 점점 더 거세지고 있는 상황이며 2022년 공급망 위기로 세계 경제가 회복 경로를 이탈하는 '퍼펙트 스톰'에 대한 우려 또한 커지고 있다. 인플레이션 압박이 점점 더 거세지면 주요국의 돈줄 죄기가 빨라지면서 경기 회복세가 둔화될 가능성이 높다. 특히 2022년 미국의 테이퍼링(자산 매입 축소)이 본격화되면 글로벌 교역 흐름에 상당한 영향을 미칠 것으로 보인다.

미중 갈등에 따른 공급망 재편도 2022년 글로벌 교역 환경을 좌우할 중요한 변수다. 최근 미중 갈등 재점화에 대한 우려가 높아지는 가운데 미국의 대중국 압박은 반도체·5G·AI 등 첨단 산업을 중심으로 거세지고 있다. 특히 글로벌 교역의 핵심인 반도체 산업을 중심으로 패권 경쟁이 심화되면서 미국뿐 아니라 EU, 일본 등 주요국은 공급망

세계 상품 교역량 증가율 전망 단위:%

	2020년	2021년	2022년
세계 수출입	−5.3	10.8	4.7
수출			
북미	−8.6	8.7	6.9
유럽	−7.9	9.7	5.6
아시아	0.3	14.4	2.3
저개발 국가	−2	5.3	4.7
수입			
북미	−6.1	12.6	4.5
유럽	−7.6	9.1	6.8
아시아	−1.2	10.7	2.9
저개발 국가	−6.7	5.5	8.6

주:2021~2022년은 예상치, 저개발 국가=Least Developed Countries(LDCs)
자료:WTO

리스크를 최소화하기 위해 자국 내 반도체 공급망 구축에 총력을 다하고 있는 상황이다. 향후 미중 간 패권 경쟁이 심화될 경우 글로벌 교역 회복세가 제약될 가능성이 더욱 커진다. 국제통화기금(IMF)도 미중 분쟁이 고조되면 향후

경기 회복 경로에 장애물로 작용해 투자와 생산에 부정적 영향을 미칠 수 있다고 우려했다.

　2021년 한국 수출은 역대 최단기 무역 1조달러 달성이라는 성과를 거뒀다. 반도체, 석유화학, 자동차 등 주력 품목의 선전과 함께 바이오·헬스, 배터리, 전기차 등 유망 품목 수출도 크게 증가하며 고르게 성장하는 모습을 보였다. 글로벌 경기 회복세가 지속되면서 2022년에도 우리 수출은 증가세를 이어갈 것으로 예상된다. 하지만 앞서 언급한 공급망 리스크와 인플레이션 장기화 등이 수출에 부정적인 영향을 줄 수 있는 만큼 향후 각국의 정책 변화와 산업 동향에 대한 지속적인 관찰이 필요할 것이다.

IV

2022
매경 아웃룩

세계 경제
어디로

미국 테이퍼링·금리 인상 중요 상반기 국제환율 다시 한 번 요동

오건영 신한은행 IPS기획부 부부장

▶ 한 국가의 통화 가치는 해당 국가 성장과 금리를 반영한다. 해당 국가의 성장률이 높아지면 그 성장의 과실을 얻기 위해 해당 국가 자산을 매입하며 들어오는 외국인 투자자에 의해서 그 국가의 통화는 강세를 보인다.

2021년 초 코로나19 사태 파고에서 벗어나 회복기에 접어든 중국의 성장 영향으로 위안화를 비롯한 신흥국 통화 강세, 뒤집어 말하면 달러 약세 기조가 강했다. 그러다 2021년 중반기 이후 미국의 과감한 경기 부양책과 이에 힘입어 강하게 솟아올라온 미국 경제 성장세가 다시금 달러 강세 기조로 되돌려놨다.

그리고 일정 수준 미국의 성장세가 이어졌고, 2020년 코로나19 사태로 인해 워낙에 낮았던 물가의 기저효과를 반영하며 미국 물가는 2008년 이후 최고 수준으로 급등하기 시작했다. 이와 함께 진행된 백신 보급은 경기 재개 기대감을 키웠고, 이에 따라 위축됐던 제조업 경기가 반등하며 원자재 가격은 급등 양상을 보이기 시작했다. 글로벌 금융위기 이후 이어져온 저성장, 저물가 환경 속에서 생산설비 투자에 소극적이었던 기업들은 코로나19 직후 쏟아져 나온 강한 경기 부양책이 만들어낸 강한 수요의 폭증에 대응하지 못하면서 공급 부족 현상에 직면한다. 공급이 수요를 따라가지 못하는 상황 속에서도 계속해서 이어진 연방준비제도(Fed)의 월 1200억달러에 달하는 양적완화 자금 공급은 수요의 추가적인 강세를 야기했다. 이는 Fed의 인플레 목표인 연 2%를 훨씬 넘어선(근원 개인소비지출(PCE) 기준) 연 3.5% 수준의 높은 물가 기조를 만들었다.

성장률이 꽤 높게 나오는 상황에서 올라온 물가 상승세에 Fed는 기존의 이례적인 완화책을 되돌려야 할 필요를 느끼게 된다. 성장이라는 득(得)보다는 실(失)이 더 커지게 됐기 때문이다. 급기야 미국은 2021년 4분기 양적완화를 줄여나가기 위한 테이퍼링(자산 매입 축소)을 서둘렀다.

과거 테이퍼링-기준금리 인상 때 어땠나

시장은 한발 더 나아가 테이퍼링 다음 단계로 기준금리 인상이라는 보다 강한 긴축 카드가 나올 것으로 예상한다.

이 점이 투자자에게는 매우 중요한 이슈가 된다. 과거 이와 비슷한 국면을 되돌아보며 당시 시장 흐름을 참고할 필요가 있다. 2022년 상황과 비슷한 시점으로 테이퍼링과 미국의 금리 인상이 예고됐던 2014~2015년을 들 수 있다.

2013년 초부터 2015년 말까지 이머징 국가의 주가인덱스(MSCI 이머징인덱스), S&P500지수 그리고 달러인덱스의 흐름을 보자.

글로벌 금융위기 이후 양적완화를 실시했다 경기가 과열되자 미국 정부는 시장에 테이퍼링을 하겠다는 신호를 내보냈다. 메시지가 나간 후 2013년 5월 신흥국 시장부터 흔들렸다. 당시 달러는 소폭 강세 흐름을 보였다. 그러나 예상보다 늦은 테이퍼링 시행과 이에 대한 충분한 대비에 힘입어 실제 테이퍼링이 진행됐던 2014년 1월부터 8월까지 달러 환율은 큰 변동을 보이지 않았다. 오히려 2014년 상반기 시진핑 중국 국가주석이 주창한 '중국몽'에 기반해 중국이 내수 성장에 힘을 쏟는 가운데 위안화 절상을 유도하자 달러화가 2014년 상반기에 위안화 대비 약세를 보이기까지 했다. 원화도 마찬가지였다.

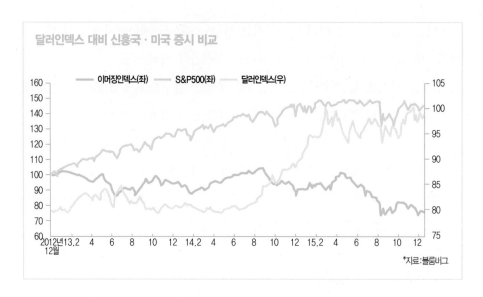

달러인덱스 대비 신흥국 · 미국 증시 비교

이머징인덱스(좌) ── S&P500(좌) ── 달러인덱스(우)

*자료:블룸버그

상황이 바뀐 것은 2014년 9월부터다.

테이퍼링 종료가 임박한 시점이었다. 시장 참여자들은 테이퍼링 이후 미국이 취할 수 있는 조치는 금리 인상이라고 봤다. 미국 금리 인상에 대한 우려와 당시 최초로 진행된 유로존의 양적완화, 일본 BOJ의 기습 2차 양적완화가 거의 비슷한 시기에 단행됐다. 이는 달러화의 급격한 강세로 이어졌다. 실제 2014년 9월 이후 달러인덱스의 상승폭과 속도는 과거에도 그 유례를 찾아보기 힘들 정도로 빠르고 강했다. 참고로 달러인덱스는 100을 기준으로 주요 6개국 통화 대비 달러가 강세인지 약세인지를 가늠해볼 수 있는 지수다.

2022년 어떻게 될까

2014~2015년 사례를 통해 돌아봤을 때 2022년 국제환율 전망에 영향을 끼칠 요소는 미국의 테이퍼링, 금리 인상 그리고 중국의 성장, 마지막으로 유럽, 일본의 통화 완화 정책 시행 여부라고 할 수 있다. 이 중 유럽, 일본은 상대적으로 국제환율에 큰 영향을 주기는 힘들어 보인다. 위안화도 2021년 하반기 헝다 사태를 비롯한 부동산 개발 경기 침체는 중국의 성장 둔화 우려를 높이는 바, 이

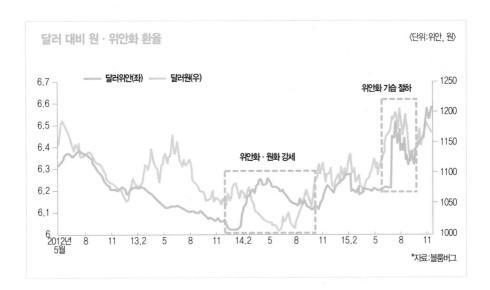

는 위안화 약세 요인으로 생각할 수 있다.

그렇다면 미국에 초점을 맞춰야 한다는 결론이 나온다. 단, 여기서 따져볼 점은 2014년 당시와 다른 이슈가 하나 있다는 사실이다. 바로 2% 선을 훌쩍 넘어선 미국 물가와 자산 시장의 높은 밸류에이션(가치)이다. 2021년 9월 FOMC를 전후해 Fed는 인플레이션과 관련해서는 태도를 바꿨다. 애초 '일시적인 물가 상승'으로 봤던 것을 물가 상승세가 예상보다 길어질 것으로 보기 시작했다.

이런 점에서 시장 참여자들은 Fed가 시장의 예상보다 빠른 속도의 금리 인상을 고려할 수 있다고 내다본다. 이런 기조는 2022년 상반기 달러 강세 압력을 높이는 배경이 될 것이다.

결국 이때 국제환율은 또 한 번 요동칠 수 있다. 한국처럼 외환 보유고가 튼튼하면서 달러 벌이가 되는 국가는 이 파고를 비교적 잘 넘길 수 있을 것이다. 그렇지 못한 국가는 강달러 시대가 도래하면서 환율 급등으로 몸살을 앓을 수 있다. 이 같은 현상은 2022년 상반기가 하반기보다 더 도드라질 수 있다. 하반기부터는 미국의 성장세 둔화와 함께 달러 강세가 소폭 완화되면서 신흥국 환율도 안정화 단계에 진입하는 흐름을 예상한다.

본격 회복 궤도 들어간 미국 경제
2022 美 기준금리 인상 여부 주목

홍춘욱 리치고인베스트먼트 대표

▶ 2021년 한 해를 돌이켜볼 때, 글로벌 채권 시장 참가자들은 '생각보다 잘 버텼다'고 느낄 것 같다.

2021년 연초부터 3월까지 금리 급등이 일어난 이후 여름까지는 안정됐던 셈이다. 이런 흐름이 나타난 가장 결정적인 이유는 인플레 때문이다. 국제유가 급등이 소비자물가 불안의 가장 직접적인 이유로 작용했다. 2020년 4월 국제유가가 폭락한 영향으로, 2021년 4월까지 소비자물가도 대단히 높은 수준을 기록할 수밖에 없었다. 여기에 자동차용 반도체 등 일부 품목을 중심으로 병목현상이 발생한 것도 인플레 압력을 높인 요인으로 작용했다.

미 연준, 완화적인 통화 정책 기조 재확인

국제유가 급등 그리고 내구재 가격 상승에도 불구하고 2021년 4월을 고비로 미 채권 시장이 일시적으로 안정을 되찾기도 했다. 그 원인은 어디에 있을까.

연준 등 글로벌 중앙은행이 한결같이 '완화적 통화 정책' 기조를 유지한 탓이 크다. 예를 들어 2021년 8월에 열린 잭슨홀 콘퍼런스에서 제롬 파월 미 연준 의장은 "내구재 물가 상승률은 지난 25년간, 서비스 물가 상승률을 밑돌았다"고 지적한 바 있다. 즉, 자동차를 중심으로 촉발된 내구재 물가 급등세가 일시적인 현상에 그칠 것이라는 주장이다.

그가 이런 주장을 펼친 이유는 바로 정보통신 혁명 때문이다. 첫 번째 그래프는 1990년 이후 미국 개인소비지출의 양대 품목, 즉 내구재와 서비스 물가 추이를 보여준다.

1990년대 중반까지만 해도 자동차나 컴퓨터 같은 내구재 가격이 서비스 물가와 같은 방향으로 움직였지만, 최근에는 지속적인 하락세를 보이고 있다. 이런 기현상이 벌어진 이유는 바로 1990년대부터 시작된 이른바 기술 혁명발(發) '신경제' 때문이다.

그런데 세인트루이스 연방은행의 '1990년 1월 이후 미국 서비스 물가와 내구재 물가 추이' 그래프 끝부분을 보면, 내구재 물가가 바닥에서 급격히 상승하는 것을 발견할 수 있다. 이런 변화가 나타난 가장 큰 이유는 전체 소비에서 차지하는 내구재 비중의 급증 때문이다. 2020년 3월 발생한 코로나19 팬데믹 과정에서 '사회적 거리두기' '강력한 재정지출'이 동반되면서, 각 가정은 텔레비전이나 자동차 등 내구재에 대한 관심이 높아졌다. 이 영향으로 2019년 전체 소비지출에서 내구재 비중은 10.5%에 불과했지만 2020년에는 11.5%까지 상승했고 특히 2021년 상반기에는 13.3%까지 뛰어올랐다.

그럼에도 불구하고 파월 의장은 "내구재 가격 인상이 주도하는 인플레는 오래가기 힘들다"고 판단했다. 왜냐하면 소비자들이 가격이 이미 많이 오른 내구재를 구입하기보다는 다른 대안, 즉 서비스 소비로 방향을 틀 것이라고 예상한 것이다. 실제 2021년 8월, 내구재 소비 비중은 12.4%로 크게 떨어져 파월 의장의 '내구재 물가 안정' 주장은 현실이 된 것처럼 보였다.

그러나 2021년 9월을 고비로 시장금리는 다시 상승세를 타기 시작했다. 이 원인을 살펴봄으로써 2022년 글로벌 채권 시장의 흐름을 예측해볼 수 있다.

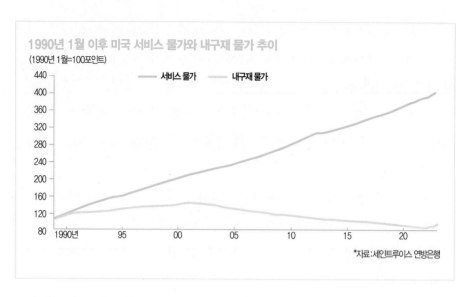

1990년 1월 이후 미국 서비스 물가와 내구재 물가 추이
(1990년 1월=100포인트)

서비스 물가   내구재 물가

*자료:세인트루이스 연방은행

미 연준, 2022년 정책금리 인상 가능성 높아

2021년 9월 열린 FOMC에서 가장 관심을 모은 것은 점도표였다. 점도표란 연준 멤버들에게 '각 기말 정책금리로 몇 퍼센트가 적절하다고 생각하는가?'라는 질문을 돌린 결과를 집계한 것이다. 예를 들어 6월 말 열린 FOMC에서 18명 멤버 중 단 7명만이 '2022년 말 정책금리가 한 번 이상 인상되는 게 바람직하다'고 답한 반면, 9월 말에는 금리 인상을 주장하는 이가 9명으로 늘어났다.

점도표 방향이 정반대로 바뀐 것이다. 여기에는 두 가지 요인이 있다.

첫 번째 요인은 자산 시장 버블 위험이다. 2021년 7월 미국 주택 가격은 2020년 같은 기간에 비해 19.7% 상승해, 통계 작성 이후 최고치를 경신한 바 있다. 최저 금리 여파가 컸다.

연준 멤버의 태도 변화를 유발한 두 번째 이유는 '인플레 전망'의 상향 조정이다. 2021년 9월 FOMC 당시 발표한 경제 전망 자료를 살펴보면, 2021년 인플레(개인소비지출 근원 디플레이터 기준) 수준을 기존에는 3.7%로 예상했던 것을 3%로 내렸다. 그러나 2022년 인플레는 기존 2.1%에서 2.3%로 0.2%포인트나 올랐다. 이는 연준이 '현재 수준 인플레는 유지될 수 없지만, 장기적인 인

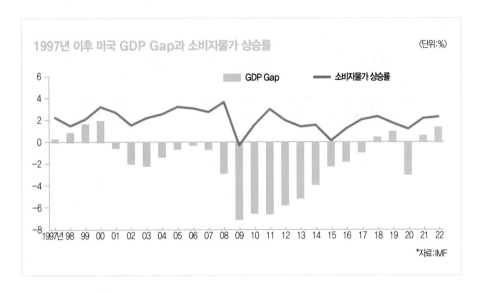

플레 전망은 높아졌다'고 판단한 것으로 볼 수 있다.

　이런 변화가 나타난 이유는 무엇보다 경기 회복이다. 연준은 2022년 미국 경제가 3.8% 성장할 것이라고 예상했는데, 이는 6월의 전망에 비해 무려 0.5% 포인트나 상향 조정된 수준이다. 더 나아가 2023년에도 2.5% 성장해 경제의 잠재성장률 수준(1.9% 전후)을 지속적으로 웃돌 것이라고 예측하고 있다.

　즉, 미국 경제는 본격적인 회복 궤도에 진입해 GDP Gap이 플러스로 전환할 것이라는 예상을 담고 있는 셈이다. 여기서 GDP Gap이란 실제 기록한 국내총생산 수준과 잠재적인 경제의 생산능력 차이를 뜻한다.

　이상의 내용을 종합해볼 때, 2022년에 연준의 정책금리 인상 가능성은 높은 것으로 판단된다. 물론 급격한 재정긴축 혹은 파월 의장의 연임 실패 등의 이슈가 나타날 때 이 전망은 빗나갈 수 있다. 그러나 미국이 '검증된 선택'을 바꿀 이유가 그렇게 크지 않은 것으로 판단된다.

2022 상반기까지 빠른 회복세 '큰 정부 전환' 빅테크 기업 울상

정민 현대경제연구원 연구위원

▶ 미국 경제는 대규모 유동성 공급을 핵심으로 하는 완화적인 거시 정책에 힘입어 팬데믹 여파에서 벗어나 반등에 성공했다. 2022년 상반기까지 경제 재개, 경기 부양책, 저축의 영향 등에 힘입어 빠른 회복세가 이어질 것으로 보이나 하반기 이후에는 성장세가 둔화될 것으로 예상된다.

미국은 경제 봉쇄 여파 속에서도 경기 부양책과 양적완화 정책의 조합으로 기업과 가계 경제의 붕괴를 최소화했다. 또한 백신 접종률 상승과 동시에 경제 활동 재개로 침체됐던 미국 경제는 소비와 산업 경기를 중심으로 빠르게 회복되는 모습이 포착되고 있다. 델타 변이 바이러스 확산 가능성과 통화 정책 변화 등과 관련된 경제적 불확실성이 2022년에도 상존하겠지만 미국 경제 반등세가 크게 꺾일 가능성은 작다.

코로나19 이전 수준으로 서서히 회복 중인 미국 경제

미국 경제의 약 70% 이상을 차지하는 소비 회복에 힘입어 미국 경제성장률은 반등하고 있다. 2021년 1분기와 2분기 성장률(전기비 연율)은 각각 6.3%,

6.7%를 기록했다. 2020년 3분기 성장률인 33.1%에 비해서는 낮지만 해당 수치는 기저효과에 의한 결과로 적절한 비교 대상이 아니다. 이를 감안하면 2021년 1분기와 2분기 경제성장률은 2003년 3분기 6.8% 이후 분기별 성장률로는 가장 높다. 이는 코로나19 이후 급락했던 미국 경제가 서서히 복구되고 있으며, 팬데믹 이전 예상했던 미국 경제의 성장 경로로 회귀하고 있다는 신호다.

2020년 코로나19가 확산되기 시작한 이후 미국 정부는 경제 붕괴를 막기 위해 대규모 유동성을 공급했다. 정책금리를 제로 수준까지 낮췄으며, 재정 패키지를 통해 지원 범위를 확대했다. 여기에는 전 국민 대상 재난지원금, 실업 급여 등 가계 지원을 포함해 중소기업·자영업자 지원도 포괄적으로 포함됐다.

바이든 정부가 출범하면서 1조8400억달러 부양책을 담은 '미국 구조 계획법(American Rescue Plan Act)'이 통과한 것을 포함해 2020년 3월 이후부터 2021년 하반기까지 팬데믹 극복을 위해 의회를 통과한 재정지출의 총 규모는 미국 명목 GDP의 약 27% 수준이다. 이렇게 공급된 유동성은 개인소비지출의 반등을 이끌어냈다. 개인소비의 성장 기여도는 2021년 1분기 7.44%, 2분기 7.92%를 기록하며 미국 경제 회복을 이끌고 있다.

또한, 소매 판매는 2021년 9월 전월 대비 0.7% 늘며 2개월 연속 플러스 증가율을 보였다. 델타 변이의 빠른 확산 우려 속에서도 소비 호조가 이어지고 있다는 뜻이다.

다만 경제조사 연구기관 콘퍼런스보드가 발표하는 소비자신뢰지수는 2021년 9월 109.3으로 8월 115.2에서 하락해 2021년 2월 이후 최저 수준을 기록했다. 신종 코로나19 바이러스 감염증 확산으로 경기 전망에 대한 우려가 반영되며 나타난 결과로 분석된다. 단기적으로 소비 억제 요인으로 작용할 수 있다. 그러나 미국인의 저축으로 인해 소비 회복세는 추세적으로 유지될 가능성이 높다. 정부의 재난지원금과 팬데믹에 따른 여행, 쇼핑, 외식 지출의 감소로 현재 미국인의 저축액은 2조5000억달러에 달한다. 이 금액은 수년에 걸쳐 소비될 것이며, 2022년에는 이 가운데 20%를 소비할 것이라고 골드만삭스는 내다본다. 소비 심리 회복과 넉넉한 가계 저축액은 2022년 상반기 미국 경제 성장의 핵심이 될 것으로 예상한다.

다만, 고용 시장 회복 속도는 상대적으로 더딘 것으로 나타났다. 실업률은 2021년 9월 5.2%로 팬데믹 직후인 2020년 4월 14.8%까지 폭등한 이후 지속적으로 하락하고 있다. 그러나 팬데믹 이전인 2020년 1월 3.5%와 비교하면 여전히 1.7%포인트 높다. 그럼에도 미국 고용 시장에 대한 전망은 긍정적이다. 현재 미국은 영업 재개와 소비 확대로 고용 수요가 크게 증가했으나 많은 업체가 일할 사람을 찾지 못해 구인난을 호소하는 실정이다.

소비 부문 회복과 함께 산업 경기도 강하게 반등하는 모습이다. 이에 따라 향후 노동력 수요도 지속적으로 증가할 것으로 보인다. ISM 제조업, 비제조업 경기 지수는 9월 각각 61.1, 61.7로 모두 기준점인 50을 웃돌며 경기 확장 국면임을 나타내고 있다. 특히, 2021년 3월 이후 전년 동월 대비 신규 주문 증가율도 20~30%대를 기록하며 제조업 경기가 강하게 반등하고 있음을 보여준다. 통상 신규 주문에 비해 회복세가 더딘 출하도 빠르게 증가하면서 전형적인 회복세를 보인다. 투자 선행지표 증가율 역시 플러스로 전환되면서 향후 민간 투자 심리가 개선될 수 있는 환경이 조성되고 있다. 주거용 투자가 급증하면서 주택 판매 증가, 부동산시장지수 상승 등으로 부동산 시장 역시 개선되는 중이다.

2022년 정책금리 인상 가능성 배제할 수 없어

향후 경기 향방을 나타내는 경기선행지수는 실물경제지표 개선세로 2021년 1월 110.1에서 9월 117.1로 큰 폭 상승해 경기 회복 기대감이 커진다. 또한 뉴욕 연방준비은행의 향후 12개월 경기 침체 확률은 2021년 8월 9.5%로 상당히 낮은 수준이다. 미국 경제가 당분간 성장세를 이어갈 가능성이 크다는 견해는 여전히 확고하다. 2021년 3분기를 정점으로 이후에는 성장 속도가 점차 약화될

것으로 예상되나 2022년에는 잠재성장률을
웃도는 성장세를 지속할 것이라는 전망이 우
세한 상황이다. 주요 기관은 2022년 미국이
3%대 후반~5%대 초반 수준 경제성장률을
기록할 것이라 전망한다.

미국 경제성장률 전망치		단위:%
구분	2021년	2022년
IMF	6	5.2
FOMC	5.9	3.8
IB 평균 (2020년 11월)	5.9	4.1

자료:IMF, FOMC, 블룸버그

　이처럼 전반적인 전망은 긍정적이지만 미
국 경제 반등세를 가로막을 수 있는 변수가 몇 가지 있다. 미국 상업투자은행
(CIB)은 "과거 미국 GDP 성장률이 6%를 초과했던 호황 시기 이후 성장률이 절
반으로 줄어드는 경향이 있고, 최근 경기 부양책의 일시적인 특성을 고려한다면
2022년에 둔화 속도가 예상보다 빠를 수 있다"고 경고했다.

　첫 번째 변수는 미국 연방준비제도(연준)의 통화 정책 정상화다. 미국 연준은
2021년 9월 FOMC에서 2022년 중반까지 자산 매입 종료 가능성 시사, 2024
년까지 정책금리 1.75%로 인상 예상을 시사했다. 정책금리 인상 시기는 아직
불확실하지만, 자산 매입 종료 후 연준이 고용과 물가 인상률 등 여러 가지 요인
을 고려할 것으로 예상되며 2022년 인상 가능성도 대두되고 있는 상황이다. 현
재 경기 수준을 고려한 테일러 준칙의 적정금리는 2021년 10월 6.63%로 실제
정책금리 0.25%보다 6.38%포인트 높아 금리 인상 압력으로 작용하고 있다.
연준은 물가 안정과 최대 고용을 동시에 추구한다. 현재 인플레이션 압력이 데이
터로 확인되는 데도 불구하고 고용 시장 회복이 더뎌 연준이 통화 정책 스탠스를
쉽게 바꾸지 못하고 있다는 이견이 대두되고 있다. 2021년 9월 근원소비자물가
가 4%대를 기록하고 있는 상황에서 통화 정책 정상화가 늦어질수록 장기 기대
인플레이션이 급등할 가능성에 대한 우려가 존재한다.

　두 번째 변수는 달러화 강세다. 미국 경제의 견조한 회복세와 통화 정책 정상화
등으로 2022년 달러화 강세 여건이 조성되고 있는 가운데 글로벌 위험 회피 분
위기가 가세할 경우 달러화 강세 추세는 지속될 것으로 보인다. CME 통화선물

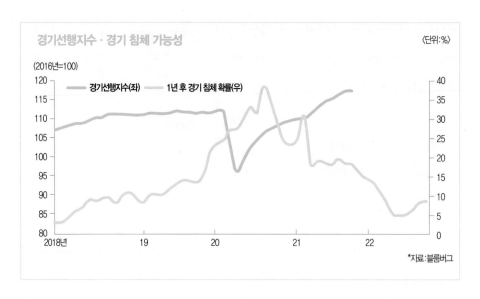

경기선행지수 · 경기 침체 가능성 〈단위:%〉

(2016년=100)

경기선행지수(좌)　　1년 후 경기 침체 확률(우)

*자료:블룸버그

포지션은 2021년 10월 말 기준 순매수로 전환 · 확대 추세를 보여 글로벌 헤지 펀드 사이에서 미국 달러 강세 기대가 커지고 있음을 보여준다. 또한, 블룸버그에 따르면, 2021년 10월 글로벌 투자은행의 달러인덱스 2022년 전망치는 평균 93.8이다. 2021년 1~9월까지 누적 평균치 91.6보다 높다. 그만큼 달러 강세를 예상한다는 의미다. 다만, 미국 정부 부채 한도, 재정적자 수준, 미 연준과 유럽중앙은행 간의 통화 정책 정상화의 속도 차에 따라 강세 변동폭이 조정될 수 있을 것이다.

　세 번째 변수는 공급 병목현상이다. 확장적 재정 정책에 힘입어 총 수요가 빠르게 회복되고 있지만 노동력의 현장 복귀 지연, 반도체를 포함한 중간재, 부품 · 상품의 공급망 훼손으로 공급이 제약되면서 수요와 공급 간 불균형이 생기고 있다. 이는 인플레이션 우려와 경기 회복 지연 요인으로 작용할 가능성이 크다. 산업 경기가 회복되면서 인력 수요는 늘어나고 있지만, 여전히 감염 우려 등의 이슈로 노동력의 현장 복귀가 늦어지고 있다. 또한, 미국 제조업의 출하 · 재고 확충은 총 수요 증가를 따라가지 못하는 상황이다. 코로나19가 빠르게 확산되면서 제조 업체 설비 가동이 멈췄고 이를 재가동하는 데 시간이 걸리기 때문이다. 여기에 수송 문제까지 더해지면서 공급이 더 지연되는 모습이다. 제롬 파월 연준 의장은 "이 같은 병목현상이 완화되고 상황이 안정될 때까지 어느 정도 시간이 필요하다"고 말했다.

네 번째 변수는 노동 시장 불균형이다. 코로나19로 침체됐던 미국 노동 시장은 빠르게 회복되고 있다. 산업 경기 개선으로 고용 회복 기조는 지속될 것으로 보인다. 그러나 노동 시장의 구조적 불균형 현상이 나타나기 시작했다. 고령화 등 인구구조, 기술 발달, 소비·근무 형태 등의 변화로 수급 불일치 현상이 나타날 것으로 보인다. 인구 고령화로 인해 노동 시장 공급이 회복이 지연되고 경제 활동 참가율이 낮아지는 현상이 보인다. 2021년 9월 경제 활동 참가율은 58.5%로 코로나19 위기 이전 수준으로 회복도 되지 못한 상황에서 2000년 이후 최고 수준인 2000년 4월 67.4% 이후 추세적인 하락세를 보이고 있다. 기술 발달과 근무 형태 변화로 재택근무가 지속되면 지리적 미스매치 발생 가능성이 크고, 저임금 일자리 실업률이 상대적으로 높아지는 등 업종별, 소득별에 따라 노동 시장 회복 정도가 다르게 나타날 전망이다.

마지막 변수는 '큰 정부로의 전환'이다. 2021년 바이든 정부 출범 이후 산업 혁신 정책, 빅테크 기업 규제, 친환경 정책 등의 이슈가 수면 위로 떠올랐고 다양한 법률 입법이 추진돼왔다. 2022년에는 이런 정책들이 실질적으로 효과를 발휘할 것이다. 미국 경제 재건과 산업 경쟁력 강화, 중국 견제 등을 목적으로 다양한 산업 경쟁력 강화법 입법이 추진되고, 미국 중심의 신공급망 구축 프로젝트도 진행되고 있다. 더불어 구글, 아마존, 페이스북, 애플 등을 겨냥한 온라인 플랫폼 규제 법안이 발의되면서 소위 말하는 빅테크 기업들은 비즈니스를 수행하는 방식에 제약을 받을 것으로 예상된다. 2020~2021년에는 빅테크 기업이 각광받았지만, 2022년에는 수난을 겪을 수 있다. 이와 함께 친환경 정책을 중시하는 바이든 행정부는 탄소중립에 동참하면서 중장기적으로 다양한 정책과 규제를 내놓을 것으로 보인다.

미중 분쟁 위기 속에서도 2022 5~5.5% 무난한 성장

박승찬 용인대 중국학과 교수

▶ 2021년 코로나19 재확산과 미중 전략 경쟁의 위기 속에서도 중국은 철저한 도시 봉쇄, 방역과 내수 확장 정책에 힘입어 7.5~8% 성장률을 달성할 것으로 전망된다.

분기별로 보면 2021년 1분기(18.3%), 2분기(7.9%) 성장은 기저효과 영향이었으나, 하반기에는 차츰 떨어지는 상고하저(上高下低)의 성장 패턴을 보였다. 실제 소비·투자 등 글로벌 경기 회복으로 지속적인 수출 증가세가 이어진 3분기에도 중국 국가통계국이 발표한 3분기 경제성장률은 4.9%에 그쳤다. 4분기에는 글로벌 원자재 가격 급등, 중국 내 전력난에 따른 인플레이션 압박이 대두되면서 경제 성장 둔화 양상이 나타나고 있다. 따라서 2021년 연간 경제성장률은 7.5~8%대에 머물 것으로 예측된다.

미국의 금리 인상, 테이퍼링 정책 등 대외적인 요인과 헝다 부동산 기업의 파산 위기설, 전력 공급난 등 대내적 요인이 혼합되면서 중국 경제 성장 둔화가 2021년 4분기부터 2022년 1분기까지 지속될 가능성이 존재한다. 일부 매체가 예상하는 중국 위기설, 중국판 리먼 사태 등과 같은 최악의 시나리오는 일어날 가능성이 낮아 보인다. 2030년 탄소피크, 2060년 탄소중립 달성을 목표로 하는 통합탄소거래소 개설, 녹색금융 활성화 등 시진핑 주석의 적극적 탄소중립 추진과 금융 시장 대외 개방 확대로 외국계 투자은행의 중국 자본 시장 진출은 더욱 가속화되고 있다. 2022년은 대도시를 중심으로 한 부동산 시장 안정 조치 강화, 내수 확대를 위한 쌍순환 전략 본격화, 기술 자립 등이 중국 경제의 주요 이슈로 부각될 것이다.

중국 경제성장률 2021년 7.5~8%, 2022년 5~5.5% 전망

2021년 3월 개최된 양회에서 중국 정부는 2021년 경제성장률 목표치를 6% 이상으로 설정한 바 있다. 코로나19 재확산과 미중 간 경쟁, 글로벌 경제의 불확실성을 고려해 성장률을 낮게 제시한 것으로 보인다.

모건스탠리, 골드만삭스 등 대부분의 글로벌 투자은행은 헝다그룹 유동성 위기와 하반기 전력난 이슈로 기존 2021년 8%대 성장에서 하향 조정한 것이 7.5~7.8%대다. 국제통화기금(IMF)이 2021년 10월 발표한 세계경제전망보고서에서 중국 경제 성장 모멘텀이 약화될 수 있으나, 중국 정부 대응 능력을 감안할 때 시스템 위기로 확산할 가능성은 낮다고 예상했다. 중국 경제성장률은 2021년 8%, 2022년 5.6%로 전망했다.

재정 통화 정책의 경우 2022년 중국 경제는 큰 틀에서 적극적인 재정 정책과 안정적인 통화 정책이라는 2021년 기존 틀을 이어나갈 것으로 보인다. 중소기업에 대한 맞춤형 핀셋 재정 지원과 미래성장 동력의 핵심 인프라 투자를 통해 경기 부양책을 펼칠 전망이다. 무엇보다 잠재돼 있는 가계부채를 균형 있게 통제해나가는 방향으로 노력할 것이다.

중국 부동산 2위 기업인 헝다 이슈는 단기적으로 채권, 주식 시장 등 금융 시장 조정과 변동성 확대는 불가피할 것으로 전망되나, 중국 경제 시스템 리스크로 확대될 가능성은 낮다.

'수요 측 개혁'이 2022년 중국 경제의 방점

중국 13·5(2016~2020년) 규획의 핵심이 '공급 측 개혁'이었다면, 14·5 규획(2021~2025년)의 경제 방향은 '수요 측 개혁'에 방점을 두고 있다.

공급 측 개혁이 지난 5년간 기존 중국 경제의 구조적인 모순을 해결하고 노동력, 자원 중심의 요소 투입 성장 방식에서 생산 요소 배분과 생산 효율성을 최대화하는 것이라면, 수요 측 개혁은 공급 측 개혁의 기반 위에 소비 분야 성장동력을 최대화하겠다는 것이다. 즉, 공급 측 개혁을 지속적으로 진행하면서 수요 측 개혁을 통해 생산-분배-유통-소비로 이어지는 선순환 구조를 만든다는 것이다. 수요가 자연스럽게 공급을 유도하고, 공급이 수요를 창출하는 국민 경제 체계를 구축해 소비 측면의 다양성과 확장성을 키워 경제 발전의 주력군으로 활용하겠다는 의도다.

수요 측 개혁은 크게 3가지 측면에서 2022년 중국 경제 변화를 전망할 수 있다.

첫째, 내수 소비 확대를 통한 자립 경제 발전이 가속화될 것이다.

둘째, 소득 재분배를 통해 빈부격차 양극화 문제를 해결하겠다는 것이다. 2022년은 시진핑 주석의 3연임이 결정되는 중요한 시기고, 중국 공산당이 약속한 '전면적 샤오캉 사회 실현'의 중요한 해다.

셋째, 해외 소비가 아닌 자국 내 소비를 더욱 활성화해나가겠다는 것이다. 2019년 해외여행을 다녀온 중국인이 1억5500만명으로 이들이 해외에서 소비한 금액이 약 2조위안(약 368조원)에 이른다. 이 중 10%만 국내 면세점에서 소비해도 약 2000억위안의 소비 창출 효과가 나타난다.

베이징증권거래소 개설과 전정특신 기업 육성

2022년 중국 자본 시장에서 가장 주목해야 할 내용은 바로 베이징증권거래소 개설이다. 베이징증권거래소는 단순히 증권거래소 신설이라는 개념보다 매우 다양한 의미를 내포한다. 중국 대내외 이슈를 종합적으로 고려해보면 크게 4가지

중국 경제성장률 변화 · 전망　　　　　　　　　　　　단위:%, 만명

항목	2018년	2019년	2020년	2021년(전망)	2022년(전망)
경제성장률	6.7	6.1	2.3	7.5~8	5~5.5
재정적자율	2.6	2.8	3.6	3.2 내외	3.4 내외
M2 증가율	8.1	8.7	10.1	–	–
소비자물가 (CPI)	2.1	2.9	2.5	3 내외	3 내외
도시 신규 취업자 수	1361	1352	1186	1100 이상	1150 이상
도시 실업률	4.9	5.2	5.2	5.5 이내	5.4 이내

자료:코트라, 국제무역통상연구원 자료 · 중국국가통계국
2021~2022년 전망은 국내외 기관 자료를 참조해 필자 전망

목적과 의도로 귀결된다.

첫째, 알리바바, 디디추싱 등 빅테크 기업 규제로 인해 침체되고 위축돼 있는 중국의 혁신과 창업 분위기를 다시 살리려는 의도다. '공산당과 함께 창업을'이라 외쳤던 중국 정부가 이어지는 플랫폼 빅테크 기업 규제로 인해 시들어가는 젊은 창업자의 창업 열정을 다시 북돋우기 위한 당근이 필요했다고 볼 수 있다. '대중 창업, 만중창신'는 중국이 미국에 대응할 중요한 성장 요소다.

둘째, 미중 간 디지털 경제 탈(脫)동조화에 대비해 중소 벤처 기술 혁신 기업의 자본 조달 창구를 다변화하겠다는 것이다. 상하이 커창반(중국판 나스닥)에 이어 두 번째로 중국 혁신 자금 조달 창구를 구축함으로써 미중 기술 패권 다툼 장기화에 대비하고자 하는 목적이다. 여기서 중요한 것은 베이징증권거래소는 상하이거래소와는 차별화된 소재 · 부품 · 장비(소부장) 강소기업 중심이라는 특징이다. 비유하자면, 상하이 커창반이 메이저리그 성격이라면, 베이징증권거래소는 마이너리그에 해당된다.

우수한 소부장 강소기업을 중국에서는 '전정특신 작은 거인'이라고 부른다. '전정특신'이라 함은 중국어 표현의 전문화, 정교화(精), 특색화(特), 참신화(新)의 앞 글자를 줄여서 만들어진 용어다. 핵심은 중국제조 2025의 차세대 정보기술,

중국 수요 측 개혁 방향과 2022년 목표

목표	세부 내용
쌍순환 본격화	-내수 확대 전략과 공급 측 개혁의 동시 진행
실업률과 물가 안정	-도시 실업률 5.5% 이내 관리 -물가 안정적 유지·관리 등
농촌 진흥과 발전	-경작지 보호와 탈빈곤 전략 지속 추진 -2021년 미흡한 도시화율 65% 실현
지역 균형 발전	-징진지, 장강 경제벨트, 웨강아오 대만구 등 경제 일체화 지속 -서부대개발, 동북3성 중심의 지역 균형 발전 전략 지속
민생 복지	-일자리 창출·주민 소득 향상 -교육 평준화·사회보장 제도 보급률 확대 등

자료:신화사 자료 참조해 필자 작성

최첨단 장비 제조, 신소재, 생물·바이오 등 10대 중점 최첨단 산업 발전과 전통 산업 고도화를 위해 향후 최첨단 소부장 강소기업들을 정부가 체계적으로 관리·육성하겠다는 것이다.

셋째, 미국 주도 글로벌 자본 시장 견제와 중장기적으로 글로벌 자본 시장의 리더가 되겠다는 목적이다. 또한 국내 대순환 방향성에 맞춰 자국민과 자국 기업들의 자본 운영 메커니즘을 더욱 확대하고자 하는 것이다. 세계거래소연맹(WFE) 자료에 의하면, 2020년 시가총액 기준 미국 뉴욕거래소(26조2000억달러)와 나스닥(19조달러)이 세계 1위와 2위를 차지하고 있다. 중국은 상하이거래소(약 7조달러)가 3위, 홍콩이 5위, 선전이 7위를 차지하고 있다. 상하이와 선전, 홍콩거래소 3곳의 시총을 모두 합친 금액이 약 18조3000억달러로 나스닥보다 작은 규모다. 중국은 마카오증권거래소까지 개설하며 중국 자본 시장 규모를 더욱 확대해나갈 것이다.

넷째, 내부 정치적 이슈로 자본 권력의 균형적 배분 차원 목적도 존재한다. 상하이방 중심 자본 권력이 여전히 존재하는 상황에서 균형적 분배가 필요하다고 보는 것이다. 상하이 증권거래소는 상하이방 권력의 성장과 그 궤를 같이한다. 상하이방 출신인 장쩌민 전 주석은 1985년 상하이 시장·당서기, 1992년 국가주석·총서기를 역임하며 상하이·선전증권거래소 설립을 주도했다. 따라서 1990~1991년 설립된 상하이·선전거래소 모두 장쩌민 3세대 정치 권력과 연결고리가 있다고 볼 수 있다. 베이징거래소 설립은 베이징 중심 새로운 금융 자본 권력 구도 형성의 밑그림이 될 것으로 전망된다.

미중 간 첨단 산업 탈동조화에 대비한 디지털 차이나로 전환

중국은 미국의 전방위적인 기술 제재에 맞서 기술민족주의(techno-nationalism)와 디지털 보호주의(digital protectionism) 정책으로 정면 대응하면서 양국 간 경제안보 전쟁은 단순히 양국 충돌을 넘어 제3국으로 확대되며 더욱 가속화될 것으로 전망된다.

미중 간 신경전이 무역 전쟁을 넘어 기술 패권으로 확대되면서 전 세계 글로벌 밸류체인(GVC)과 거버넌스를 뒤흔들고 있다. 중싱, 화웨이 제재로 시작된 양국간 테크 경쟁은 향후 데이터 안보 전쟁으로 확산되면서 더욱 복잡하게 소용돌이칠 가능성이 높다. 중국이 아직 기술 자립을 하지 못한 상황에서 미국의 기술 탈중국화 명분 아래 진행되는 중국 제재에 대해 불편한 마음이지만, 미국의 기술 탈중국화에 대비하며 본격적인 미중 기술 · 데이터 경쟁 준비에 돌입한 상황이다. 왕이 외교부장은 '미국의 탈중국은 가능하지도 않으며, 합리적이지도 않다' '중국과의 탈동조화는 세계 최대 시장과의 탈동조화로서 미국의 중요한 발전 기회를 놓치는 손해다'라고 언급한 바 있다.

중국은 미국과의 디지털 경제 탈동조화에 대비해 디지털 차이나(數字中國) 건설에 더욱 박차를 가하고 있다. 디지털 차이나 정책을 통해 인터넷 강국, 데이터 강국으로 성장해 GDP 대비 디지털 경제 비중을 2020년 38.6%에서 2025년에는 50% 이상 확대한다는 목표다.

기시다 신정부 부양책 힘입어
年 2~3% 완만한 성장 예상

이지평 한국외대 융합일본지역학부 특임강의교수

▶ 스가 요시히데 전 일본 총리가 1년 만에 갑작스럽게 퇴진하고 기시다 후미오 내각이 2021년 10월 4일 수립됐다. 스가 내각은 거센 비판 속에서도 도쿄 올림픽을 개최했는데 8월 일본의 코로나19 신규 감염자 수가 2만명을 넘자 내각 지지율이 급락했고 퇴진 압력이 커져 결국 자리에서 내려왔다.

이 같은 우여곡절을 겪은 2021년 일본 경제는 코로나19 여파로 크게 요동쳤다. 2020년의 −4.6%라는 극심한 역성장에서 벗어나기는 했으나 회복세는 미약한 수준에 그쳤다. 2021년 일본 경제 연간 실질 경제성장률은 2%대에 머물 것으로 보인다. 2021년의 실질 국민총생산(GDP)은 코로나19 이전인 2019년에 비해 2% 안팎, 10조엔 이상 부족할 것으로 보인다. 각국이 2021년 코로나19 이전 실질 GDP 수준을 회복한 데 반해 일본 경제 회복세가 더딘 것은 코로나19 환자 급증세에 따른 경제 활동 규제가 반복적으로 강화돼 내수 경기 부진이 심했기 때문이다.

물론 일본 정부의 재정 확대 정책 덕분에 공공 수요가 경기 악화를 완화하는 역할을 했다. 그러나 델타 변이 바이러스 확산으로 인해 대면 서비스업 충격이 계속되고, 비정규직의 소득 악화 등으로 소비가 전반적으로 부진한 양상을 보였다. 반면, 구미 각국의 경기 반등에 힘입어서 수출 경기는 호조를 이어갔다. 이에 기업 설비 투자도 꾸준하게 확대되고 있다. 하지만 반도체 부족과 코로나19 감염 상황이 악화된 동남아 거점의 생산 차질, 공급망 불안으로 인해 자동차 생산이 타격을 받으며 제조업 경기에 부정적으로 작용했다.

게다가 세계 경기 회복과 함께 탈(脫)탄소 트렌드로 인해 원유뿐 아니라 구리, 알루미늄, 각종 희소금속, 철강재 가격도 상승세를 보였는데 이것이 일본 경제에 부담이 됐다. 이런 각종 원자재 가격 상승분을 제품 수출 가격에 다 반영하기 어려운 상황이 지속되면서 일본 경제의 교역 조건(수출물가/수입물가)이 악화됐다. 이는 일본으로부터 자원 보유국으로 소득이 유출되는 것을 의미해 기업 이익, 근로자 임금의 하락 압력으로 작용했다.

다만 일본은 코로나19 백신 접종이 속도를 내며 경기 회복이 기대되는 상황이다. 한때 2만명을 넘었던 일본의 코로나19 신규 감염자 수가 2021년 9월에 들어서 급감했다. 이에 따라 일본 정부는 코로나19 감염 제5파에 대한 긴급사태 선언을 10월 1일 해제했다. 2021년 4분기 일본 경제 성장세는 3~4% 수준으로 높아질 전망이다.

3분기까지의 경제 부진을 만회하기 위해 외식·여행 업계도 4분기 경제 정상화에 대비해 새로운 상품 메뉴를 준비해 소비 수요 개척에 주력할 예정이다. 이에 따라 그간 부진했던 소비의 급반등이 기대된다. 그동안 일본 정부의 이동 규제로 한계선에 몰린 영세 사업자로서는 2021년 4분기 영업 확대가 매우 중요한 상황이다. 이들의 경영 부진도 작용해 일본 기업 차입금은 2021년 2분기 기준으로 총액 477조엔을 기록, 2019년 2분기 대비 15.2% 늘었다. 일본 정부가 실시해왔던 영세 사업자 등에 대한 자금 지원 부담은 2022년에도 어느 정도 이어질 전망이다.

2021년 4분기에는 일본 정부가 보조금 지급을 통한 소비 진작책을 전개해 경제 회복과 영세 사업자의 경영 개선을 유도할 것으로 보인다. 2020년 하반기에도 소비 진작책이 실시돼 경제가 일시적으로 회복한 바 있다. 하지만 그 결과, 2021년 1분기에는 다시 코로나19 감염자 수의 확대를 초래해 결과적으로 경제에 부담을 준 측면도 있다. 이에 따라 2021년 4분기 이후에는 백신 접종의 진전을 기반으로 코로나19 감염 확산을 억제하면서 경제 활동 수준을 확대하는 '위드 코로나'를 향해 방역과 경제 활동 자유화의 균형을 조심스럽게 모색할 전망이다.

일본이 위드 코로나 시대로 가기 위해서는 다양한 과제가 제기된다. 3차 접종 등 지속적인 백신 전략, 경증 환자들이 편안하게 복용할 수 있는 효과적인 치료약의 보급, 마스크 착용 등 거리두기 규제 지속, 백신 여권의 효과적 활용 등이 대표적이다. 이를 통해 일본의 코로나19 감염자 치명률을 1%(2021년 9월 26일 기준)에서 10분의 1로 크게 떨어뜨리고, 계절성 인플루엔자의 0.1% 수준으로 낮출 필요가 있다. 이런 상황을 감안하면 적어도 2022년 상반기까지는 코로나19 재확산 가능성을 예의 주시해야 한다.

기시다 신정부, 장기 불황 압력 억제에 주력

2022년 일본 경제는 코로나19로 인한 수요 위축과 공급 불안이 지속되며 중장기적인 성장 잠재력 하락 압력이 다시 고조될 것인지가 관건이 될 것이다.

일본 경제는 1990년대 버블 붕괴로 일시적으로 수요가 위축된 이후 그 충격을 완화하는 데 실패, 위축된 수요에 맞게 투자와 잠재성장률이 지속 하락하는 어려움을 겪어왔다. 이런 장기 불황 과정에서 대지진, 리먼 쇼크 등의 대외 충격이 더해져 잠재 성장 능력의 회복은 더욱 어려워졌다. 특히 일본 경제는 그동안의 저출산으로 인해 인구 감소세가 지속되고 있다. 2020년의 경우 중소도시 1개 수준인 53만명의 인구가 감소했다. 일본의 2020년 1인당 GDP가 4만달러 정도니, 생산성과 1인당 GDP가 크게 확대되지 않으면 연간 212억달러(4만달러 ×53만명) 정도의 GDP 감소 압력이 작용하는 셈이다.

일본 연구소의 2022년 경제 전망
단위:%

전망기관	2020년	2021년		2022년	
	실적	노무라	일경연	노무라	일경연
실질 GDP	-4.6	2.5	2.7	4.6	4.3
민간소비	-5.8	2.2	1.7	4.2	2.8
기업 투자	-6	1.1	1.9	10.4	4.8
수출	-11.7	13.1	11.6	9.8	6.9
소비자물가	-0.2	-0.3	-0.2	0.6	-0.2

주:노무래(노무라증권금융경제연구소)의 2021년 8월 16일 전망치, 일경연(일본경제연구센터) 노무라의 2021년 9월 9일 전망치 기준

　잠재 성장 능력 위축을 억제하기 위해서는 단기적인 경기 부양책에 그치지 않고 혁신적인 정책 강화가 필요하다. 그런데 코로나19 사태를 계기로 과거 장기 불황기와 같이 과잉 채무 기업, 좀비 기업 지원 등에 집중, 경제적 자원이 낭비되고 생산성 향상과 신산업 창조가 부진해지는 문제가 재발할 우려가 있다.

　이에 기시다 총리는 단기적인 경기 부양과 함께 국가기술정책을 강화하면서 스타트업 기업 활성화에도 주력하겠다는 입장을 밝혔다. 신산업을 창조하고 경제 활력을 제고하기 위해서는 기존 기업만으로는 한계가 있으며, 새로운 기업의 활약이 필요하다는 것이다. 또한 기시다 총리는 10조엔 규모 펀드를 2022년 3월 말까지 설정하고 디지털 혁신, 그린 산업 육성을 뒷받침하겠다는 정책 방안도 제시했다. '경제안전보장법'을 추진하면서 담당 장관을 임명, 반도체 등 핵심 기술의 국외 유출 방지에도 나섰다. 전 부처에 과학기술 고문을 도입하고 총리 직속 수석과학기술 고문도 활용한다. 그리고 디지털화와 데이터 행정을 강화해 사회보장정책을 기동성 있게 추진하겠다는 의지도 보이고 있다. 이를 위해 기시다 총리는 AI, 양자 기술, 우주, 해양 등의 혁신을 촉진할 방침이다.

　또한 기시다 총리는 성장과 분배의 선순환에 의한 '새로운 일본형 자본주의' 구축을 지향하겠다고 밝혔다. 현시점에서는 근로자, 서민층으로의 분배가 우선적으로 확대되는 것이 소비 확대와 함께 전체 경제 성장에 도움을 줄 것이라는 판단이다. 아베노믹스에서 강조됐던 법인세 감세보다는 소득재분배정책에 보다 주

력할 것으로 보인다.

기시다 총리는 이 같은 혁신 정책과 소득분배정책을 추진하면서 1960년대 이케다 하야토 총리의 소득배증계획 현대판인 '레이와(일본 연호)판 소득배증계획'을 추진, 중간소득계층의 부활과 확충에 주력하겠다는 복안이다. 2022년에는 이런 정책 방향이 성장 잠재력을 제고하는 기업의 투자 확대, 생산성 향상, 고용의 질 개선 등에 어느 정도 효과를 거둘 것인지, 또한 그런 기대를 고조시킬 수 있을 것인지가 관건이 될 것이다.

2021년 소비자물가 −0.5% 내외…디플레이션 단정은 어려워

2022년 일본 경제는 코로나19의 재확산 공포가 남아 있는 가운데, 기시다 신정부의 경기 부양책, 성장 전략에 힘입어 2021년과 비슷한 2~3% 정도의 완만한 성장세를 보일 것으로 예상된다. 코로나19 재확산이 어느 정도 억제될 것을 전제로 하면 일본 경제는 2021년 4분기에 이어 2022년 1분기에도 3~4%에 달하는, 상대적으로 높은 성장세를 보일 전망이다. 해외 경제 여건이나 코로나19 감염 상황 등이 지나치게 악화하지 않을 경우 2022년에도 일본 경제는 플러스 성장세를 유지할 것으로 보인다.

코로나19 사태로 인해 미뤄져왔던 소비 지출은 정부의 소비 촉진책에 힘입어서 상대적으로 확대될 수 있다. 다만, 코로나19 재확산에 대한 우려가 남아 있는 탓에 보복 소비 열기는 기대보다는 덜할 것으로 예상된다.

소득재분배정책은 코로나19를 계기로 확대된 정규직과 비정규직의 격차 문제를 완화하는 데에 어느 정도 효과를 거둘 것으로 기대된다. 위드 코로나 상황이 정착되면 각종 서비스업의 업황 개선, 관련 고용 확대 등으로 이어져 소비 지출 확대 기조도 뚜렷해질 전망이다. 정부의 임금 인상 유도 정책도 일본의 만성 인력 부족과 맞물려 소비 확대에 긍정적으로 작용할 것이다.

기업 설비 투자는 2022년에도 견실한 확대 기조를 보일 것이다. 수출 확대와

일본 기업의 신성장 시장 개척 사례

업종		구체적인 사례
제조업	화학	수소 관련 사업, 재생의료, 세포 의약, 라이프 사이언스
	기계	수소·암모니아 관련 기술 개발, 교육 ICT화, 전기차
	전기기계	자율주행, 캐시리스 결제, 고령자용 헬스테크
	기타	재생 가능 에너지, 셀롤로스 나노 화이버
비제조업	운수	콜드 체인, 우주 관련, 서비스형 모빌리티(MaaS), e스포츠
	도소매	패션 구독 경제 서비스, 테이크아웃, 의료 인프라, 반도체 판매
	건설·부동산	데이터센터, 스마트시티
	기타	이산화탄소 분석 서비스, 지역형 정보은행, 동영상을 앱으로 공개

함께 그린 이노베이션, 디지털화 관련 수요 증가가 주요 동력이다. 기시다 신정부의 성장 전략도 기업의 설비 투자를 뒷받침하는 요인이다. 일본 기업은 급성장하는 그린 이노베이션 관련 비즈니스를 개척하는 한편, 기존 사업에서도 신공법, 신기술을 개발해 탈탄소화에 한층 주력할 것이다. 일본 정부는 2030년까지 온실효과가스(온실효과를 유발하는 가스)를 2013년 대비 46% 감축하겠다는 정책을 추진하고 있어 각 업계 대응이 시급한 상황이기 때문이다.

일본 기업의 생산능력 확충형 투자 활동은 미국, 중국의 경제 성장세 둔화가 2022년 하반기에 가시화되면서 둔화될 가능성이 있다. 다만, 반도체 부족, 동남아 지역 코로나19 감염에 따른 일본 기업의 공급망 불안, 자동차 생산 차질 등의 문제는 2022년 후반께는 개선될 가능성이 있다.

한편, 2021년 일본 소비자물가 상승률은 마이너스에 그칠 것으로 보인다. 각종 원자재 가격 상승에도 불구하고 경기 회복세가 더디고, 디플레이션 우려도 여전히 높기 때문이다. 그러나 이를 두고 일본 경제가 다시 디플레이션 국면에 진입했다고 단정하기는 어렵다. 오히려 2022년에는 소비, 투자, 수출 등 수요의 완만한 회복세가 유지되면서 소비자물가 상승률이 0%대의 플러스 기조를 회복할 것으로 기대된다.

2050 EU 내 탄소 배출 0 '그린 딜' 메르켈 떠난 독일 新정부 변수

강유덕 한국외국어대 L&T학부 부교수

▶ 2021년 유럽연합(EU) 경제는 4%를 웃도는 플러스 성장을 거둔 것으로 평가된다. 분기별로 살펴보면 대부분 국가에서 2020년 3분기부터 플러스 성장이 시작됐는데, 이는 2020년 상반기의 경제 충격이 워낙 컸기 때문에 나타난 기저효과였다. 실질적인 경기 회복은 2021년 중반부터 나타났다. 경제 회복 속도는 국가별로 다르게 나타났는데, EU 27개 회원국 중 독일, 스웨덴, 아일랜드 등 17개 국가의 국내총생산(GDP)은 2021년 중반 이미 코로나19 사태 이전인 2019년 수준을 회복한 것으로 보인다. 이탈리아, 스페인 등 상대적으로 경제 충격이 심했던 국가도 2022년 중에는 경제위기 이전 수준을 웃도는 GDP를 달성할 것으로 예상된다.

앞서 2020년에는 정부지출로 경기 침체를 저지할 수 있었다면, 2021년 경기 회복은 민간소비와 투자에 의해 견인됐고 여기에 정부 지출이 힘을 보태는 모습으로 전개됐다. 2020년 민간소비와 투자 증가율은 각각 −8%, −8.2%에 이를 정도로 내수 침체가 심했는데, 2021년에는 각각 2.8%, 6.2%씩 증가하면서 경기 회복을 이끌었다. 또한 대부분 EU 회원국은 2021년에 전년 대비 더 큰 규모 재정지출을 실시했다. 그 이유는 코로나19 사태가 장기화되면서 2020년에 발표했던 경기 부양책이 연장되거나, 추가적인 조치가 도입됐기 때문이다. 내수 회복과 확장적 재정·통화 정책에 힘입어 2021년 EU 경제는 4% 성장을 웃도는 역대 최고 성장률을 거둘 수 있었다. 다만, 다시 강조하자면 이런 수치는 극심한 경기 침체 후에 나타난 기저효과 덕이 컸다.

내수가 활성화되면서 2021년 실업률은 모든 국가에서 감소했다. EU 실업률은 장기적인 하락세를 보이면서 코로나19 사태 직전에는 6.3%까지 하락한 바 있다. 반면 코로나19 확산 몇 개월 만에 7.7%까지 치솟았다. 다만 같은 수준의 피해를 겪은 미국에 비해서는 실업률이 증가하는 정도가 약했는데, 그 이유는 각국 정부의 재정 지원이 고용을 유지하는 데 초점을 뒀기 때문이다. 가령 독일은 2008년 글로벌 금융위기 당시 도입했던 단축근로제(Kurzarbeit)를 도입하는 한편, 기업주와 자영업자에 대한 임금·소득 지원을 실시했다. 정도의 차이는 있지만, 대부분 EU 회원국은 유사한 조치를 실시했다. 이 조치는 경기 안정화 정책의 일환으로 추진됐고, 고용 불안을 최소화하는 데 크게 기여했다. 이후 경기 회복에 따라 EU 실업률은 7% 이하로 하락했다. 다만 2021년 말 기준 대부분 국가는 여전히 코로나19 사태 이전보다 높은 실업률을 기록하고 있다. 실업률 등 고용지표가 경기에 후행하는 점을 감안하면 2022년에도 고용 시장 정상화에는 다소 시간이 걸릴 것으로 보인다.

EU-27의 GDP 구성 요소와 성장률   단위:%

	GDP 대비 비중	2015년	2016년	2017년	2018년	2019년	2020년	2021년	2022년
민간소비	53.2	2.1	2.2	2.2	1.8	1.5	−8.0	2.8	5.9
정부지출	20.6	1.4	1.9	1.1	1.3	1.9	1.3	3.7	0.6
투자	22.0	5.0	3.3	4.1	3.5	5.4	−8.2	6.2	5.4
수출	49.4	6.6	3.4	5.7	3.8	2.8	−8.7	8.7	6.5
수입	45.7	7.5	4.5	5.6	4.1	3.8	−8.3	8.1	6.8
GDP	100	2.3	2.0	2.8	2.1	1.6	−6.1	4.2	4.4

주: 국민총생산(GDP) 구성 요소 중 '재고' 항목은 제외함.
자료: European Commission(2021), European Economic Forecast(Spring 2021)

또한 EU는 2020~2021년 확장적으로 재정을 투입한 결과 재정수지가 크게 악화됐다. EU 회원국은 2010년 유럽 재정위기를 계기로 재정건전화 요건을 대폭 강화했고 그 결과 회원국 재정수지가 대폭 개선된 바 있다. 2019년 EU의 GDP 대비 재정적자는 평균 0.5%로 사실상 균형 재정을 유지해오고 있었다. 그러나 GDP 대비 재정적자는 2020년에 6.9%를 기록한 데 이어, 2021년에는 7.5%까지 악화됐다. 모든 회원국 재정수지가 동시에 악화된 것은 이번이 처음이다. 2021년 GDP 대비 재정적자 규모는 이탈리아가 11.7%, 스페인이 10%를 기록했고, EU를 탈퇴한 영국도 11.8%를 기록했다.

다만 코로나19 확산 초기인 2020년 3월 EU 집행위원회와 이사회는 재정준칙인 안정·성장협약(SGP, 잠깐용어 참조)의 적용을 잠정 중단할 것임을 결정했고, 코로나19에 대응하기 위해 재정 투입을 포함한 모든 조치를 실시할 것을 권고한 바 있다. 또한 2021년 6월에는 적어도 2022년까지는 면책 조항을 발동함으로써 3% 재정수지 기준을 적용하지 않기로 했다. 즉 확장적 재정 정책을 위한 제도적 기반을 마련해준 것이다.

확장적 재정 정책의 결과 국가채무가 크게 증가했다. 코로나19 사태 이전만 해도 EU의 평균 국가채무는 GDP 대비 79%로 완만하나 하락 추세를 유지하던 중이었다. 하지만 2020년 92.4%로 증가했고, 2021년에는 95% 수준까지 증가한 것으로 추정된다. EU 회원국 중 2021년 GDP 대비 국가채무가 100% 이상인 국가는 그리스(206%), 이탈리아(156%), 포르투갈(134%), 스페인(120%), 키프로스(118%)로 과거 재정위기를 겪었던 국가들이다.

잠깐용어

*안정·성장협약(SGP · Stability and Growth Pact)
EU 회원국이 재정적자와 국가채무 상한선을 각각 GDP 대비 3%와 60%로 정하고 있는 협약이다. EU 단일통화인 유로화의 통화 가치 안정을 위해 1997년 도입됐다.

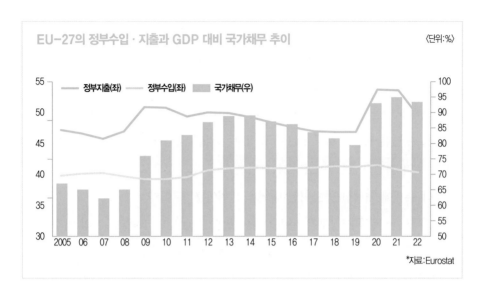

이에 EU는 2020년 7월 7500억유로 규모의 EU 경제회복기금(NGEU)을 조성하기로 결정하고, 2021년부터 집행을 시작했다. 이 기금은 이탈리아(818억유로)와 스페인(773억유로)에 가장 많은 액수가 배정됐고, 그리스와 포르투갈도 각각 226억유로와 155억유로의 지원을 받게 되면서 경제 규모와 인구에 비해 많은 액수를 배정받았다. 이 기금은 재정 여건이 취약한 국가의 경기 회복에 크게 기여할 것으로 예상된다.

2022년 관전 포인트: 유럽 그린 딜, 독일 신정부, 미-중 패권 경쟁

2022년 EU 경제 관전 포인트는 유럽 그린 딜(Europe Green Deal), 독일의 신정부, 미-중 패권 경쟁 크게 세 가지다.

우선 EU는 2050년까지 EU 내 탄소 순 배출량 제로(0)인 '탄소중립' 달성을 목표로 하는 '유럽 그린 딜'을 발표했다. 이 정책은 2019년 말 출범한 EU 집행위원회의 핵심 전략으로 경제·산업·생산·소비·인프라·수송·식품·건축·세제·복지 등 사회 전 분야에 걸친 패러다임 변화를 목표로 한다. 코로나19 사태 동안 유럽 그린 딜은 언론 주목을 크게 받지 못했다. 그러나 EU는 일정에 따라 분야별 세부 계획을 계속 발표해왔다. 코로나19 확산세가 다소 누그러질 2022년에는 그린 딜 관련 세부 정책들이 추진 동력을 받을 것으로 예상된다. 또 EU는 다른 국가의 탄소 감축을 유도하기 위해 독자적으로 탄소국경조정세(CBAM) 도입을 입법예고했다. 이런 정책은 자칫 보호무역주의로 간주될 수도 있으나, 어쨌든 EU는 물론 EU와 교역하는 다른 국가에도 큰 여파를 미칠 전망이다. 우리 기업도 EU의 CBAM 도입은 물론이고 앞으로 더욱 고조될 탄소 감축 압박 추세에 대비한 종합적인 대책을 세워야 할 것이다.

두 번째로는 독일 신정부를 눈여겨봐야 한다. 2021년 10월 독일의 앙겔라 메르켈 총리는 16년간의 총리직을 내려놨다. 그간 메르켈 총리는 유럽 재정위기, 우크라이나 사태, 난민위기, 테러, 브렉시트 등 많은 도전에 직면했다. 메르켈 총리의 안정적인 리더십과 이에 따른 독일의 적극적인 개입은 EU 체제가 안정적으로 운영되는 데 크게 기여했다. 독일의 신정부 또한 유럽의 문제에 적극적으로 대응할 것으로 예상된다. 다만, 지난 십수 년간 메르켈 총리 역할에 익숙해져온 유럽인에게는 제법 큰 변화다. 프랑스 역시 2022년 4월 대선을 앞두고 있다. 영국이 떠난 EU에서 독일과 프랑스 내 변화가 EU에 어떤 정치·경제적 동력을 만들어낼지는 지켜봐야 한다.

마지막으로 미-중 패권 경쟁은 유럽에도 큰 영향을 미치고 있다. EU는 미국과 전통적인 협력 관계를 유지하되, 중국에 대해서는 협력·경쟁·라이벌 등 다면적 입장이다. 그렇다 보니 미-중 갈등 구도 속에서 '전략적 자율성'을 유지하는 데 초점을 두고 있다. 미국 조 바이든 행정부 출범 이후 미국은 핵심 산업의 공급망 재편을 서두르고 있으며, 중국은 '중국제조(中國製造) 2025'를 되살려 산업 기술 대국을 꿈꾸는 와중이다. 이런 상황에서 EU는 유럽 그린 딜을 통해 산업 패러다임 변화를 도모하고, 세부적으로는 배터리·반도체 등에 있어 자체적인 공급망 설립을 추진하고 있다. 또한 유럽 기업에 대한 외국 기업의 인수합병을 경계하면서 외국인 투자 스크리닝 제도를 도입했다. 다만 이런 EU의 정책 기조를 보호무역주의로 간주하는 것은 무리가 있다. 그럼에도 EU와 회원국이 역내에 지역가치사슬(RVC)을 구축하려는 움직임을 보이는 것은 사실이다. 이런 경향이 2022년에 더욱 구체적인 정책의 형태로 구현될 가능성이 크다.

2022년 EU 경제성장률, 4% 웃돌 것

정리하면 2022년 EU 경제는 기존 내수 위주 회복세를 이어갈 것으로 예상된다. 민간소비는 2021년 EU 경제에 비슷한 수준의 활력을 제공할 것이고, 경기 회복 단계 특징을 감안할 때 투자는 더욱 활성화될 가능성이 높다. 다만, 대부분 경기 부양책이 2021년 중 종료돼 정부 지출 증가는 미미할 것이다. 물론 EU가 회원국 재정수지를 통제하던 것을 2022년 말까지 유예했기 때문에 재정 정책 기조가 갑자기 긴축으로 돌아설 가능성은 낮다. 대신 중장기 재정건전성 목표에 따라 회원국별로 차별화된 재정 정상화 조치가 진행될 것이다.

이와 더불어 장기간 지속돼온 확장적 통화 정책 정상화를 모색하는 '유럽판 테이퍼링'이 시작될 가능성이 높다. 유로 지역 전년 동월 대비 물가 상승률은 에너지 가격 급등으로 2021년 8월 3%를 기록하며 10년 만에 최고치를 기록했다. 지난 수년간의 통화 정책 기조를 감안할 때 시장 예상을 뛰어넘는 자산 매입 축소가 이뤄질 가능성은 낮다. 그러나 통화 정책을 통해 금융 안정을 도모하는 2020~2021년 정책 기조는 2022년 중 반전 기로에 도달할 것으로 보인다. 이런 여건을 감안할 때, 2022년 EU 경제는 회복세를 이어가며 4%를 조금 웃도는 수준의 성장률을 유지할 것으로 기대한다.

7% 중후반대 경제 성장 전망 중국 제치고 高성장 국가 등극

김용식 포스코경영연구원 리서치센터 수석연구원

▶ 2021년 인도는 2020년 마이너스 7.3% 성장 충격에서 벗어나면서 중국을 제치고 거대 경제권 중 가장 고성장한 국가로 회귀할 것으로 예상된다. 2021년 4~5월 코로나19 2차 대유행으로 경제성장률이 소폭 하락했으나 전년의 기저효과와 민간소비, 정부지출 증가 등으로 2021년은 9%대 성장률을 기록할 전망이다. 2022년에는 기저효과가 사라지는 것을 감안해 7% 중후반대 성장을 달성할 것으로 예측해본다.

코로나19 2차 대유행에도 불구하고 반등…2021년 10월 이후 경제 성장 본격화

인도 경제는 2021년 1분기 1.6% 성장에 그쳤으나 2분기는 전년도 기저효과와 기업 투자, 민간소비 증가로 20.1% 성장을 기록했다. 4월 들어 델타 변이 바이러스 확산으로 일일 10만명 이상 확진자가 발생했으나 5월 6일 41만4188명으로 정점을 찍은 뒤 하향 안정세를 보였다. 인도 경제는 코로나19 2차 대유행에도 불구하고 전년 동기 대비 기저효과로 20.1%라는 고성장을 달성할 수 있었다.

1차 대유행과 달리 소비나 생산이 큰 타격을 받지 않았고 동남아 등 글로벌 수요 증가로 상반기 수출이 증가하면서 고성장이 가능했다. 다만 2분기 정부지출이 전년 동기 대비 -4.8%를 기록하면서 경제성장률을 소폭 떨어뜨리는 요인으로 작용했다. 정부지출 감소는 일부 주정부가 재정 악화를 이유로 재정지출을 하반기로 늦췄기 때문이다. 3분기는 몬순 기간으로 인한 건축업 성장세가 주춤하면서 7% 초반 성장세를 보일 것으로 예상된다. 4분기는 가을 축제가 시작되면서 민간소비가 늘어나고 정부 재정지출과 인프라 투자가 증가하면서 성장세를 이어갈 것으로 전망한다.

인도 경제 성장세를 낙관하는 가장 큰 요인은 백신 접종률 증가다. 인도는 10월 9일 기준 약 9399만명(71%)이 1차 접종을 마쳤으며 2차 접종 완료 비율은 27%라고 발표했다. 인도 신용평가사 ICRA는 코로나19 백신이 9월 1~26일까지 일평균 790만회가 접종됐으며 이와 같은 추세가 지속된다면 연말에는 인도 전체 인구의 75%가량이 2차 접종을 마칠 것으로 내다봤다. 백신 제조 업체의 설비 투자 확대와 원재료 확보 등으로 인도 백신 생산이 본격화되고 10월 이후 2차 백신 접종이 증가하면서 소비 심리가 살아나고 있어 경제 회복을 견인할 전망이다.

둘째는 하반기부터 본격화되는 인도 정부의 인프라 투자 확대다. 2021년 회계연도(2021년 4월~2022년 3월) 예산안에 배정된 정부 설비 투자액 중에서 4~7월간 집행된 비중은 15%에 불과하다. 몬순 기간 이후 10월부터 집행이 가속화되면 건설과 시멘트, 철강 산업의 수요 증가로 이어져 경제 성장을 견인할 수 있을 것으로 기대된다.

나렌드라 모디 인도 총리는 지난 8월 15일 75주년 독립기념일 연설에서 국가 인프라 마스터 플랜(NIMP·National Infrastructure Master Plan)을 재강조하면서 향후 5년간 100조루피의 인프라 투자를 추진하겠다는 의지를 밝혔다. 지금까지 도로, 철도, 항공 등 각 부처가 독립적으로 사업 계획을 추진하면서 발생한 연결성 부족 등을 해결하기 위해 중앙부처에서 통합 접근법으로 추진

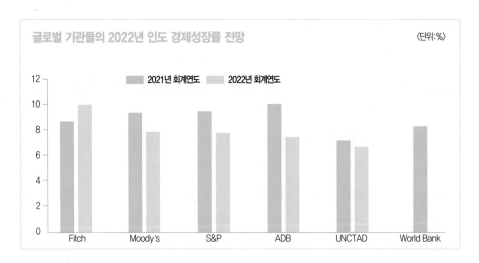

글로벌 기관들의 2022년 인도 경제성장률 전망 〈단위:%〉

(막대그래프: 2021년 회계연도, 2022년 회계연도)
- Fitch
- Moody's
- S&P
- ADB
- UNCTAD
- World Bank

하겠다는 계획도 덧붙였다. 이를 통해 전국 각지 연계성을 높이고 효율성을 강화함으로써 물류비와 이동 시간 단축, 산업 생산성 제고와 일자리 창출이 가능할 것으로 기대된다.

한편 그동안 문제점으로 지적돼온 자금 조달 이슈를 해결하기 위해 인도 정부는 지난 8월 23일 국유 자산 화폐화 파이프라인(National Monetization Pipeline)을 발표했다. 고속도로, 철도, 공항, 전력 송전라인과 가스 파이프라인 등의 인프라를 민간에 임대 방식으로 운영권을 제공함으로써 약 810억달러의 자금의 확보할 수 있을 전망이다.

셋째는 제조업 부흥책으로 강조하고 있는 생산연계인센티브(PLI · Production Linked Incentive)의 활성화다. 자동차, 철강, 가전 등 13개 산업 부문에 투자 유인을 통해 인도를 글로벌 공급망의 핵심 기지로 부상할 수 있도록 지원함으로써 일자리 창출과 경제 활성화를 꾀한다.

마지막으로 가을 작물(kharif) 작황 호조에 따른 농가 소득 증가 역시 긍정적이다. 당초 9월 몬순 강수량 집중과 홍수 등으로 카리프 작황이 안 좋을 것을 우려했으나, 예상과 달리 작황이 좋아 농가 소득이 증가할 것으로 기대된다. 농가 소득 증가로 가전과 이륜차, 소형 자동차 수요가 증가하면서 2021년 4분기부터

2022년까지 소비 증가로 이어질 수 있다는 분석이다.

코로나19 3차 대유행 가능성과 석탄·반도체 공급 부족은 불안 요인

인도 경제는 빠른 경기 회복으로 V자 회복을 보이고 있으나, 2021년 4분기와 2022년 경제성장률까지 둔화시킬 수 있는 여러 가지 불안 요인이 존재한다.

첫째는 코로나19 팬데믹 3차 대유행 가능성이다. 10월부터 크리스마스까지 연결되는 가을 축제 동안 수많은 인파가 모이면서 3차 대유행 발생 가능성이 높다는 경고가 나오고 있다. 인도 정부 싱크탱크인 국가개조위원회의 보건 부문 소속 폴(V K paul) 박사는 "10월의 안정 상황은 당연한 것이 아니며 우리가 부주의하면 일일 45만~50만명까지 확진자가 급증할 수 있다"고 경고했다.

전인도의과대학(AIIMS)협회 이사인 굴레리아(Randeep Guleria) 박사 역시 "축제 기간 동안 국민들이 조심하고 경계심을 누그러뜨리지 말아야 한다"면서 축제가 향후 3차 대유행을 좌우할 가장 중요한 기간이라고 강조했다. 백신 효과를 무력화할 수 있는 변이 바이러스 출현 가능성 역시 위험 요인이다.

둘째는 인도 전력 부족 위기다. 경제 회복과 가을 축제 기간 동안 전력 수요가 급증하는 가운데 석탄 공급 부족으로 인한 단기간의 경기 하강 위험이 존재한다. 델리주와 펀자브주 등이 단전 예고와 함께 중앙정부에 긴급 지원을 요청하면서 단전 위기가 점차 확산되는 분위기다. 몬순 시기 강수 집중으로 어려움에 처했던 인도 석탄 물류가 2021년 10월부터 재개되면서 한숨 돌리겠지만, 부족한 석탄을 고가의 수입산으로 대체함에 따라 원가 상승과 인플레이션 요인으로 작용할 우려가 커지는 양상이다. 노무라증권은 단전 지역이 증가할 경우 단기적으로 산업 생산이 타격을 받을 것이며, 에너지 가격 상승이 기업의 수익성 하락과 소비자물가 상승으로 이어져 인도 경제의 단기 하락이 불가피할 것이라 전망했다.

셋째는 반도체 칩 부족과 해상 운임료 증가 등 글로벌 공급 불안 지속이다. 특히 가전제품과 자동차 등이 가장 많이 소비되는 가을 축제 시즌에 반도체 칩 부

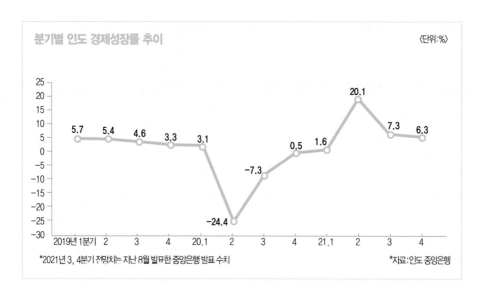

분기별 인도 경제성장률 추이 〈단위:%〉

*2021년 3, 4분기 전망치는 지난 8월 발표한 중앙은행 발표 수치   *자료:인도 중앙은행

족으로 8월부터 자동차 생산이 불가피하게 줄어들면서 최대 성수기인 가을 축제 기간의 매출 증대를 기대하기 어려워졌다. 자동차 생산 감소가 지속되면 임시 일자리 창출 기회도 줄어들어 비공식 부문 종사자들 수입에도 부정적 영향을 미칠 것으로 우려된다.

2022년 7% 후반 성장으로 중국을 제치고 거대 경제권 중 가장 고성장

2021년 인도 경제는 전년도 기저효과와 정부의 재정지출 확대, 보복 수요 등으로 V자 회복을 보였다. 2022년은 정부의 유동성 축소와 기저효과 등이 사라지면서 7% 후반대 경제성장률을 보일 것으로 예상된다.

주요 국제기관 중 가장 고성장을 전망한 기관은 피치(Fitch)사의 10%로 2021년 전망치보다 오히려 높다. 피치는 2021년 4~5월의 코로나19 2차 대유행으로 인한 경제 회복 속도 지연으로 본격적인 경제 회복이 10월 이후 나타나면서 2022년 경제성장률이 더 높을 것으로 전망했다. 그다음은 무디스(7.9%), S&P(7.8%)와 ADB(7.5%) 순이며 국제연합무역개발협의회(UNCTAD)가 가장 낮은 6.7%를 제시했다.

2022년 경제 역시 정부의 인프라 투자 확대와 소요 자금 확보를 위한 국가 인프라 자산 현금화(monetization) 정책 등이 경제 성장을 견인할 것이다. 다만 토지 개혁과 노동법 개혁 등은 2023년 선거를 앞두고 실행이 지연될 가능성이 있다는 점이 우려 요인이다.

둘째는 백신 효과다. 정부의 적극적인 홍보 전략과 백신 공급 확대, 접종 장려 등으로 2021년 말에는 인도 전인구의 약 75%가 2차 접종을 마치면서 일상생활 복귀가 확대될 것이다. 접종 확대로 인한 소비 분위기 반전으로 인해 고급 제품 소비가 본격화될 것이며 대면 접촉이 필요한 서비스업의 본격적인 성장을 기대할 수 있다.

셋째로 제조업 활성화 정책도 본격적으로 추진되면서 일자리 창출과 경제 활성화를 꾀할 수 있을 전망이다. 제조업 부문의 자립 경제 추진과 투자 유인을 위한 생산연계인센티브(PLI) 제도가 탄력을 받을 것이라는 예상이다. 또한 QUAD 대면 정상회담 이후 4개 회원국(인도·미국·일본·호주)의 반도체와 원자재 공급망 구축 전략 역시 인도 내 제조업 발전을 유인할 수 있을 것으로 기대된다.

넷째로 모디 정부의 강한 정책 의지를 들 수 있다. 모디 정부는 코로나19 팬데믹에도 불구하고 인도를 전 세계 백신 생산기지로 자리매김하도록 이미지를 제고했다. 또한 2023년 인도 총선 승리를 위한 경제 부흥 필요성을 충분히 인식하고 있어 일자리 창출과 선거 전 승리를 위한 제조업 부흥, 경기 활성화 정책을 본격화할 것으로 예상된다.

마지막으로 지정학적 우위를 들 수 있다. 미국 주도 대중국 압박을 위한 정책 대결과 아프가니스탄에 대응하기 위한 전략적 파트너로 인도의 중요성이 높아지면서 인도에 대한 경제 지원과 제조업 생산기지 역할이 강화될 수 있다는 기대감이 커지고 있다. 다만 백신 접종 효과를 무력화할 수 있는 코로나19 변이 바이러스 출현 가능성과 중국발 석탄 가격 상승, 원자재 가격 상승으로 인한 인플레이션 우려는 인도 경제 성장폭을 다소 둔화시킬 요인으로 작용할 수 있다.

농업 · 광업 부문 반등 성공
제조업 회복 여부가 관건

오성주 포스코경영연구원 수석연구원

▶ 2021년은 미국과 중국 경제가 예상보다 빠르게 회복하면서 원자재 수요가 증가하고 원자재 가격까지 급등한 덕분에 브라질 경제가 수혜를 톡톡히 본 한 해였다. 원자재 수출만 놓고 보면 중국의 빠른 회복이 상대적으로 더 큰 영향을 줬지만, 미 연준의 헬리콥터식 유동성 공급과 조 바이든 정부의 대규모 재정 정책도 브라질에 엄청난 호재가 됐다. 결과적으로 기저효과에 더해 브라질 경기는 완전히 반전에 성공했다.

2021년 브라질 경제는 전년 대비 5.1% 성장할 것으로 예상된다. 다만 2022년은 포스트 코로나 시대의 실질적인 첫해로서 성장 속도도 정상화되는 만큼 전년보다는 다소 낮은 2.3%대를 기록할 것으로 전망된다. 다만 코로나19 방역 대응과 경기 하강 압력을 막기 위해 부양책에 돈을 쏟아부은 탓에 브라질 재정적자는 2021년에도 크게 늘어 GDP 대비 8% 수준에 달한다. 총 부채 역시 GDP 대비 90%(순부채 67%)를 넘어 지속 가능한 성장에 대한 물음표가 붙는 상황이다.

막대한 부채에도 불구하고, 브라질이 다른 중남미 국가들과 달리 다소 안심할 만한 부분은 브라질 부채의 절반 이상은 헤알화 표시(국내) 채권이라는 점이다.

또한 브라질 외화 보유액은 2021년 2분기 기준 3500억달러에 육박해 총 대외 채무(장단기 채권 포함 3100억달러 추산)를 모두 상환하고도 남을 만큼 안정적이다. 브라질은 사실상 순채권국 지위인 셈이다. 게다가 극단적인 경우에도 중앙은행이 연방 정부를 지원할 여력이 있어 일부 신흥국에서 과거처럼 위기가 재발하더라도 브라질은 이를 피할 수 있을 것으로 예상한다.

발 빠른 금리 인상으로 물가 인상 억제 노력…美 양적완화 축소에도 대비

2021년 초부터 산업재 인플레이션에 이어 서비스 부문에서도 소비자물가가 빠르게 증가하면서 브라질 중앙은행은 기대 인플레이션을 억제하고, 경기 회복 변동성을 줄이기 위해 주요 신흥국 중 가장 먼저 금리 인상을 단행했다. 그러나 같은 해 하반기 들어 물가 상승 압력이 더 커지고 9월 마침내 10%를 넘어서면서 브라질 물가 상승률은 5년 만에 월별 기준으로 두 자릿수를 기록했다. 이에 따라 중앙은행도 대응 속도를 높여 2021년 3~9월 열린 통화정책회의(COPOM)에서 5회 연속으로 기준금리를 인상(2% → 6.25%)했다. 이런 추세로라면 2021년 말 기준금리는 8%대에 도달하고 2022년 말에는 8.5%까지도 오를 전망이다.

브라질 정부의 인플레이션 억제 노력과 지난 20년간 금융 시장을 안정적으로 운영한 경험이 해외 투자자의 신뢰를 계속 받을 수 있다면, 2022년부터 미 연준의 테이퍼링이 시작되더라도 브라질 금융 시장에 미치는 영향은 제한적일 것으로 기대한다. 또한 2022년부터 일상 복귀에 따른 리오프닝(경제 활동 재개) 수요가 내수 소비에 우호적으로 작용해 대선 일정이 종료되는 2022년 말부터는 브라질 헤알화도 장기간

브라질 경제 전망

구분	2020년	2021년	2022년
GDP(%, YoY)	-4.4	5.1	2.3
민간소비(%, YoY)	-5.5	3.4	2.3
산업 생산(%, YoY)	-4.7	4.4	3.7
실업률(%, 연평균)	13.3	14.2	12.8
무역수지(억달러, 연말)	321	600	715
외화 보유액(억달러, 연말)	3515	3215	3300

주:2021년은 추정치, 2022년은 전망치
자료:포스코경영연구원 종합

약세 국면을 멈추고 강세로 전환을 기대할 수도 있다.

산업 생산 회복과 실업률 해소 필요

다만 2021년 2분기까지 빠르게 회복되던 산업 생산 성장세는 3분기부터 눈에 띄게 둔화되더니 4분기에는 -4.7%, 마이너스 성장으로 돌아섰다. 브라질 경제가 농업과 광업 부문은 코로나19 특수로 경기 반등에는 성공했으나, 지속 성장을 위해서는 제조업 등 다른 산업에서도 조속히 경쟁력을 회복해야 한다.

그런 면에서 자동차 산업은 다소 우려스럽다. 2021년 1월부터 미 포드사가 브라질에서 생산을 시작한 지 102년 만에 생산 공장 3곳을 모두 폐쇄하고 사실상 브라질에서 철수했다. 또한 반도체 공급 부족 현상이 다른 신흥국과 마찬가지로 브라질 자동차 산업과 경기 회복을 제약하는 요인으로 작용하고 있다. 가뜩이나 브라질은 코로나19 이전부터 장기간 경기 침체로 산업 생산 증가율이 계속 마이너스를 기록하면서 글로벌 생산 기지로서의 매력을 잃어가고 있었다. 포스트 코로나 시대에도 브라질을 떠난 기업들이 당장 복귀할 가능성은 낮아 2022년 브라질 정부가 자동차 산업을 부흥시키기 위해서는 자동차 분야 FTA만이라도 우선 추진하는 등 각별한 노력을 기울여야 할 것으로 보인다.

고용 효과가 큰 제조업 회복 등이 늦어지면서 브라질 실업률은 2021년 화려한 경제지표 가운데에서 유일하게 아픈 손가락이 됐다. 2021년 말 기준 실업률은 14.2%로 코로나19가 한창이던 2020년(13.3%)보다도 오히려 악화됐다. 정부가 실업률 해소를 위해 임시 고용을 늘리고, 비공식 고용이 개선되기는 했지만 최저임금 수준 고용 증대는 소비 진작 효과가 적을 뿐 아니라 최근 중남미에서 가장 중요한 화두인 불평등 문제를 해소하기에 턱없이 부족해 보인다.

브라질 무역 흑자 확대…韓-메르코수르 협상은 지연될 듯

2022년에도 미중 통상 갈등 완화나 미국이 공언한 국제 규범의 개혁 등에서

의미 있는 진전을 보기는 힘들 것으로 전망된다. 미중 갈등이 큰 진전 없이 지금처럼 계속된다면 브라질은 오히려 반사이익을 누릴 가능성이 높다.

2021년 브라질 무역수지(예상)는 수출 3050억달러, 수입 2450억달러로 흑자가 사상 최대치(600억달러)를 기록했다. 이는 1차 산품 수출이 코로나19 여파를 딛고 전년 대비 40% 이상 급증한 데 따른 결과다. 최근 브라질이 대두, 사탕수수, 옥수수, 커피 등 농업 분야에 집중적으로 투자해 경작지와 생산량을 계속 늘리고 있어 당분간 수출은 매년 사상 최고치를 경신할 것으로 기대된다. 2022년 미 연준의 테이퍼링과 조기 금리 인상 등으로 헤알화 환율이 더 하락한다면, 브라질 무역 흑자는 사상 처음으로 700억달러를 돌파할 수도 있다.

한편, 한국과 메르코수르(남미 공동 시장) 간 무역협정(TA) 협상은 2021년 코로나19로 대면 협상이 어려워 주로 화상 회의로 진행됐는데, 보호무역 기조가 강한 아르헨티나가 국내 산업계를 의식해 상품 교역 등에서 적극적으로 협상에 임하지 않는 등 답보 상태를 보였다. 2022년에 브라질 또한 대선을 앞두고 있는 만큼 브라질 정부 측이 국내 정치 상황과 유권자를 의식해 소극적으로 나선다면 한-메르코수르 무역협정 협상은 큰 진전을 기대하기 어려울 것이다. 한국 정부는 2021년 8월, 7차 공식 협상에서 관계부처 대표단을 대규모로 구성해 상품, 원산지, 서비스, 지재권, 정부 조달 분야 등 분과별 협상을 동시에 진행했고 향후에도 본협상이 지체 없이 진행되도록 적극적으로 논의를 진전해나가겠다는 입장이어서 향후 중남미 정치 지형 변화에 귀추가 주목된다.

긍정적인 점은 최근 한국 기업의 남미 시장 진출이 늘고, 브라질 직접 투자를 통한 현지 고용 증대와 후방 산업의 수요 창출 효과도 점차 늘어나면서 최근 브라질 산업계에서 한국 기업에 대한 인식에 변화가 감지되고 있다는 것이다. 브라질 역시 대아시아 수출이 크게 늘면서 교역 다변화 효과가 발생하고 있어, 한국과의 교역·투자는 계속 확대될 것으로 예상된다.

러, 외교 갈등 · 접종 지연 리스크 동유럽은 EU 평균 넘는 성장률

러시아

코로나19 관리 미흡으로 위기 지속

이종문 부산외국어대 러시아학과 교수

2021년 러시아 경제는 주요 거시경제지표에서 2020년과 비교해 양호한 성적을 거둘 것으로 예상된다. 경제성장률은 4.5% 수준을 기록하며 2020년 −3% 역성장의 충격에서 완전히 벗어나 코로나19 이전 수준으로 회복될 전망이다. 러시아 경제개발부는 2021년 경제성장률을 4.2%, 국제통화기금(IMF)은 4.7%를 예상한다. 연초 전망치인 3.3%보다 1%포인트가량 높은 수치다.

2021년 러시아 경제의 예상치를 웃도는 성장률은 세계 경제 회복세에 따른 국제 원자재 가격 상승, 러시아 정부의 경기 부양을 위한 재정지출 확대에 따른 국내 소비와 투자 회복이 긍정적으로 작용한 결과다. 우랄산 국제유가가 2020년 배럴당 41.4달러에서 2021년 66달러로 59% 상승하면서 상품 수출이 36%, 재정지출이 10% 이상 늘었고, 이에 따라 고정자본 투자는 5%, 소매 매출은 7% 이상 증가할 것으로 예상된다.

그러나 미국과의 외교 갈등 지속과 미국의 대러 경제 제재 부과, 백신 접종 지연, 인플레이션과 금융 시장 불안으로 인한 금리 인상은 소비 · 투자를 둔화시

러시아 주요 거시경제지표 전망

단위:%

구분		2019년	2020년	2021년(추정)	2022년(예상)
경제성장률	러시아 경제개발부	1.3	−3	4.2	3
	국제통화기금(IMF)	1.3	−3	4.7	2.9
소비자물가 상승률(연말)		3	4.9	5.8	4~4.5
경상수지(GDP 대비)		3.8	2.4	5.6	4.8
일반 정부수지(GDP 대비)		1.9	−4	−0.6	0
환율(연평균, 달러당 루블)		64.7	71.9	73.6	72.1
우랄산 유가(배럴당 달러)		63.8	41.4	66	62.2

자료:IMF, 러시아 경제개발부

켜 성장을 억제하는 요인으로 작용하고 있다. 러시아는 자국산 백신(스푸트니크 V) 개발에 성공했으나 국민들이 백신 접종을 꺼리면서 1회 이상 백신 접종률이 30%대에 그쳤고, 누적 확진자 수는 세계 5위를 기록하는 등 코로나19를 효과적으로 통제하지 못했다.

2022년 러시아 경제는 2021년과 비교해 성장세가 크게 둔화하고, 소비자물가 상승률은 중앙은행의 안정 목표치인 4%대로 떨어질 것으로 예상된다. 러시아 경제개발부는 2022년 경제성장률을 3%로 제시했지만, 국제통화기금(2.9%)을 비롯한 대부분 국제 경제기구는 2% 중반대를 예상한다.

2022년 러시아 경제 하방 위험 요인은 다음과 같다.

대외적으로는 인플레이션 압력에 따른 세계 경제 성장의 둔화, 특히 핵심 경제 파트너인 유로 지역과 중국의 경기 둔화를 꼽을 수 있다.

국제유가를 중심으로 한 산업용 원자재 가격 하향 안정도 에너지 자원 수출 중심의 취약한 산업 구조를 지닌 러시아 경제에 부정적 영향을 끼칠 전망이다. 러시아 정부는 우랄산 국제유가가 2021년 배럴당 평균 66달러에서 2022년에는 62.2달러로 6% 하락할 것으로 예상한다. 미국과의 정치, 외교적 긴장 고조에 따른 추가 경제 제재 가능성도 러시아 경제 불확실성을 고조시키는 요인이다.

대내적으로는 코로나19 델타 변이 바이러스에 대한 관리가 기대에 미치지 못할 가능성이 크고, 인플레이션 압력과 자본 유출을 억제하기 위한 긴축통화 정책은 러시아 경제의 내수 회복과 민간 투자 확대를 제약하는 요인이 될 것이다. 경기 부양을 위한 러시아 정부의 재정지출 확대는 긍정적 요인으로 작용하겠지만, 여전히 재정 준칙 규정 안에 머물러 있다는 점에서 한계를 지닌다.

동유럽 경기 회복 기대감 속 인플레이션 우려

조양현 한국수출입은행 해외경제연구소 연구자문역

2021년 동유럽 경제는 코로나19 확산과 경기 침체에 대처하기 위한 재정지출 확대 등 경기 부양 정책 시행으로 거시경제 여건이 2020년에 비해 전반적으로 호전됐다. 2022년에는 코로나19 백신 보급과 경제 활동 재개 기대에 따른 소비·투자 개선, 재정지출과 인프라 투자 효과 등에도 불구하고, 에너지·원자재·소비재 가격 급등과 반도체 공급 부족에 따른 제조업 생산 차질과 이로 인한 인플레이션 압박으로 경기 악화가 우려된다.

동유럽 주요 4개국 경제성장률은 2020년 마이너스 성장(2008~2009년 글로벌 금융위기 이후 최저 수준)에서 2021년에는 플러스 성장으로 반전됐고, EU 평균치보다 높은 평균 5.8% 수준을 기록했다. 국가별로 살펴보면 루마니아(7.2%), 헝가리(7%), 폴란드(5%)는 EU 평균치를 넘었지만, 체코(3.9%)는 이를 밑돌 것으로 추정된다. 2022년에는 폴란드(5.2%), 헝가리(5.1%), 루마니아(4.9%), 체코(4.5%)의 평균 경제성장률이 4.9% 수준으로 EU 평균치(4.5%)를 웃돌 전망이다.

폴란드는 2020년 하반기 이후 경기 침체에서 탈피했고 2021년에는 주요 무역 파트너의 경기 회복, 가계소비 증가(소비자신뢰지수 상승), 제조업 설비 투자 증대(기업경기전망지수 상승), 건설 경기 회복(차입 비용 하락) 등으로 경제 상황이 호전됐다. 2022년에는 경기회복기금(RRF) 지원 효과에 따른 투자 증가,

동유럽 주요국의 경제성장률 전망   단위:%

	2012~2016년	2017년	2018년	2019년	2020년	2021년(추정)	2022년(전망)
폴란드	2.6	4.8	5.4	4.7	-2.7	5	5.2
체코	1.8	5.2	3.2	2.3	-5.7	3.9	4.5
헝가리	2.1	4.3	5.4	4.6	-5	7	5.1
루마니아	3.4	7.3	4.5	4.1	-3.9	7.2	4.9
EU 평균	1	2.8	2.1	1.6	-6	5	4.5

출처:European Commission, European Economic Forecast; IMF, World Economic Outlook

무역 여건 회복 등으로 경제성장률이 5% 수준을 넘을 것으로 예상된다.

체코에서는 2021년 2분기 이후 비교적 안정적인 노동 시장 여건 속에서 가계 소비가 회복됐고, 경기회복플랜(RRP)을 통한 투자 지출 등으로 경제성장률이 플러스로 반전됐다. 2022년에는 수출의 약 30%를 차지하는 자동차 산업의 반도체 공급 부족에 따른 위축에도 불구하고, EU 기금 유입 등의 재정지출 효과로 경제성장률이 2021년 수준을 넘을 것으로 예상된다.

헝가리는 코로나19 확산에 따른 경제 충격에서 회복하면서 2021년 하반기부터 경제 재개 움직임(방역 제한 조치 완화)이 시작됐다. 서비스업(관광)에 대한 소비자 수요가 점진적으로 회복된 가운데 EU 기금 유입과 재정지출을 통한 투자 활동이 증가하는 것으로 나타났다. 2022년에는 개인소득세 환급 등 총선 이전의 경기 부양 조치를 시행할 것으로 예상되지만, 반도체 공급 부족 사태가 주력 수출 산업인 자동차 산업에도 영향을 미치면서 경제성장률은 2021년에 비해 다소 둔화될 전망이다.

루마니아는 코로나19 확산으로 인한 경제 제한 조치 해제 이후 2021년 가계 소비와 투자 증가로 당초 전망치인 7%를 웃도는 경제성장률을 기록할 것으로 추정된다. 2022년 경제성장률은 2021년 수준에는 미치지 못할 것으로 예상되지만, 공공 인프라 투자와 무역 파트너와의 수출 확대 등에 힘입어 경제 성장 추세는 지속될 전망이다.

델타 변이 속수무책…정상화 난망
'메가 FTA' RCEP로 돌파구 모색

곽성일 대외경제정책연구원 동남아대양주팀 연구위원

▶ 동남아시아 지역 경제 '코로나19 리스크'는 2021년 하반기에 정점을 찍는 모습이다. 점차 확산세가 누그러지고 있는 여타 국가들과 달리 갈수록 확진자가 늘어나고 있다. 경제 전망 역시 상대적으로 부정적이다.

특히 델타 변이 바이러스가 기승을 부리기 시작한 2021년 7월 이후 확진자 수 증가가 심상치 않다. 인도네시아는 2021년 7월 확진자 5만4000명, 말레이시아는 8월 2만5000명까지 치솟아 사상 최고치를 경신했다. 초기 강력한 방역으로 감염 확산 통제에 성공한 태국과 베트남도 델타 변이 바이러스에 취약한 모습을 보였다. 2021년 6월까지 누적 확진자 수가 1만6000여명에 불과했던 베트남은 이후 3개월 만인 9월에는 감염자가 80만명을 돌파했다. 태국도 같은 기간 확진자 수가 130만명 넘게 늘었다. 9월 들어 확산세가 다소 진정되는 모양새기는 하지만 불안감은 여전하다. 나라마다 백신 접종률에 격차가 큰 만큼 새로운 변이 바이러스가 출현할 경우 다시금 위기에 노출될 가능성이 크다.

뒤늦게 본격화된 코로나19 팬데믹은 지역 경제에 치명상을 입히고 있다. 동남아시아 전체 경제 60% 비중을 차지하는 '개인 소비' 회복은 여전히 더디다. 외

출 제한과 상업시설 영업 제한 조치 탓에 소
비 활동이 억제됐다. 베트남은 2021년 2월,
베트남의 설 명절인 '뗏' 전후로 소비 심리가
회복되는 듯했다. 하지만 7월 이후 델타 변
이 바이러스가 확산되고 베트남 정부가 다시
강력한 감염 예방과 이동 제한 조치를 실시하
면서 소비 심리가 얼어붙었다. 인도네시아,
태국, 필리핀 등 다른 국가도 코로나19 사태
장기화와 관광 수요가 줄어들면서 소비 심리
가 좀처럼 되살아나지 못하고 있다.

동남아시아 각국의 경제성장률 전망 단위:%

	2021년	2022년
동남아 전체	2.2	5.6
베트남	3.8	6.6
필리핀	3.2	6.3
말레이시아	3.5	6
인도네시아	3.2	5.9
캄보디아	1.9	5.7
태국	1	4.5
라오스	2.1	4.2
싱가포르	6	3.2
브루나이	2	2.6

자료:IMF

　수출도 웃지 못한다. 동남아시아의 주요 수출 대상국인 미국과 중국의 견조한
수요 확대 덕분에 이들 국가로 수출이 늘어나고는 있지만 개선 속도가 더디다.
2021년 상반기에는 그나마 선방했다. 베트남은 기계 · 컴퓨터 · 휴대전화, 말레
이시아는 반도체 수출, 인도네시아는 팜오일 수출 등이 호조가 눈에 띄었다. 태
국도 주요 수출 품목인 자동차가 2020년 겨울부터 전년 대비 플러스로 전환하면
서 전체 수출액이 늘어났다.

　하지만 2021년 하반기 델타 변이 바이러스가 확산하면서 각국 수출에도 부
정적인 영향을 미치고 있다. 제조 기업들의 경기 인식 정도를 반영하는 '제조업
구매관리자지수(PMI)'가 하락 추세다. 베트남, 태국, 말레이시아 등 주요 국가
PMI가 2021년 6월 이후 모두 큰 폭으로 떨어지면서 자연히 수출 증가세가 꺾
였다.

2022년 동남아 경제 좌우할 4대 이슈는

　2022년 동남아시아 경기는 국내 소비보다는 수출이 견인할 전망이다. 기업 설
비 투자 수요도 수출 관련 분야를 중심으로 발생할 것으로 예상된다. 동남아시아

각국 정부는 확장적 금융 정책과 경기 부양책을 유지할 전망이다. 해외 직접 투자를 유치하기 위한 다양한 조치를 채택했거나 채택할 것으로 보인다. 또한 코로나19 확산으로 인해 2020년과 2021년에 삭감되거나 연기된 인프라 건설 관련 예산은 2022년에 집행될 것이며 이는 추가적인 성장동력으로 기능할 것이다.

2022년 동남아시아 경제를 볼 때 관심을 두고 지켜봐야 할 주요 이슈는 다음 4가지다.

첫째, 2022년 발효될 것으로 기대되는 '역내 포괄적 경제 동반자(RCEP)' 협정이다. RCEP는 아세안 10개국과 한국, 중국, 일본, 호주, 뉴질랜드가 참여하는 '메가 FTA'로 인구수·GDP·무역 규모 등에서 전 세계 약 30%를 차지하는 세계 최대 규모의 자유무역협정이다. 아세안 역내 투자 증가는 물론 아세안 역외 RCEP 가입국으로부터의 대(對)아세안 투자 증가를 기대할 수 있다. 특히 협정 내용에 포함된 '단일 원산지 규칙(ROO)'이 발효될 경우 원산지 증명·신고 절차가 간소화되는 덕분에 수출 증대는 물론 지역의 글로벌 가치 사슬 내 존재감도 커질 수 있다. RCEP는 향후 동남아시아 경제의 주요한 성장 모멘텀이 될 전망이다.

둘째, '기업들의 탈중국 동향'이다. 중국 내 생산 비용 증가, 그리고 미·중 패권 경쟁으로 중국에서 동남아시아로 이전하는 기업이 늘어나고 있다. 2020년 코로나19 사태로 각국이 입국 제한을 실시하면서 탈중국 기세가 다소 누그러지기는 했다. 하지만 최근 동남아시아 국가들이 해외 직접 투자 유치를 위해 규제 완화에 나서고 있고 코로나19로 연기된 직접 투자가 동남아시아로 재개될 경우 중국에서 동남아시아로 기업 유입이 다시금 빠르게 진행될 수 있다. 단, 변수도 있다. 동남아시아 전기·전자 제품의 생산이 중국제 부품 조달에 상당 부분 의존하고 있다는 점은 불안 요소다. 미·중 패권 경쟁의 악화로 미국이 중국 반도체 공급망 의존도를 낮추려 한다는 점을 동남아 진출을 희망하는 기업들은 경계할 필요가 있다.

셋째, 코로나19 사태 정상화다. 백신 접종을 전제로 동남아시아의 경제 회복 시나리오가 나오고는 있지만 여전히 불확실성이 남아 있다. 동남아시아 국가별로 백신 보급 속도에 격차가 커서 2022년 봄 무렵에야 백신 접종을 완료할 수 있을 것으로 전망된다. 2021년 겨울쯤 동남아시아에 백신 보급이 확대될 것이라는 기대가 있지만, 서구권에서 개발된 백신의 실제 조달 시기는 선진국 접종이 완료된 이후로 예상된다. 만일 공급이 조금이라도 지체될 경우 동남아시아가 가장 먼저 영향 받을 가능성이 크다. 백신 접종률이 상대적으로 높은 일부 동남아시아 국가도 문제가 없잖다. 중국산 백신 의존도가 너무 높은 탓이다. 중국산 백신 효과 여부에 대한 논란이 지속되고 있고 중국 외교 전략 변화에 따른 위험도 감수해야 한다.

넷째, '선진국 경제 정상화'가 동남아시아 지역 경제에 어떤 영향을 끼칠지에도 주목해야 한다. 백신 보급으로 선진국 경제가 점진적으로 정상화되면 동남아시아 경제는 수출 주도 회복을 전망할 수 있다. 그러나 2022년 미국 경제 정상화에 이어 그들의 금융 정책까지 정상화한다면 얘기가 달라진다. 테이퍼링이 진행됨에 따라 동남아시아로부터 급격한 자금 유출 가능성도 배제할 수 없다. 2008년 글로벌 금융위기로 긴축 발작의 영향을 한 번 경험한 동남아시아는 인플레이션과 통화 방어를 위해 더욱 민감하게 금리 인상을 단행할 수 있다. 금융 시장 불안으로 경제 회복 속도는 예상보다 훨씬 둔화할 수 있다.

4가지 이슈가 모두 동남아시아에 긍정적으로 작용할 경우 2022년 동남아시아 경제는 코로나19 이전 수준도 회복할 수 있을 것으로 보인다. 말레이시아, 인도네시아, 베트남, 캄보디아, 필리핀 등은 5~7% 성장할 것으로 보이고, 태국도 관광 산업이 회복되면서 다시 4% 정도의 성장률을 기록할 것으로 전망된다. 다만 코로나19 감염에 상대적으로 영향을 덜 받았고 기저효과로 2021년 이미 2%대 높은 성장률을 보인 싱가포르는 성장률이 다시 0%대로 떨어질 가능성이 있다.

유가 상승에 활짝 웃는 중동
원자재값 올라 신난 중앙亞

중동

유가 뛰면서 코로나19 충격 극복

손성현 대외경제정책연구원 아프리카중동팀 전문연구원

국제유가는 2021년 10월 배럴당 80달러를 돌파했다. 국제유가는 중동 경제에서 큰 영향을 미치는 요소인데 2022년에도 전년과 유사하거나 더 높은 수준을 보일 것이라는 전망이 나온다. 중동 국가 경제 전망 역시 대체로 긍정적이다.

사우디아라비아는 2022년 성장률 4.7%를 기록할 전망이다. 사우디아라비아는 원유 생산량을 2021년 7월 이후 평균 일일 945만배럴로 늘렸다. 2021년 상반기에는 일일 847만배럴을 생산했다. 2022년 5월 이후 석유수출기구(OPEC) 감산이 종료돼 생산량이 더욱 늘어나면 석유 부문은 견조한 성장세를 유지할 것으로 예상된다. 사우디아라비아 정부는 2021년 재정적자폭을 줄이고자 정부 예산을 축소했다. 하지만 최근 국제유가가 높은 수준을 유지하고 있고 사우디아라비아의 장기 국가 개발 계획인 '사우디 비전 2030' 추진을 위한 다양한 인프라 개발의 필요성이 커지면서 공공 부문 투자가 2022년에 다시 늘어날 가능성이 크다. 아울러 관광객 유입 증가, 민간소비 증가로 비석유 부문의 성장세도 전년보다 높은 수준을 보일 것이다.

2022년 중동 성장률 전망

국가	성장률 전망치
사우디아라비아	4.7%
아랍에미리트	3.2%
이집트	5%
이란	2%대

아랍에미리트(UAE) 경제는 2022년 3.2% 성장할 것으로 예상된다. 글로벌 경기 회복, 국가 간 이동 제한 완화에 따른 관광·민간소비 증가, 정부의 공공 투자 확대가 성장세를 이끌 것으로 예상된다.

높은 백신 접종률은 경제 반등 전망을 뒷받침하는 핵심 수치다. 2021년 9월 기준 UAE 백신 접종 완료 인구 비율은 84%다. 전 세계 최상위권이다. 2021년 10월 두바이 엑스포 개최 이후 2022년에도 UAE의 관광객·외국인 노동자 유입이 이어지면서 민간소비는 4.8%의 증가율을 보일 것이다.

국가 차원에서도 힘을 실어주기 위한 전략을 추진 중이다. UAE는 2021년 3월에는 '오퍼레이션 3000억'을, 9월에는 '다음 50년을 위한 프로젝트(Projects of 50)'를 발표하며 사업 환경 개선과 인적 자원 개발, 주요국과의 경제 협력 강화에 중점을 둔 국가 개발 전략을 제시했다. 2022년부터 이와 관련한 다양한 프로그램이 추진되면서 경제에 긍정적으로 작용할 것으로 예상된다.

이집트는 2022년 5%의 안정적인 성장세를 이어갈 것으로 기대된다. 이집트는 코로나19 충격이 컸던 2020년에도 플러스 성장률(3.6%)을 보인 소수 국가 중 하나였다. IMF의 긴급 자금 이니셔티브와 대기성 차관협정(stand-by arrangement)을 통한 자금 지원과 정부의 투자 확대 덕분이다. 2022년에는 플라스틱 제품, 의류, 식료품 등의 수출과 지중해 천연가스 개발 관련 투자 증가가 성장을 이끌 것으로 전망된다.

이란은 2021년과 2022년 모두 2%대 성장률이 예상된다. 경제 제재가 지속되고 있지만 에너지 가격 상승과 원유 생산 증가가 2021년 경기 회복에 기여했다. 2022년에는 방역 조치가 완화되고 중국 원유 수출도 늘어나면서 경제가 탄력을 받을 확률이 높다. 경제 제재가 완화된다면 원유 수출이 본격화되면서 2022년 8%를 웃도는 성장률을 달성할 것이라는 전망도 한쪽에서는 나온다.

반면 높은 물가 상승률과 함께 고용 비중이 높은 서비스 부문의 부진이 지속되면서 저소득층의 부담은 가중될 것으로 보인다. 이란의 소비자물가지수 상승률은 2021년 41.5%, 2022년 23.5%를 기록할 전망이다.

중앙아시아 원자재값 상승, 러시아·중국 성장이 호재

정민현 대외경제정책연구원 부연구위원

2021년 중앙아시아 경제는 팬데믹 충격으로부터 예상보다 빠른 속도로 반등 중이다. 2022년에도 반등세가 이어질 것으로 예상된다. 낙관적 기대는 주요 수출 원자재 가격 상승과 주요 인접국인 러시아, 중국의 성장 전망이 비교적 밝다는 점에 기반한다.

중앙아시아에서 경제 규모가 가장 큰 카자흐스탄은 석유 수출 의존도가 높다. 경제 재개로 수출이 크게 늘어난 덕분에 2021년 최대 4% 이상의 성장세를 기록할 것으로 보인다. 외환 시장까지 안정을 찾은 만큼 카자흐스탄은 2022년에도 경제성장률이 최대 4.4%에 달할 것으로 전망된다.

우즈베키스탄 역시 높은 성장세가 기대된다. 면화와 섬유 수출에서 호조를 보이고 있고, 그동안 강력히 추진한 법제 개혁으로 빠르게 증가하는 외국인 투자는 국내 수요 회복, 장기 경제 성장에 도움이 될 것으로 보인다. 2022년 5% 이상의 성장률이 기대된다.

투르크메니스탄의 2021~2022년 성장률은 주요 수출품인 천연가스 수출이 얼마나 빠르게 회복되느냐에 달려 있다. 천연가스 수출이 코로나19 이전의 상태를 회복하면 카자흐스탄과 비슷한 성장률(2022년 최대 4.4%)을 달성할 것으로 보인다. 하지만 주요 수출국인 러시아와 이란과의 마찰로 천연가스 수출에 어려움을 겪고 있어 경제 반등세가 꺾일 가능성이 있다.

키르기스스탄과 타지키스탄은 경제 규모, 산업 구조 등에서 매우 유사하다. 러시아, 중국 등 인접국으로 이주한 노동자의 송금(remittance)에 크게 의존한다. 2021년에는 키르기스스탄은 3.8%, 타지키스탄은 5.3%의 성장률을 기록할 것으로 보인다.

이후 2022년에는 키르기스스탄은 최대 4.3%, 타지키스탄은 최대 5.6% 성장률을 달성할 것으로 예측된다. 주요 교역 상대국이자 다수의 노동자가 이주한 러시아와 중국의 빠른 경제 회복이 밝은 전망을 뒷받침한다. 노동 송금액이 아직까지는 코로나19 이전 수준을 회복하지 못하고 있으나 상황이 점차 나아지고 있다. 다만 키르기스스탄의 경우 주요 수출품인 금 생산에 차질을 빚고 있는 것이 문제다.

전반적으로 2022년 중앙아시아 경제 전망은 긍정적이지만 변수가 몇 가지 있다. 코로나19 재확산은 경제 회복을 방해하는 요인이다. 코로나19가 계속 기승을 부린다면 백신 수급과 접종에 차질을 빚고 있는 나라들은 다시 봉쇄 조치를 취할 수밖에 없다. 특히 기초 의료·보건 인프라가 취약한 데다가 백신 수급, 접종이 원활하지 못한 키르기스스탄과 타지키스탄은 코로나19 바이러스 재확산 가능성이 더 높다.

인플레이션도 성장세를 제약하는 요인이다. 코로나19 사태 대응을 위해 한꺼번에 풀린 유동성에 수급 불균형까지 더해지면서 인플레이션 상방 압력이 매우 강해졌다. 인플레이션 문제가 심각해지면 통화당국은 금리를 인상할 수밖에 없고, 그렇게 되면 국내 소비와 투자가 위축돼 내수 회복이 늦어진다. 여기에 코로나19 사태에 대응하기 위해 정부가 급히 지갑을 풀면서 재정건전성이 악화됐다는 점도 문제다. 재정건전성 악화로 돈을 추가로 풀기 여의치 않은 상황에서, 인플레이션 압박으로 금리까지 올라가면 정부는 지갑을 열기가 더욱 어려워진다.

신흥국 평균보다 낮은 성장률
코로나 사망 30%가 중남미

나건웅 매경이코노미 기자

▶ 중남미는 코로나19 사태로 매우 큰 피해를 입은 지역 중 한 곳이다. 2021년 9월 기준 중남미 코로나19 누적 사망자는 150만명을 넘어섰다. 전 세계 코로나19 사망자 중 30%가 넘는 이가 중남미 지역에서 나왔다. 중남미 인구가 전 세계에서 차지하는 비율이 8%에 불과하다는 점에 비춰보면 해당 지역 피해가 얼마나 심각했는지 짐작 가능하다.

코로나19 팬데믹 직격탄을 맞으면서 경제도 무너져 내렸다. 2017년 1.4% 성장을 기록한 이후 지속적으로 하향 곡선을 그리던 중남미 경제성장률은 2020년 최악의 상황을 맞닥트렸다. 2018년 1.1%, 2019년에는 충격의 0% 성장을 기록하더니 2020년에는 지역 경제가 무려 7%나 뒷걸음질 쳤다.

2021년 중남미 경제는 2020년 기저효과에 따라 6.3% 성장할 것으로 국제통화기금(IMF)은 전망한다. 하지만 이 수치를 경제 회복이라는 긍정적인 시그널로 보기는 어렵다. 2020년이 워낙 처참한 수준이었기에 2021년 경제가 플러스를 나타냈을 뿐, 본격적인 회복 국면 진입까지는 갈 길이 멀다는 것이 IMF 판단이다.

멕시코(6.2%), 브라질(5.2%) 등 중남미 두 경제 대국은 전 세계 개발도상국 평균 경제성장률(6.4%)에도 못 미치는 성장을 보였다. 볼리비아(4.9%), 파라과이(4.5%), 우루과이(3.1%), 에콰도르(2.8%) 등 주요국 경제성장률이 5%도 채 안 된다. 아르헨티나가 7.5% 경제성장률을 나타내며 비교적 선방한 것처럼 보이지만 2020년(-9.9%) 역성장 폭이 매우

코로나19 팬데믹 이후 중남미 주요국 경제성장률			단위:%
국가명	2020년	2021년	2022년
베네수엘라	-30	-5	-3
페루	-11	10	4.6
아르헨티나	-9.9	7.5	2.5
볼리비아	-8.8	4.9	4
멕시코	-8.3	6.2	4
트리니다드토바고	-7.9	-1	5.4
에콰도르	-7.8	2.8	3.5
콜롬비아	-6.8	7.6	3.8
도미니카공화국	-6.7	9.5	5.5
우루과이	-5.9	3.1	3.2
칠레	-5.8	11	2.5
브라질	-4.1	5.2	1.5
아이티	-3.3	-0.7	1.3
파라과이	-0.6	4.5	3.8

자료:IMF

컸다는 점을 감안해야 한다. 칠레(11%) 정도를 제외하면 두 자릿수 성장을 기록한 국가가 눈에 띄지 않는다. 세계 최대 리튬 매장지인 칠레는 금속류 등 원자재 수출을 기반으로 가파른 경제 성장세를 보이는 중이다.

2021년 마이너스 성장을 기록한 중남미 국가도 한둘이 아니다. 아이티(-0.7%)나 트리니다드토바고(-1%) 같은 나라는 2020년 역성장에 이어 2021년에도 마이너스 성장을 기록했다. 그중에서도 최악의 상황을 맞이한 것은 역시 베네수엘라다. 2019년 -35%, 2020년 -30% 경제성장률을 기록한 데 이어 2021년 역시 -5%라는 처참한 성적표를 받아들었다.

2021년 베네수엘라는 국가 경제 시스템 자체가 붕괴된 모습이다. 비단 경제성장률 수치뿐 아니다. 살인적인 인플레이션에 2021년 빈곤율 94.5%로 사실상 국민 대부분이 빈곤층이다. 2021년 10월에는 자국 화폐 단위에서 '0' 여섯 개를 한꺼번에 빼는 화폐개혁(리디노미네이션)을 단행했다. 한때 연 100만%까지 치솟았던 살인적인 인플레이션으로 화폐 가치가 폭락하자 베네수엘라 정부가 어

쩔 수 없이 내린 결정이다. 9월까지 100만볼리바르였던 베네수엘라 화폐는 10월 1일부터 1볼리바르가 됐다. 베네수엘라 정부가 이전 화폐개혁을 단행한 것은 2018년으로 고작 3년밖에 되지 않았다. 중남미 경제학자 호세 마누엘 푸엔테는 "베네수엘라의 주요 돈줄인 석유 산업이 갈수록 쇠퇴하는 가운데 사회주의 정권의 잘못된 국정 운영이 계속되고 있다. 베네수엘라의 경제 불균형이 워낙 극심하기 때문에 10월 화폐개혁으로 제거한 0들은 곧 다시 돌아올 것이다. 화폐 액면가치 절하가 거시경제에는 아무런 영향을 미치지 못할 것"이라고 예측했다.

2024년은 돼야 팬데믹 회복할 듯

IMF는 중남미 지역 1인당 국민소득이 2024년에야 팬데믹 이전 수준을 회복할 것이라고 내다봤다. 브라질과 멕시코의 2022년 경제성장률 전망치를 보면 중남미 경제 회복이 얼마나 더딘지 알 수 있다. 브라질 2022년 경제성장률 전망치는 1.5%다. 멕시코는 4%다. 두 나라 모두 개발도상국 평균(5.1%)은 물론 전 세계 평균(4.9%)보다도 못하다. 중남미 지역 전체 2022년 경제성장률은 3%로 전망된다.

중남미 전망이 어두운 첫 번째 이유는 '더딘 백신 접종 속도'다. 2021년 10월 기준 칠레(84%)나 우루과이(79%)처럼 1회 백신 접종률이 높은 국가도 있지만 파라과이(40%), 베네수엘라(35%) 등 대부분의 국가는 여전히 갈 길이 멀다. 아이티(0.6%)처럼 아예 접종을 방치한 나라도 여럿이다. 상황이 이렇다 보니 '위드 코로나' 전환 속도도 더디고 내수 소비가 회복되는 시점도 늦춰질 수밖에 없다.

백신 접종이 부른 장기 악재도 있다. 중남미 대면 수업 중단이 다른 지역보다 길어진 탓에 팬데믹이 인적 자원에 지속적인 손상을 가져올 것이라는 주장이다. 중남미 10~19세 학생들의 평균 학업 손실 기간은 1년 6개월이다. 이 교육 기간이 보전되지 않으면 이들의 평생 기대소득이 4% 줄어들 것으로 전문가들은 에

상한다.

둘째, '중남미 노동 환경의 구조적 특징'이다. 중남미는 대중교통, 관광, 소매점 등 물리적 접촉이 필연적으로 일어날 수밖에 없는 일자리 비율이 전체 45%나 된다. 신흥 개도국 평균(30%)보다 훨씬 높다. 반면, 원격 근무가 가능한 일자리 비중은 20%에 불과하다. 코로나19 팬데믹으로 일자리가 사라지고 내수 시장이 위축되는 악순환이 계속되는 중이다.

셋째, '너무 높은 관광 산업 의존도'다. 특히 파나마, 도미니카공화국, 벨리즈 등 카리브해 등 섬나라 중에서는 관광 산업이 GDP에서 차지하는 비중이 50%까지 되는 국가가 있을 정도다. '위드 코로나' 전환 이후 폐쇄됐던 국제선 노선이 하나둘 열리기 시작하겠지만 당장 2022년부터 이전의 호황 수준까지 회복을 기대하는 것은 무리가 있다.

중남미에서 불고 있는 '핑크 타이드(온건한 사회주의 물결)'에도 주목해야 한다. 중남미 국가에서 좌파 정권이 잇따라 집권에 성공하고 있다. 좌파 집권 여부는 미국과의 외교 관계는 물론 예산 편성, 금리 인상, 증세 등 여러 경제 정책들과 밀접한 연관성을 갖는다.

멕시코는 2018년 좌파 성향의 안드레스 마누엘 로페스 오브라도르 대통령이 당선돼 우파에서 좌파로 정권이 교체됐다. 2019년에는 아르헨티나가, 2020년에는 볼리비아, 2021년에는 페루에서 좌파 성향의 대통령이 선출됐다.

중남미 '좌클릭' 열풍이 2022년에도 계속될지 지켜볼 필요가 있다. 2021년 말 칠레 그리고 2022년 5월 콜롬비아 대선이 예정돼 있다. 브라질은 보수 성향의 자이르 보우소나루 대통령이 집권 중이지만 코로나19 대응 실패와 각종 경제 실정으로 지지 기반을 상실한 상태다. 좌파 성향의 룰라 다 실바 전 대통령이 다시 집권할 가능성이 벌써부터 제기되고 있다.

'자원 부국' 호주 부활 기지개
뉴질랜드 관광 회복이 관건

반진욱 매경이코노미 기자

▶ 2021년 호주 경제는 부활의 기지개를 켜는 중이다. 세계 경제가 정상화 조짐을 보이면서 원자재 가격이 급등한 덕분이다. 호주는 세계에서 손꼽히는 '자원 부국'이다. 석탄, 리튬 등 호주산 원자재 가격이 상승하면서 호주 경제는 빠르게 회복하는 모습을 보이고 있다. 코로나19 유행 기간 동안 호주 경제를 견인한 면화, 밀 등 농축산품 수출도 여전히 활발하다. IMF는 호주가 2021년 경제성장률 3.5%를 기록할 것으로 예상한다. 호주 교역액은 2020년 3분기부터 반등에 성공, 지속 증가해왔다. 2021년 상반기에는 글로벌 원자재의 수요 증가가 총 교역액 상승을 견인했다. 2021년 1분기 총 교역액은 1354억달러로 전년 동기 대비 27.3% 상승했다. 2분기 총 교역액은 1501억달러로 사상 최고를 기록, 2020년 2분기에 비해 42.3%로 크게 상승했다. 특히 2020년 하반기 호주 수출은 철광석 수요 증가로 매 분기 상승해 2021년 2분기 총 수출액 888억달러를 기록했다. 원자재, 농축산품 수출 증가에 이어 호주 경제에서 부가가치 비중이 70%가 넘는 서비스업이 정상화 단계로 접어든 점 역시 호재다.

우선 시드니 등 주요 호주 도시가 몰려 있는 뉴사우스웨일스주(NSW)가 '위드

코로나' 정책을 검토하
고 나섰다. NSW주의 델
타 변이 바이러스 확산은
2021년 9월 11일 최고

호주 · 뉴질랜드 경제성장률				단위:%
구분	2019년	2020년	2021년	2022년
호주	1.8	-2.4	3.5	4.1
뉴질랜드	2.2	-2.1	1.5	2.6

2021~2022년은 전망치   자료:IMF, 뉴질랜드 재무부

확진자 수 1603명을 기록한 이래 9월 26일 1000명 이하로 감소했으며 이후 지속 하향세를 보이고 있다. 이에 NSW주 정부는 성인 2회 백신 접종률이 60%를 넘어서면서 경제 복구를 위한 단계별 로드맵을 발표했다. 멜버른이 속한 빅토리아주, 퀸즐랜드, 서호주 등 다른 지역까지 봉쇄가 풀린다면 2022년 호주 경제는 비약적으로 성장할 것으로 보인다.

델타 변이 확산으로 인한 봉쇄 조치 심각, 관광 산업 회복이 관건

뉴질랜드는 2021년 1.5% 성장이 예상된다. 마이너스 성장률에서 회복은 하지만 타 국가에 비하면 다소 부진한 수준이다. 뉴질랜드 경제가 부진한 배경에는 '관광 산업'이 자리 잡는다. 뉴질랜드는 관광 산업 비중이 높은 나라다. 뉴질랜드 관광 산업이 GDP에서 차지하는 비중은18%가 넘는다. 백신 대신 '봉쇄'를 택하면서 확진자 수는 줄였지만 관광 산업이 심각하게 타격받았다.

2022년도 뉴질랜드 경제 회복은 관광업에 달렸다는 게 전문가 의견이다. 뉴질랜드 정부도 관광 산업을 되살리기 위해 지원을 아끼지 않고 있다. 1400억달러 규모 재원을 투입해 뉴질랜드 전국 5개 지역 관광 산업 회복에 나섰다. 외국인 관광객이 입국이 불가능한 상황을 고려, 지역 간 여행 활성화를 통한 국내 관광과 그에 따른 내수 경기 활성화를 꾀하는 중이다. 지역행사기금(Regional Event Fund)을 추가 조성해 지역 관광 · 행사 등을 지원한다. 여기에 백신 접종에도 적극적이다. 백신 접종률이 높아져 국경 봉쇄가 풀리면, 뉴질랜드 관광 산업은 코로나19 이전 수준으로 회복될 것으로 보인다.

접종률 5%…위드 코로나 요원
식량 부족 · 부패 스캔들로 '울상'

나건웅 매경이코노미 기자

▶ 아프리카 경제도 코로나19 여파를 피해갈 수는 없었다. 2017년(3%)부터 2018년(3.3%), 2019년(3.2%)까지 3년 연속 3%대 성장률을 일궈냈던 아프리카 경제는 2020년 −1.7% 역성장을 기록했다. 2021년에는 3.7%, 2022년에는 3.8% 경제성장률을 기록할 것으로 IMF는 전망한다.

아프리카는 다른 지역에 비하면 코로나19 팬데믹 영향을 덜 받은 것처럼 보인다. 아프리카 인구 100만명당 사망자 수는 2021년 10월 기준 약 157명이다. 중남미(2680명)나 미국(2180명), 유럽(1682명)에 비해 현저히 낮다. 100만명당 누적 확진자 수(약 6130명) 역시 전 세계 평균의 5분의 1 수준이다.

하지만 수치가 모든 것을 말해주지는 않는다. 빈국이 많고 의료 체계가 부실하기 때문에 백신 접종은커녕 검사나 통계 집계조차 제대로 진행하지 못하는 상황이다. 백신 공급난과 부작용에 대한 반감 탓에 코로나19 백신 접종을 완료한 비율이 13억 인구의 5% 정도밖에 안 된다. 언제든 코로나 리스크가 불거질 수 있다는 불안감을 안고 있는 상황이다.

전문가들은 빈곤층이 많은 아프리카 국가가 겉으로 드러나는 것보다 더 큰 충격을 받았다고 진단한다. 남부 아프리카 국가인 잠비아는 2020년 11월 유로화 국채에 대한 이자를 지급하지 못한다고 선언해 아프리카에서는 처음으로 팬데믹 여파로 국가 부도를 내기도 했다. IMF는 "코로나19 팬데믹은 빈곤층과 빈국에 더 큰 타격을 입혔다. 낮은 백신 접근성, 제한적인 정책 지원 등 각종 문제에 직면했다. 특히 아프리카는 이상 기후와 인플레이션 압력으로 식량 부족 문제가 대두되고 있고 향후 경제가 성장할 수 있는 기반도 약화됐다"고 말했다.

아프리카 경제를 이끄는 쌍두마차인 나이지리아와 남아프리카공화국 경제 역시 우울한 분위기를 이어가고 있다.

아프리카 최대 산유국인 나이지리아는 글로벌 원유 수요 급증에도 불구하고 웃지 못하는 상황이다. 생산 설비 투자 부족과 수리 작업 등으로 원유 생산을 늘리지 못하고 있다. 국가 전체 수출의 90% 이상을 차지할 정도로 나이지리아에서 원유가 갖는 영향력은 크다.

실업률도 세계 최고 수준이다. 나이지리아 국가 통계청에 따르면 나이지리아 실업률은 33.3%에 달한다. 아프리카 최대 인구 대국인 나이지리아의 노동력 6970만명 가운데 3분의 1이 아무 일도 못하고 있다. 나이지리아는 2021년에는 2.6%, 2022년에는 2.7%의 경제성장률을 기록할 것으로 전망된다.

남아프리카공화국은 2021년 경제성장률 5%를 기록하며 전년(-6.4%)의 충격을 회복 중인 모습이지만 아직 갈 길이 멀다. 남아공 관광 수입은 코로나19 사태 이전 대비 73% 줄었고 주요 산업인 자동차 판매 역시 29% 가까이 감소했다. 시릴 라마포사 남아공 대통령이 GDP의 10%에 해당하는 5000억랜드(약 40조원) 규모의 경기 부양책을 추진하겠다고 밝혔지만 최근 터진 남아공 정부 부패 스캔들로 제동이 걸린 상황이다. 남아공 부패 사건 전문 특별조사팀(SIU)은 남아공 정부가 코로나19 사태 해결과 관련해 기업들과 계약을 맺는 과정에서 생긴 9억달러(약 1조667억원) 규모의 부패 의혹을 조사 중이다. 2022년 남아공 경제성장률 전망치는 2.2%로 세계 평균(4.9%) 절반에도 못 미친다.

V

2022
매경아웃룩

원자재 가격

수급 불균형에 국제유가 급급
2022 공급 늘어 하락세 예상

이달석 에너지경제연구원 명예선임연구위원

▶ 중동산 두바이유의 배럴당 가격은 2020년 4분기에 44.6달러, 2021년 1분기에 60.3달러, 2분기에 67달러, 3분기에 71.7달러를 기록했다. 2021년 1~3분기 두바이유 평균 가격은 66.2달러로 2020년 연평균 가격인 42.3달러에 비해 57% 상승했다. 그리고 10월 첫째 주 두바이유 가격은 배럴당 80달러를 넘어섰다.

2021년, 수요 증가와 공급 감소로 폭등했던 원유 가격

국제유가가 이처럼 가파르게 상승한 원인은 수급 불균형 때문이다. 공급이 수요를 따라가지 못하며 일어난 현상이다. 코로나19 백신 접종·경제 활동 정상화로 석유 수요가 회복세를 보이는 가운데 석유 산유 국가들(OPEC+)이 감산 계획을 조정하면서 생산량을 효과적으로 통제한 결과다. 이에 더해 허리케인으로 인한 미국 원유 생산 감소, 대체재인 국제 가스 가격 상승 등은 석유 수급의 불균형을 심화했다. 이는 곧 2021년 하반기 유가 상승세를 이어가는 요인이 됐다. 미국 연방준비제도(연준·Fed)의 테이퍼링 계획과 중국의 전략비축유 방출 등이 그나마 유가 추가 상승을 억제했다.

2021년의 유가 상승의 가장 근본적인 원인은 석유 수요 회복이다. 세계 석유 수요는 2021년 2분기부터 본격적인 회복세를 보였다. 상반기 기준 전년 동기 대비 6% 증가했다. 양대 석유 소비국인 미국과 중국이 수요 증가를 주도했다.

이렇게 석유 수요가 회복되는 상황에서 OPEC+는 2021년 중 감산 완화(증산) 계획을 수차례 변경했다. 그 결과 당초 예상보다 공급이 축소됐다.

OPEC+는 2020년 12월 3일 회의에서 2021년 1월부터 매월 감산 규모를 줄이기로 결정했다. 당시 하루 780만배럴을 감산하던 OPEC+는 매월마다 감산량을 하루 50만배럴씩 축소하기로 결정했다. 4월 기준 감산 규모를 하루 580만배럴로 낮추는 것으로 목표를 잡았다. 즉 감산 규모를 줄여 생산량을 점차 늘려나가기로 약속한 것이다.

그러나 OPEC+는 2021년 1월 회의에서 내용을 뒤집었다. 1월 감산량을 2월과 3월에도 그대로 유지하기로 결의했다. 오히려 사우디아라비아는 하루 100만배럴의 자발적 추가 감산을 약속했다. OPEC+는 3월 회의에서도 3월의 감산 규모를 4월에도 그대로 유지하기로 했다. 그 결과 당초 4월 예정이었던 하루 580만배럴 감산 목표는 7월이 돼서야 달성할 수 있었다.

8월 하순과 9월 중에는 미국 멕시코만을 강타한 허리케인 아이다(Ida)의 영향으로 미국 원유 생산이 차질을 빚었다. 공급이 줄면서 유가 상승 요인이 됐다. 멕시코만 원유 생산은 미국 전체 원유 생산의 15%를 차지한다. 또 동절기를 앞두고 유럽과 아시아 지역 가스 가격이 급등하면서 발전 부문과 산업 부문 등에서 가스를 대체하는 석유 수요가 추가로 발생했다.

한편 미국 연준이 8월과 9월의 연방공개시장위원회(FOMC) 회의에서 2021년에 테이퍼링을 시작해 2022년 중반에 양적완화를 종료하기로 했다는 소식은 유가의 추가 상승을 억제했다. 중국 정부가 자국 생산자 물가 안정을 위해 국가 비축 원유 일부를 방출하고 원유 수입을 줄인 것도 유가 추가 상승을 억제하는

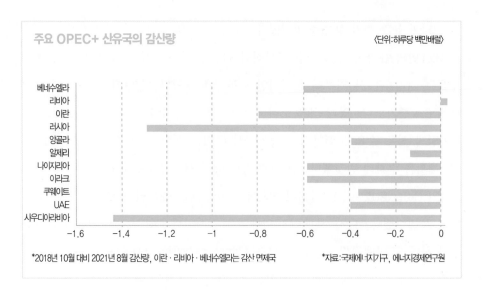

주요 OPEC+ 산유국의 감산량 　　　　　　　　　〈단위:하루당 백만배럴〉

*2018년 10월 대비 2021년 8월 감산량, 이란·리비아·베네수엘라는 감산 면제국　　*자료:국제에너지기구, 에너지경제연구원

요인으로 작용했다.

2022년, 공급 과잉 접어들며 가파른 가격 하락 예상

2022년에도 국제 원유 가격은 세계 경제 상황, 석유 수급, 달러화 가치, 지정학적 사건 등 다양한 요인에 의해 영향을 받을 것이다. 하지만 무엇보다도 수요와 공급이 여전히 유가 향방을 결정하는 중요한 변수가 될 것이다.

세계 석유 수요는 2022년에 회복세를 지속할 것으로 예상된다. 코로나19 영향이 약화되면서 세계 각국의 경제 활동이 확대될 것이기 때문이다. 국제통화기금(IMF)은 2021년 7월 전망에서 2022년 경제성장률을 4.9%로 예상했다. 세계 석유 수요 증가를 주도하는 미국과 중국 성장률은 각각 4.9%와 5.7%로 예상했다. 이처럼 세계 경기가 회복되면 2022년 세계 석유 수요는 전년 대비 하루 300만~350만배럴 증가해 코로나19 이전인 2019년 소비량에 근접할 것으로 전망된다.

세계 석유 공급은 감산 참여국들인 OPEC+의 감산 정책과 미국 제재를 받는 이란의 원유 수출 재개 여부가 큰 영향을 미칠 것으로 보인다. OPEC+가 2021년 7월에 합의한 사항은 기본적으로 매월 하루 40만배럴 규모를 증산하고,

2022년 5월부터 일부 국가의 '기준 생산량'을 조정해 생산 쿼터를 하루 163만 2000배럴 확대한다는 것이다. 다만 OPEC+는 매월 석유 시장 상황을 점검하면서 유연하게 생산 확대폭과 생산 목표를 조정해나갈 것으로 예상된다. 이란의 원유 생산은 미국이 이란 핵합의(JCPOA) 복귀로 이란에 대한 원유 수출 제재를 해제할 경우 6개월 이내에 하루 100만배럴 이상 증가할 것으로 예상된다.

다만, 2022년 예상되는 세계 석유 수요 증가분과 미국 등 비OPEC 산유국의 공급 증가분을 고려하면, OPEC+의 증산 여지는 크지 않을 것으로 예상된다. 미국 에너지정보청(EIA)은 2021년 9월 보고서에서 2022년 미국 원유 생산이 전년 대비 하루 64만배럴 증가하고, 천연가스액(NGL)과 바이오 연료 등을 포함할 경우에는 전년 대비 하루 137만배럴 증가할 것으로 예측했다.

이와 같은 상황에서 OPEC+ 합의대로 매월 하루 40만배럴을 증산한다면 2022년 세계 석유 시장의 공급 과잉이 불가피하다. 2022년 5월 이후 예정된 추가 증산이 이뤄지지 않더라도 공급이 수요보다 많다. 이는 2022년 국제유가에 하락 압력을 가하는 핵심적인 요인이 될 것으로 보인다.

그 외에도 2022년 유가에 영향을 줄 수 있는 잠재적인 요인은 많다.

지정학적으로는 예멘 내전이 가장 중요한 문제다. 정부군을 지원하는 수니파 사우디 연합군과 시아파 이란의 지원을 받는 것으로 알려진 후티 반군 사이 충돌이 우려된다. 중동 정세 불안에 따른 공급 차질 우려는 유가의 일시적인 상승 요인이다. 미국 연준의 테이퍼링을 통한 통화 정책 정상화는 달러화 강세로 이어지면서 유가 하락 요인이 될 수 있다. 다만 유가에 대한 영향은 그리 크지는 않을 것으로 예상된다.

종합하면 2022년 국제 원유 가격은 세계 석유 시장이 공급 과잉으로 전환됨에 따라 2021년의 가파른 상승세에서 하락세로 돌아설 가능성이 크다. 2022년 연평균 국제유가는 두바이유 기준 2021년과 비슷한 수준인 배럴당 70달러 안팎에서 형성될 것으로 전망한다.

미니 슈퍼사이클 올라탔나
"향후 2~4년 강세 유지할 것"

김민수 애그스카우터 대표

▶ 2000년대 중반 이후 곡물 가격이 폭등하는 원인으로 지목되는 요소는 여러 가지가 있다. 미국과 남미를 중심으로 한 주요 국가들의 바이오 연료 산업 확대, 동남아시아와 북아프리카 등 신흥국의 곡물 수요 증가, 기상 이변에 따른 주요 국가의 생산 부진과 수출 제한 등을 대표적으로 꼽을 수 있다.

먼저 세계 최대 곡물 생산국이자 수출국인 미국의 곡물 수급 상황이 악화됐다는 점과 완충 재고 역할을 할 수 있는 재고량이 크게 줄었다는 점에서 곡물 가격 상승 원인을 찾을 수 있다. 생산량이 증가했음에도 불구하고 수출량 확대로 재고량이 급감하면서 수급 불균형을 초래했다. 옥수수의 경우 생산량은 3억6025만t으로 2020년 대비 4% 늘었으나 수출량이 6973만t으로 55% 급증했다. 콩 생산량은 1억1255만t으로 2020년 대비 16% 증가했으나 수출량은 6151만t으로 35% 늘었다. 그 결과 기말 재고량이 크게 줄어들었다. 옥수수와 콩의 기말 재고율(기말 재고량을 수요량으로 나눈 값)은 7.9%, 3.9%로 2020년 대비 5.8%포인트, 9.4%포인트 하락했다.

미국과 더불어 세계 옥수수와 콩 시장을 주도하는 남미(브라질, 아르헨티나)

시장 역시 기상 악화로 인해 곡물 생산과 수출에 상당한 어려움을 겪었다. 극심한 가뭄에 시달려 농작물 피해가 컸다. 중국의 폭발적인 곡물 수입 수요 역시 가세하면서 세계 곡물 시장의 불안정성이 더 높아졌다. 세계 최대 콩 수입국인 중국은 계속해서 수입량을 늘리고 있다.

변동성 컸던 2021년 농산물 시장

옥수수와 콩보다 사정이 더 좋지 못한 부문이 밀 시장이다. 세계 최대 밀 수출국인 러시아를 비롯해 미국, 캐나다 등의 생산 전망이 상당히 좋지 못하다. 2021년과 2022년 사이 생산 시즌 동안 러시아 밀 생산량은 7250만t으로 이전 시즌 대비 15% 감소하겠으며 수출량은 3500만t으로 9% 줄어들 전망이다. 미국의 밀 생산량은 4618만t으로 10여년 만에 가장 낮은 수준을 기록할 것으로 예측된다. 수출량도 2381만t으로 지난 시즌 대비 12% 감소할 것이라는 전망이다. 캐나다 밀 생산량 역시 2300만t으로 이전 시즌 대비 35% 줄어들고 수출량도 1700만t으로 36% 감소할 것으로 예상된다.

곡물을 대량으로 실어 나르는 세계 건화물선 시장 운임도 큰 폭으로 올라 부담감을 가중시키고 있다. 수년 동안 침체기에서 벗어나지 못했던 건화물선 시장이 2020년부터 환경 규제(IMO 2020)에 들어가면서부터 활기를 되찾았고, 코로나19 팬데믹 역시 운임 상승의 기폭제가 됐다. 코로나19 팬데믹으로 전 세계 공급망이 훼손되고 물류 흐름이 차질을 빚었으며, 주요 항구에서의 체선(선박이 항만의 수용 능력 이상으로 초과 입항해, 선박이 허용된 정박 기간 이상 항만에 머물러 있는 것) 현상이 심화됐다.

2022년 곡물 시장, 밀 수급 불균형 악재

2022년으로 이어지는 세계 곡물 수급 전망 역시 불투명하다.

옥수수는 공급량과 수요량 모두 늘어나겠다. 공급량은 16억7020만t으로 이전 시즌 대비 4% 증가하고 수요량도 13억8789만t으로 5% 늘어난다. 콩 역시 공급량과 수요량 모두 늘어나겠으며 공급량은 6억5044만t으로 이전 시즌 대비 4%, 수요량도 5억5154만t으로 4% 늘어나겠다. 밀은 공급량과 수요량 모두 늘어나고, 공급량은 12억6989만t으로 이전 시즌 대비 0.2% 증가하고 수요량도 9억8937만t으로 0.9% 증가할 것으로 보인다. 반면 기말 재고량은 2억8322만t으로 3% 줄고 기말 재고율도 28.6%로 1.2%포인트 내려갈 것으로 예상된다.

미국의 옥수수, 콩 생산량은 각각 3억8093만t, 1억1904만t으로 2021 시즌보다 6%씩 증가하겠으나 수출량은 옥수수 6287만t, 콩 5688만t으로 10%, 8% 감소할 것으로 예상된다. 수출 부진으로 기말 재고량이 증가하겠으며, 기말 재고율은 옥수수 9.5%, 콩 4.2%로 이번 시즌 대비 1.6%포인트, 0.3%포인트 상승할 것으로 예상된다. 미국의 밀 수급 전망은 계속해서 좋지 않을 것으로 예상된다. 생산량은 4618만t으로 이번 시즌 대비 7% 줄어드는 반면 소비량이 3228만t으로 6% 증가하겠으며, 기말 재고량은 계속해서 줄어 기말 재고율은 29.8%로 10.2%포인트 내려갈 것으로 예측한다.

무엇보다 밀 수급 전망은 더 악화될 전망이다. 러시아를 비롯한 동유럽권 국가들이 내수 시장 보호를 위해 수출에 상당한 제한을 가할 것으로 우려된다. 러시아는 계속해서 탄력적으로 밀 수출세를 부과해오고 있으며 시장 상황이 악화될 경우 우크라이나와 카자흐스탄 등도 수출을 제한하는 조치를 취할 수 있다.

이미 곡물 시장은 미니 슈퍼사이클(장기적으로 상승세가 지속되는 현상)에 빠져들었다. 곡물 가격이 앞으로 2~4년간 강세를 유지할 것이라는 전망이 최근 가격의 흐름을 살펴봤을 때 설득력 있게 다가온다. 최근 수년 사이에 엘니뇨, 라니냐 같은 이상 기후 현상이 빈번하게 발생하고 폭염과 한파 역시 잦아짐에 따라 농작물 피해는 커지고 있다. 이와 같은 기후위기는 세계 곡물 수급 불안을 가중시킬 뿐 아니라 가격 상승세가 장기적으로 이어지는 원인이 된다.

최근 수년 동안 안정적이었던 곡물 수급에 비상이 걸린 상태에서 2022년 전망

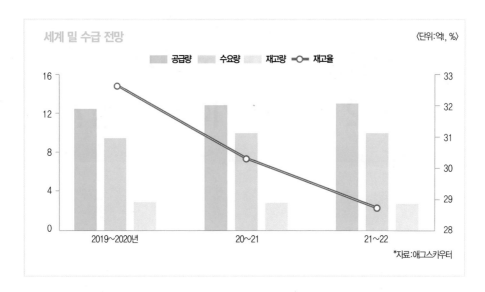

세계 밀 수급 전망 〈단위:억t, %〉

공급량　수요량　재고량　재고율

*자료:애그스카우터

은 상당히 부정적이다. 2021년에는 옥수수 시장이 곡물 가격 상승을 이끌었다면, 2022년에는 밀이 가격 상승을 주도할 것으로 보여 2021년만큼 힘든 시기가 이어질 것으로 예상된다. 중국의 폭발적인 곡물 수입 수요는 계속 이어지겠으며 대두 수입량은 1억t을 넘어설 것으로 판단한다. 옥수수와 콩 수입량도 2020년과 같은 수준인 2600만t, 1000만t에 이를 것으로 예상된다.

　곡물 시장이 대외 여건 변화에 취약해진 가운데 국제 증시, 유가, 환율과 같은 외부 시장 변화에도 상당히 민감한 반응을 보일 것으로 예상된다. 최근 미 연준은 연방공개시장위원회(FOMC) 회의를 통해 자산 매입 축소(테이퍼링)와 금리 인상 시기를 앞당길 수 있다는 점을 부각시켰다. 공급망 병목현상에 따른 인플레이션 압력이 거세질 것이라는 전망 역시 글로벌 시장을 불안하게 만들고 있다.

1700달러 초반 지지선 형성
2022 하반기 기다림 보상?

이석진 원자재해외투자연구소 소장

▶ 2021년에도 통화량 증가는 계속됐다. 정부 재정적자는 증가했고 명목금리 하락과 인플레이션 상승 기대가 겹치며 실질금리가 하락했다. 사람들이 느끼는 경제적 삶의 질을 측정하는 미저리지수(실업률과 물가 상승률의 합)는 높아졌다.

이 같은 조건이 갖춰지면 통상 금값은 오른다. 하지만 2021년 금 시세는 그저 그랬다. 한국거래소에 따르면 2021년 1월 4일 온스당 1923.1달러였던 국제 금 시세는 10월 8일 1759.11달러까지 하락했다. 같은 기간 다우존스산업평균 지수 15%, S&P GSCI 원자재지수 41%, 비트코인 시세가 3만달러대에서 5만 달러대로 뛴 것과 비교된다. 2020년 실질금리가 하락하면서 금값이 오른 것과 비교해도 사뭇 다른 움직임이다.

2020년과 2021년의 가장 큰 차이는 시장 참여자들이 느끼는 두려움과 불확 실성의 정도다. 똑같이 유동성이 넘치지만 2020년에는 팬데믹이 경제와 증시에 어떤 영향을 미칠지 불확실했다면, 2021년은 불확실성이 대부분 해소된 해였 다. 2020년이 공포의 시대였다면 2021년은 낙관의 시대였다.

낙관론이 2021년 금융 시장을 지배했다는 것을 보여주는 증거는 많다. 역대 최고 수준의 공모주·스팩 자금 유입과 신용 증거금 수준, 기업 밸류에이션(실적 대비 주가), 비트코인을 비롯한 가상자산 투자 열풍, 전 세계 주택 가격 상승 등이 대표적이다. 두려움이 시장에서 사라지면 금은 주목받지 못한다. 2022년 금 값 움직임을 전망하려면 낙관론이 얼마나 지속될지 가늠해봐야 한다.

2020 공포의 시대, 2021 낙관의 시대

투자 심리를 감안하면 2022년 금 시세가 고공행진하기는 어려워 보인다. 낙관론은 갑자기 사라지지 않는다. 2021년 하반기 기준 경기가 둔화될 것으로 보이는 징조를 감지하기 어려우며 기업 이익 증가세도 이어질 것으로 예상된다. 미국 연방준비제도(연준)의 자산 매입은 축소될 가능성이 있지만 금리 인상으로 이어질 가능성은 낮다. 투자자의 기대와 낙관은 당분간 지속될 확률이 높다.

금 시세 전망이 긍정적으로 변하려면 시장 참여자들이 두려움을 느껴야 한다. 긍정적인 투자 심리가 주를 이루는 상황에서는 일반적으로 악재라고 인식되는 뉴스조차 호재로 해석된다. 예를 들어 실업률이 증가했다는 소식이 날아들어도 이를 중앙은행이 통화 완화 정책을 지속할 가능성이 있다는 뜻으로 해석하고 주가지수가 상승하는 식이다. 두려움이 없는 투자 환경에서는 금리 변화가 어느 쪽으로 이뤄지든 금은 최선의 자산이 될 수 없다. 저금리가 지속된다면 당연히 주식 같은 위험자산이 최선호 자산이며, 금리 상승이 이뤄진다면 금보다 채권이 더 매력적인 자산이 된다. 금 투자를 선호하는 투자자에게는 중앙은행의 금리 정책보다 경기나 물가의 부정적 환경 변화가 더 중요하다.

낙관론이 힘을 얻는 장세에서는 통화 정책 변화도 금에 우호적인 환경을 만들어주지 않는다. 긍정적인 투자 심리가 이어진다는 가정 아래 중앙은행이 펼칠 수 있는 통화 정책(금리 정책·양적완화 정책) 시나리오는 크게 두 가지다.

첫 번째는 경기가 안정적으로 회복되면서 물가 상승 대응 형태의 테이퍼링(양적완화 규모 축소) 정책을 펼치거나 금리를 소폭 올리는 경우다. 이런 상황이라

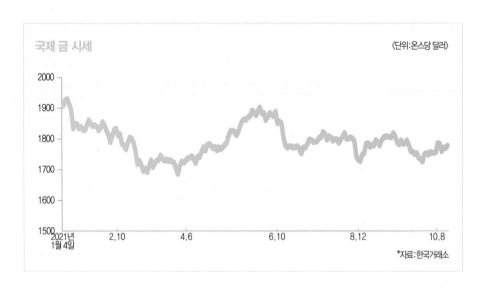

국제 금 시세 〈단위:온스당 달러〉

*자료:한국거래소

면 투자자는 여전히 물가 상승률을 웃도는 수익형 자산 투자에 매력을 느낄 가능성이 높다. 비수익형 자산인 금보다 수익형 자산인 주식 또는 부동산이 상대적 우위에 놓인다. 2021년 하반기 상황과 유사한데 연준 테이퍼링이 주식보다 금에 더 큰 악재로 작용했다는 점에서 금 투자자들이 선호하는 시나리오로 보기 어렵다.

두 번째 시나리오는 팬데믹이 개선되지 않아 중앙은행이 완화적 통화 정책 기조를 확대하거나 유지하는 상황이다. 2020년 3월 이후 펼쳐진 팬데믹 국면에서 위험자산 가치가 급등했다는 것을 감안하면 이는 위험자산에 최고의 시나리오다. 학습 효과에 따라 투자자들은 위험자산 시장에서 발을 빼지 않을 것이다. 통화 완화 정책이 확대된다면 실질금리 하락에 따라 금값도 위험자산과 동반 상승하겠지만 여전히 주식 등 위험자산 대비 열위 자산이 될 것이다. 현재의 통화 완화 정책이 유지된다 해도 투자 매력 저하로 금에는 최악의 시나리오가 될 것이다.

금이 넘어야 할 또 하나의 장애물은 가상자산이다. 기술과 플랫폼 기반 상거래가 성장 패러다임을 완벽히 주도하는 4차 산업혁명 시대에서 금은 올드(old)하다는 이미지가 강하다.

반면 비트코인을 비롯한 가상자산은 새롭다는 이미지를 바탕으로 대표적인 대체 통화·자산으로 자리매김했다. 과거 금이 차지했던 지위를 일정 부분 뺏어왔다는 평가도 나온다. 안전자산으로서 금을 완전히 대체하기는 어렵겠지만 대체 자산으로 바라본다면 얘기가 달라진다. 실제 기관투자자의 대체 자산 포트폴리오 변화를 살펴보면 가상자산이 금을 일정 부분 대체하는 움직임이 목격된다. 과거 금은 전통적 위험자산과 라이벌 구도였다면 이제는 새로운 라이벌이 하나 더 생긴 셈이다. 장기적으로 새로운 위협 요인 하나가 더 추가됐으니, 이 역시 호재로 작용할 리는 없다.

낙관론 절정 칠 때 금값 바닥 찍는다…1700달러대 초반에서 비중 확대

그러나 낙관론이 절정을 칠 때 금값은 바닥을 찍는다는 것을 기억해야 한다. 역설적으로 2022년은 지나친 낙관이 대가를 치를 수 있는 해가 될 확률 역시 높다. 현재 사이클에서 낙관이 비관으로 전환되는 방아쇠는 주식 시장 수급이 될 것으로 보인다. 2020~2021년 팬데믹 버블 기간 동안 미국 신규 상장과 기존 기업의 유상증자 총액은 닷컴 버블 때보다도 50% 이상 증가했는데 이는 지나친 낙관의 증거로 보인다.

낙관론에 취해 증시로 쏟아진 자금은 기업들의 주식 공급을 부추기지만 그 와중에 상장 기업 질이 떨어지며 어느 순간 비관론의 시대가 찾아온다. 중국 부동산 기업 형다 파산위기로 촉발된 2022년 중국 경기 둔화 가능성에 더해 인플레이션 상황에 따라 연준의 태도 전환 가능성까지 상존한다. 의심과 두려움의 순간이 오면 통화 정책이 어떻게 되든 금의 시대가 된다.

2022년 하반기로 갈수록 금 투자자의 기다림이 보상받을 가능성이 높아질 것으로 예상한다. 온스당 1700달러대 초반 지지선에서 적극적 비중 확대를 추천한다.

2021 팬데믹 이전 수준 회복
2022 수급 불균형에 가격 강세

정은미 | 산업연구원 선임연구위원

▶ 2021년 세계 철강 수요는 코로나19 국면 침체를 완전히 벗어나 순조로운 증가세를 보이면서 팬데믹 이전 수준을 회복했다. 사상 최초로 철강 수요는 18억t을 넘어섰다. 대부분 지역에서 예상보다 높은 수준으로 수요가 늘어났는데, 억제됐던 제조업 활동이 반등했기 때문으로 풀이된다. 그러나 중국의 철강 수요가 정체 국면에 진입하고, 아세안 등 신흥국 일부 지역은 감염병의 재확산과 재정, 인프라 투자가 위축되면서 2021년 하반기에는 철강 수요가 당초 기대에 못 미치는 증가폭을 보였다.

지역별로 보면, 중국은 2021년 상반기까지 높은 성장세를 보였지만 하반기부터 수요가 감소세로 돌아섰다. 7월에는 전년 동월 대비 −13.3%, 8월 −18.3%로 급감했다. 중국의 월별 조강 생산도 7월 −8.4%, 8월 −13.2%로 줄어들었다. 중국 철강 수요가 급격하게 감소한 것은 구조적으로는 부동산 경기 위축에 따른 건설용 강재 수요 감소 때문이다. 여기에 중국 정부의 철강 생산 제한 조치와 인프라 투자 감소가 겹쳐지면서 연간 철강 수요는 2021년에 비해 1000만t 정도 줄어든 것으로 추정된다. 중국 철강 수요는 구조적 요인이 계속 영향을 미칠 것으로 예상되면서 2022년에도 현재 수준을 유지할 것으로 예상한다.

선진국 중심 자동차용 철강 수요는 뚜렷

　선진국 철강 수요는 2021년에 회복됐지만 재정 위험과 경기 불안정성이 상존하고 있는 만큼 예년 수준을 회복하는 정도에 그쳤다. 그러나 2020년의 급격한 감소를 벗어나 꾸준한 수요를 유지하고 있으며, 2022년에는 팬데믹 이전 수준에 도달할 것으로 예상된다. 미국은 자동차, 내구재 부문 회복에 힘입어 수요가 늘어났다. 일부 철강 제품은 공급 부족 사태를 보이기도 했지만 수요 측면보다는 수입 규제로 해외 유입이 제한된 상황에서 자국 내 생산 차질에서 비롯된 것으로 보인다. 향후 바이든 정부의 부양 프로그램이 시작되면 수요가 늘어나겠지만 2022년에 미치는 영향은 제한적일 것으로 예상된다. 독일, 이탈리아 등 유럽은

세계 철강재 수요 전망

단위:100만t, %

구분	수요량			전년 대비 증감률		
	2020년	2021년(추정)	2022년(예상)	2020년	2021년(추정)	2022년(예상)
세계 전체	1755.4	1855.4	1896.4	0.1	4.5	2.2
세계(중국 제외)	780.3	870.3	911.3	-9.5	11.5	4.7
EU(28)	140.8	158.7	167.4	-11.2	12.7	5.5
기타 유럽	36	41.9	44.9	9.4	16.4	7.1
CIS	58.1	59.9	61.7	-0.3	3.1	3
USMCA	114	129.6	136.5	-15.8	13.7	5.4
중남미	38.8	47.9	48.3	-7.2	23.2	0.9
아프리카	35.4	39.1	42	-9.7	10.4	7.5
중동	47.2	48.1	50.5	-4.4	2	4.9
아시아-대양주	1305	1330.2	1345.1	3.7	1.9	1.1
선진국	343.2	385	401.7	-12.7	12.2	4.3
중국	995	985.1	985.1	9.1	-1	0
신흥국(중국 제외)	437.1	485.3	509.6	-6.8	11	5
ASEAN(5)	70.1	74.8	78.8	-10.1	6.6	5.4
MENA	63.3	65.6	69.9	-6.4	3.6	6.5

2021년 10월 기준

자료:국제철강협회(World Steel Association)

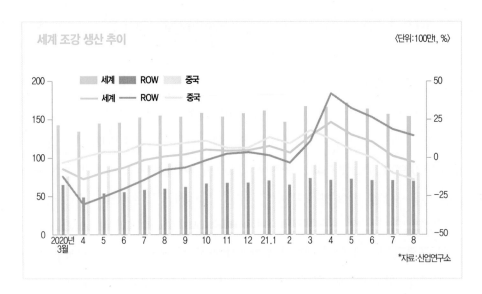

세계 조강 생산 추이   〈단위:100만t, %〉

세계 ROW 중국
세계 ROW 중국

*자료:산업연구소

수출이 회복되고 자동차용 철강 수요가 늘어나면서 팬데믹 이전 수준으로 수요가 늘어났다. 그렇지만 공급망 불안정으로 인한 제조 활동의 부분적 위축이 추가적인 철강 수요를 막아서고 있다. 2022년에는 건설, 가전 등의 철강 수요가 늘어나면서 증가세를 이어갈 전망이다.

중국을 제외한 개발도상국의 철강 수요 역시 2021년에 높은 원자재 가격과 국제 무역 회복에 힘입어 증가세를 보였다. 그러나 지역적인 감염병 확산, 팬데믹으로 취약한 재정과 구조적 어려움으로 인해 월별로 높은 변동성을 보였다. 인도는 철강 수요가 1억t을 회복했지만 아세안 지역은 건설 프로젝트 추진에도 불구하고 노동력 이동의 제한, 수출 부진으로 상대적으로 낮은 증가율을 기록했다. 브라질 등 중남미는 건설, 자동차용 철강 수요가 크게 늘었지만 2022년에는 재정적자, 정치적 불확실성 등으로 위험이 높을 것으로 예측된다.

장기적으로 사무실과 주거 공간에 대한 수요 패턴의 변화, 도시 설계와 건축 규정의 변화, 그린뉴딜 등이 제품별 철강 수요에 구조적 변화를 가져올 것으로 예상한다. 코로나19 확산으로 2020년부터 크게 줄었던 자동차용 철강 수요는 빠른 회복세를 보이고 있지만 공급망 혼란에 의한 자동차 생산량 조정으로 인해 예년 수준에는 이르지 못했다. 2022년에는 지연 수요 실현과 부품 공급 안정화로 철강 수요가 빠른 속도로 늘어날 것으로 전망된다. 여기에 도시 간 이동의 변화, 전기차로의 전환으로 인한 공급망 조정이 진행되면서 구조 변화는 더욱 가속화될 것으로 보인다.

中 부진 등 국지적인 수급 불안정 여전

세계 철강 산업은 중국의 급부상 이후 이어진 글로벌 공급 과잉과 구조조정 압력을 보인 지난 20년여간의 급성장과 혼란기를 지나 이제 새로운 균형으로 진입하게 될 것이다. 2020년부터 세계적으로 대유행한 감염병 위협에도 불구하고 세계 철강 수요는 전년과 비슷한 수준을 유지했다. 그러나 중국의 수요 증가율이 9.1%인 데 반해 중국을 제외한 지역은 9.5% 감소하면서 대조를 보였다. 반면 2021년에는 중국 철강 수요가 1% 감소했지만 중국을 제외한 다른 국가 수요가 11.5%나 늘어나면서 정반대 움직임을 보였다. 글로벌 수요와 지역적인 수요가 다른 방향으로 움직인 것이다. 앞으로도 비슷한 양상이 전개될 것으로 보인다.

감염병 대응과 경기 회복 속도 그리고 제조와 건설 부문의 상이한 움직임으로 인해 지역별 철강 수요 격차는 확대될 가능성이 높다.

2022년에는 중국 수요가 주춤하겠지만 선진국과 신흥국 대부분의 수요가 늘어나면서 세계 철강 수요는 2021년에 비해 2.2% 늘어난 19억t대에 근접할 것으로 국제철강협회(Word steel Association)는 전망했다. 그러나 수요 구조의 변화, 철강 보호무역주의 지속, 저탄소 철강에 대한 요구가 강화되면서 지역별·제품별 철강 생산 차이는 더욱 커질 전망이다. 이에 따라 전반적으로 안정 국면으로의 진입에도 불구하고 국지적인 수급 불균형에 의한 가격 강세는 2022년에도 나타날 전망이다.

다시 찾아온 원자재 슈퍼사이클
알루미늄 · 구리 · 니켈 고공행진

강유진 NH투자증권 글로벌트레이딩센터 애널리스트

▶ 2021년 비철금속 시장은 매우 뜨거웠다. 런던금속거래소(LME)의 비철금속지수는 10년 만에 신고가를 갈아치웠다. 비철금속의 맏형 '구리(전기동)'부터 막내 '주석'까지 대활약을 펼쳤다.

구리가 강세장의 포문을 열었다. 전기동 가격은 10년 만에 t당 1만달러를 돌파하며 2021년 5월 역대 최고가를 경신했다. 다음으로 알루미늄이 뒷심을 발휘했다. 알루미늄 가격은 13년 만에 t당 3000달러로 올라 10월 15일 기준 연초 대비 60% 상승하며 비철금속 가운데 주석 다음으로 높은 상승률을 기록했다. 주석은 신고가를 경신했고, 아연은 15년, 니켈은 7년, 납은 3년 만에 각각 최고가를 기록했다.

비철금속 가격 강세 배경에는 신재생에너지, 친환경 소재의 비철금속 수요에 대한 성장 기대감이 있다. 반면 환경 규제와 에너지 전환 과도기에 따른 전력난으로 생산 감축, 코로나19에 의한 광산 폐쇄 등으로 공급은 제한됐다. 공급망 혼란, 에너지 가격 강세에 따른 운임료와 연료비 상승 등 비용 측면에서도 가격 강세 요인이 맞물렸다.

공급 부족 문제가 글로벌 경제 성장이나 금리 인상에 대한 우려 못지않게 크다. 탄소 배출 감축과 친환경에너지 정책 기조는 계속 유지되는 가운데 앞으로 비철금속의 가용성이 얼마나 빨리 늘어날지 지켜봐야 한다.

단기적인 이슈는 유럽과 중국의 전력난이다. 유럽에서는 천연가스 가격이 천정부지로 치솟으면서 에너지 대란이 일어난 가운데 세계 2위의 유럽 최대 아연 생산 업체인 니르스타(Nyrstar)가 유럽 제련소의 생산량을 최대 50%까지 줄인다고 발표해 아연 가격이 급등했다. 중국도 탄소중립 정책과 함께 2022년 2월 베이징 동계올림픽 개최를 앞두고 대기질 보장 시행 방안에 따라 석탄 발전을 비롯해 철강 생산을 줄이고 있어 알루미늄과 니켈이 타격을 받았다.

에너지 대란은 탄소중립 정책 나비효과로 전력난과 원자재 가격 급등을 불러일으켰다. 하지만 공급뿐 아니라 수요 둔화 부메랑으로 돌아올 수 있어 양날의 검이다. 시장은 금속의 공급 감소와 수요에 대한 잠재적인 타격을 저울질하며 움직일 전망이다.

비철금속의 비상은 아직 정점에 이르렀다고 단정 지을 수 없다. 공급이 부족하고 재고가 적어 수급 측면에서 강세가 예상되는 상황이고 거품이라고 부를 만큼 투기에 의한 비이성적인 행태도 아니다. 현재까지는 강세 사이클을 탈선시킬 만한 약세 요인이 부족한 상황이다.

10년래 가격 최고점 찍은 알루미늄

알루미늄 가격이 10년래 역대 최고(2008년 7월 t당 3380달러)에 다가섰다. 중국의 탄소중립 정책으로 알루미늄 시장에 지각변동이 일어났다. 오랫동안 지속된 공급 과잉도 해소되기 시작했다. 세계 알루미늄 생산의 60% 차지하는 최대 생산국 중국이 탄소중립을 목표로 화력 발전에 크게 의존하는 전기 사용을 제한하고 에너지 소모가 많은 공장 가동을 줄이면서 알루미늄 생산도 2021년 9월까지 5개월 연속 감소했다.

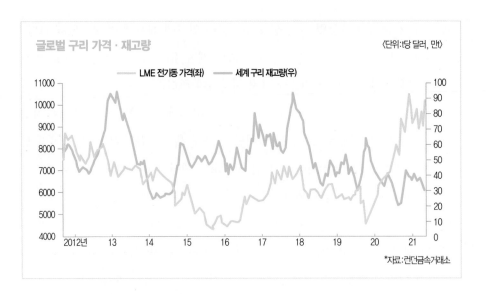

글로벌 구리 가격 · 재고량 〈단위:t당 달러, 만t〉

— LME 전기동 가격(좌) — 세계 구리 재고량(우)

*자료:런던금속거래소

알루미늄은 경량 소재로 자동차 경량화 트렌드에 적합하다. 중국 부동산, 건설 부문의 수요는 헝다 사태 등으로 전망이 불투명하나, 수송 부문에서는 반도체 부족으로 생산이 연기된 자동차 산업에서 억눌린 수요가 다시 늘어난다면 긍정적일 수 있다. 공급 측면에서는 2월 베이징 동계올림픽 이후 생산이 다시 늘어날 수 있지만 친환경 정책 기조하에서 증산에 한계가 있을 것이다. 시장에서는 다른 비철금속과 비교해 알루미늄에 대한 기대가 낮다. 하지만 알루미늄 가격이 신고가를 넘어 옵션 시장에서는 t당 4000달러의 콜옵션 매수가 늘고 있다.

미래의 새로운 석유로 불리는 구리

구리는 역시 강했다. 구리 가격은 t당 1만달러를 넘어서 역대 최고가를 경신했다. 에너지 전환을 위한 신규 인프라 투자가 대규모로 이뤄지면서 전기차 배터리, 태양 전지 패널, 풍력터빈에 들어가는 구리 수요에 대한 기대가 강세 랠리를 이끌었다.

그린에너지로의 전환은 구리 수요에 막강한 요인이다. 전기차, 풍력터빈, 기타 친환경 기술 등 그린에너지 관련 구리 소비는 2021년 120만t으로 전 세계 소비의 5%로 추정되고, 이것이 2025년까지 10%, 2030년 20%로 증가해 600만t에 이를 전망이다. '구리 없이 탈탄소화가 있을 수 없다'며 파리기후협약 목표를 달성하는 데 구리의 역할이 강조되고 있어 다시 찾아온 원자재 슈퍼사이클의 주연은 단연 구리다.

국제구리연구그룹(ICSG)은 세계 구리 시장이 2020년 48만t 공급 부족에 이어 2021년에도 4만2000t의 공급 부족을 예상한다. 2022년에는 세계 정련구리 소비(2556만t)보다 생산(2589만t)이 더 크게 증가하면서 3만2800t의 공급 과잉을 내다봤다. 그러나 세계 구리 재고는 역대 최저 수준이고, 2022년 2분기 성수기에 재고가 완전히 고갈될 수 있다고 경고하고 있어 2022년 상반기에도 강세 가능성을 열어둬야 한다. 이후 조정을 보이더라도 중장기적으로 신규 광산 공급 부족, 그린에너지 전환 수요와 결합돼 구조적인 변화를 겪고 있어 구리 강세 기조는 쉽게 꺾이지 않을 가능성이 높다.

덜 오른 니켈 2022년에는 어떻게?

니켈 가격은 2021년 9월 t당 2만달러를 넘어서며 2014년 5월 이래 최고를 기록했다. 니켈 수요의 70%인 스테인리스강과 전기 배터리의 니켈 수요가 증가하고 중국 허난성 홍수로 인한 공급 차질, 수해 복구와 인프라 재건 수요 등이 겹친 결과다. 니켈 가격은 2021년 초 대비 20%가량 올라 다른 비철금속에 비해서는 상대적으로 덜 상승했다.

니켈 가격 상승은 끝나지 않았다는 전망이다. 배터리 관련 니켈 수요는 2020년 3%에 불과했지만 2025년 10%, 2030년 30%로 늘어날 것으로 예상된다. 니켈 수요의 3분의 1이 완전히 새로운 수요가 만들어지는 셈이다. 스테인리스 스틸과 같은 기존의 전통적인 니켈 수요와 함께 배터리 수요 증가를 감안하면 니켈 수요는 현재보다 60% 더 증가할 것으로 예상된다. 2007년 t당 5만달러를 넘어섰던 니켈의 강세가 재현될지 지켜보자.

2차 전지 핵심 리튬 · 코발트 각광 공급망 사회적 책임 강화가 변수

김유정 한국지질자원연구원 자원경제팀 선임연구원

▶ 최근 희유금속 시장에서 2차 전지 원료로 활용되는 리튬과 코발트 등이 많은 관심을 받고 있다. 탄소중립이라는 글로벌 트렌드 속에서 2차 전지가 신재생에너지 보급과 전기차 확산 등의 정책 수단 핵심으로 자리매김해 가파른 성장세를 이어가고 있어서다.

코로나19 영향으로 2차 전지의 주요 사용처인 전기차 수요가 잠시 감소했으나, 2020년 하반기부터는 다시 성장세를 회복해 2021년 상반기에는 전기차 판매량이 254만대에 이른다. SNE리서치에 따르면, 전기차 보급 확대로 인해 2차 전지 시장 규모는 2020년 461억달러에서 2030년 3517억달러로 향후 10년간 8배 가까이 커질 전망이다.

2차 전지 양극재 핵심 원재료는 리튬이다. 배터리용 탄산리튬(LCE) 수요는 2016년 20만4000t에서 2019년에는 32만3000t으로 증가해 연평균 16%의 성장세를 기록했다. 특히 리튬 소비 중 전기차용의 비율은 2016년 18%, 2019년 32%에서 2030년에는 79%까지 확대될 전망이다.

이런 세계적 수요 증가에 대응해 탄산리튬의 세계 생산량은 2016년 20만

9000t에서 2019년 38만1000t으로 연평균 22% 늘었다. 1차 자원과 더불어 폐배터리 재활용을 통한 2차 자원 공급도 기반을 갖춰가고 있다. 재생리튬 공급은 2018년 1만t 미만이었으나 2028년까지 10만t 이상으로 증가해 총수요의 7% 이상을 차지할 것으로 예상된다. 다만 가격과 처리 비용의 변동 등이 재활용의 성장에 영향을 미칠 전망이다.

코발트 생산은 DR콩고와 중국에 의존하는 공급 구조가 불안 요소

2차 전지의 또 다른 주요 핵심 원료는 코발트다. 최근 배터리 음극재에 니켈 함량을 늘리고 코발트 함량을 줄이겠다는 목표가 발표됐다. 그러나 다양한 에너지 저장시설용 배터리에 사용이 확대되면서 코발트 세계 소비량은 지속적으로 증가하는 추세다. IEA에 따르면 코발트 세계 소비량은 2020년 14만4000t에서, 2030년 42만t, 2040년에는 66만t에 이를 것으로 예상된다.

코발트 생산은 DR콩고가 전 세계의 약 70%, 정제련은 중국이 70%를 차지한다. 정치적 불안정성과 자원민족주의 색채가 강한 두 국가의 교역 경로나 정책 변화에 큰 영향을 받을 수밖에 없는 공급 구조로 불안 요소가 높다.

과거에는 매장량과 가격, 품질 경쟁이 공급망을 결정하는 주요인이었으나, 최근에는 공급망의 사회적 책임에 대한 요구가 강화되고 있다는 점도 주목할 만한 변화다. EU 위원회는 2020년 12월 신배터리 규제를 발표했다. 배터리 공급망 전반에 걸쳐 탄소 배출량, 윤리적 원자재 수급, 재활용 원자재 사용 등 기준에 부합하는 제품만 EU 내 유통을 허가하는 것을 주요 내용으로 하는 규제다. LME도 거래하는 모든 광종(아연, 주석, 니켈, 알루미늄, 코발트, 몰리브덴)을 OECD의 공급망 관리 지침에 따라 분류하고 관리할 예정으로 '책임 있는 공급 체계(Responsible Sourcing)' 실천을 강화하고 있다. 특히 코발트와 주석의 경우 공급망 관리에서 높은 위험 등급으로 분류돼 관리가 엄격해질 전망이다.

VI

2022
매경 아웃룩

자산 시장 어떻게 되나

주식 시장

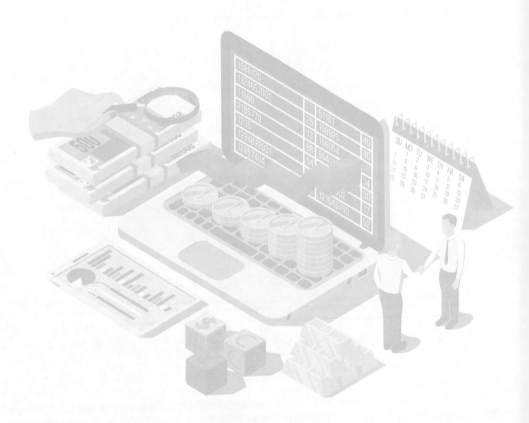

Preview

2021년 국내 증시는 '상고하저(上高下低)'의 지지부진한 움직임을 보였다. 연초 사상 최초로 코스피 3000선을 돌파하며 대세 상승장에 대한 기대감을 키웠고, 상반기 오름세를 이어가며 6~7월에는 세 차례나 3300선을 넘기도 했다. 하지만 하반기 들어서는 힘이 빠지면서 하락세로 돌아섰고, 10월 한때 3000선이 무너지기도 했다.

상반기까지 주식 시장을 주도한 반도체, 플랫폼 기업들의 주가가 조정을 받은 것이 하반기 하락장의 주요 배경이다. 여기에 더해 미국 연준의 테이퍼링(양적완화 축소) 조기 실시 가능성과 중국 헝다그룹 파산 우려 등 글로벌 악재가 증시에 부정적으로 작용했다.

2022년 증시는 포스트 코로나 시대에 따른 업종별 차별화가 예상된다. '위드 코로나(단계적 일상 회복)' 국면에서 성장주의 트렌드가 콘텐츠와 메타버스 등 새로운 분야로 옮겨 가는 한편 코로나19로 부진했던 오프라인 중심 산업과 가치주의 상대적 투자 매력이 부각될 전망이다. 업종별로는 여행·항공 업종이 본격적으로 살아나고, 사회적 거리두기 영향이 컸던 의류, 신발 등 준내구재 업종과 숙박, 외식, 레저 관련 업종, 공연 재개로 활기를 띠고 있는 엔터 업종이 증시를 주도할 것으로 예상된다. 해외 주식과 공모주는 2022년에도 눈여겨볼 만한 투자처다.

D램 가격 하락 전망이 주가 발목
공급 과잉 해소되면 반등 기대

류지민 매경이코노미 기자

▶ 코스피 시가총액 1, 2위인 삼성전자와 SK하이닉스 주가 하락세가 장기화되고 있다. 국내 증시를 대표하는 두 종목인 만큼 삼성전자와 SK하이닉스의 약세는 코스피 침체와도 무관하지 않다. 투자자 불안감도 커지고 있다. 삼성전자와 SK하이닉스는 2021년 개인 투자자 순매수 규모 상위 1위와 3위에 오를 만큼 동학개미의 사랑을 받았다. 한국거래소에 따르면 2021년 들어 10월 19일까지 개인은 삼성전자 보통주를 34조8690억원, 우선주를 5조3097억원어치 순매수했다. SK하이닉스 순매수 규모도 5조2348억원에 달한다.

개인 매수세가 몰린 것과 달리 주가는 곤두박질쳤다. 2021년 1월 11일 9만원선을 넘어서며 '십만전자(주가 10만원)'에 대한 기대감을 키웠던 삼성전자는 10개월 만에 '칠만전자'로 내려앉았다. 10월 20일 기준 삼성전자 주가는 7만300원으로 연중 최고점(9만1000원)과 비교하면 22.7%나 빠졌다. SK하이닉스 역시 2021년 3월 2일 장중 한때 15만원을 돌파하며 사상 최고가를 경신했으나, 이후 주가가 내리막길을 걸으면서 10만원대를 지키지 못했다.

외국인의 '팔자' 행진이 결정적이었다. 외국인은 올 들어 삼성전자를 21조원 넘

게 팔아치웠다. SK하이닉스
도 2조2952억원어치 순매도
했다. 같은 기간 기관도 삼성
전자와 SK하이닉스를 각각
14조8829억원, 3조591억원
어치 팔았다. 외국인과 기관
이 쏟아낸 물량을 개미가 그대
로 받아낸 셈이다.

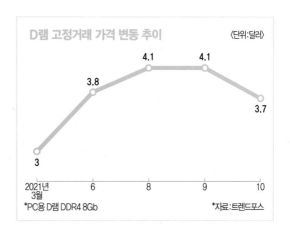

D램 고정거래 가격 변동 추이 〈단위:달러〉

3
3.8
4.1
4.1
3.7

2021년 3월   6   8   9   10
*PC용 D램 DDR4 8Gb   *자료:트렌드포스

코스피 전체 시가총액의 20% 이상을 차지하는 삼성전자와 SK하이닉스는 국
내 증시의 바로미터라고 해도 과언이 아니다. 코스피 양대 산맥은 2022년 반등
의 기회를 잡을 수 있을까. 2021년 3분기 역대 최대급 실적에도 불구하고 삼성
전자와 SK하이닉스를 바라보는 시각은 그리 밝지 않은 상황이다.

역대 최고 실적 삼성전자, 2022년 3나노 시스템 반도체 양산 일정 앞당겨

삼성전자는 2021년 10월 8일 3분기 잠정 경영 실적을 공개하며 73조원의 역
대 최대 분기 매출을 기록했다고 밝혔다. 영업이익은 역대 분기 기준 두 번째로
높은 15조8000억원으로 집계됐다. SK하이닉스 역시 3분기 매출 11조8143
억원, 영업이익은 4조416억원을 기록할 것으로 예상된다. 전년 동기 대비 각각
45.3%, 211% 증가한 실적이다. 매출은 분기 최고 기록이며 영업이익은 반도
체 슈퍼사이클 시기던 2018년 4분기(4조4301억원) 다음으로 큰 규모다.

D램(메모리 반도체)과 낸드플래시 수요가 꾸준히 늘어나면서 실적을 견인했
다. 애플과 중국 스마트폰 업체들이 신제품을 출시하면서 모바일용 반도체 수요
를 이끌었고, 인텔과 AMD가 서버용 중앙처리장치(CPU) 신제품을 내놓으면서
D램 판매 실적도 뛰었다. 하지만 호실적에도 불구하고 미래 반도체 업황 부진에
대한 우려로 인해 주가는 힘을 쓰지 못하고 있다.

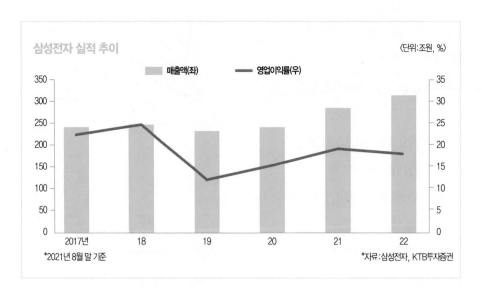

삼성전자 실적 추이 〈단위:조원, %〉

매출액(좌)　영업이익률(우)

*2021년 8월 말 기준

*자료:삼성전자, KTB투자증권

주가 발목을 잡는 가장 큰 악재는 D램 업황에 대한 부정적 전망이다. D램은 삼성전자 반도체 부문과 SK하이닉스 메모리 부문 매출에서 각각 90%, 50% 비중을 차지하는 주력 부품이다. 대만 반도체 전문 시장조사기관 트렌드포스에 따르면 2021년 초 시작된 D램 가격 상승세가 4분기에 끝나면서 가격이 전분기보다 3~8% 하락할 것으로 전망했다. 특히 2022년에는 본격적인 하락 국면에 진입해 올해보다 15~20% 하락할 것으로 예상했다.

업계에서도 올 들어 시작된 메모리 슈퍼사이클이 2021년 4분기에 정점을 찍을 것이라는 관측이 잇따른다. 이미 7월부터 D램 등 메모리 반도체 가격은 보합세를 이어가고 있다. 2021년 초만 해도 코로나19에 따른 IT 수요 증가로 반도체 호황이 장기화될 것이라는 전망이 적잖았으나, 최근 반도체 업체들의 잇따른 증설로 인해 공급 과잉을 우려하는 목소리가 커지고 있는 상황이다. 주요 D램 고객사들이 2021년 초 공급망 차질에 대비해 재고 확충에 집중한 데다 2022년 스마트폰·노트북 출하량이 전년 대비 소폭 증가에 머물 가능성이 높다는 점도 D램 가격 하락을 점치는 요소다.

SK하이닉스는 인텔 낸드 사업부 인수 작업이 변수

 다만 장기적으로 본다면 반등을 기대해봐도 좋다는 의견에 무게가 실린다. D 램 가격 다운사이클이 끝날 것으로 예상되는 2022년 하반기에는 주가가 다시 기지개를 켤 수 있을 것이라는 분석이다. 시스템 반도체 실적 개선과 폴더블 스마트폰의 수요 증가세를 감안하면 이보다 이른 시점에 주가가 반등하기 시작할 수 있다는 전망이 나온다.

 삼성전자는 2021년 10월 파운드리 포럼에서 3나노(㎚) 시스템 반도체 양산 시점을 2022년 하반기에서 상반기로 앞당기고 2025년부터 2나노 제품 양산에 들어가겠다고 밝혔다. 메모리 반도체 가격도 시장 우려와 달리 소폭 조정에 그친다면 현재 주가 수준은 과도한 저평가 상태라는 평이 많아 상승 전환할 가능성이 높다. 2021년 4분기~2022년 1분기 서버 업체들과 애플 등 일부 스마트폰 업체들이 IT 공급망 차질 구간에서 쌓아놓은 메모리 재고를 소화하면 공급 과잉 현상이 해소될 것이라는 관측도 나온다.

 SK하이닉스는 인텔 낸드 사업부 인수 작업이 변수다. SK하이닉스는 2020년 10월 약 10조원(약 90억달러)을 들여 인텔 낸드 사업부 인수를 추진했다. 인수 작업을 완료하려면 매출이 발생하는 한국과 미국, 유럽연합(EU), 중국 등에서 반독점 심사를 거쳐 기업결합 승인을 받아야 한다. 8곳의 심사국 가운데 7개국의 승인이 완료되고 이제 중국 당국의 승인만 남은 상태다. SK하이닉스는 중국 장쑤성 우시 지역에 반도체 클러스터를 설립하기로 하는 등 우호적인 관계를 맺고 있어 중국 승인을 긍정적으로 보고 있다. 인텔 인수 작업에 성공할 경우 SK 하이닉스의 시장점유율이 세계 2위로 도약할 것으로 기대된다.

'해외 나가자' 여행 · 항공주 각광
공연 재개 앞두고 엔터주 들썩

류지민 매경이코노미 기자

▶ 2900선마저 위태로웠던 코스피가 다시 3000선을 회복하면서 증시 주도주 변화에 대한 관심이 커지고 있다. 본격적인 '위드 코로나(단계적 일상 회복)' 시대를 앞두고 업종별 차별화 움직임이 나타나고 있어서다. 2020년 코로나19 반등장을 주도했던 것은 'BBIG(바이오 · 배터리 · 인터넷 · 게임)'로 대표되는 빅테크와 플랫폼 중심의 성장주였다. 하지만 위드 코로나 국면에서는 성장주의 트렌드가 콘텐츠와 메타버스 등 새로운 분야로 옮겨 가는 한편 코로나19로 부진했던 오프라인 중심 산업과 가치주의 상대적 투자 매력이 부각될 전망이다.

일상 회복은 2021년 11월 1일 1단계를 시작으로 12월 13일 2단계, 2022년 1월 24일 3단계 개편이 이뤄진다. 체계 전환이 시작되면 다중이용시설 운영 시간 제한이나 사적 모임 인원 기준 등이 서서히 완화되고 국내외 여행도 수월해진다. 국내뿐 아니라 미국 등 백신을 접종한 외국인에 대한 입국 제한을 완화하겠다고 밝힌 국가도 늘고 있어 여행 · 항공 업종이 본격적으로 살아날 전망이다. 사회적 거리두기 영향이 컸던 의류, 신발 등 준내구재 업종과 숙박, 외식, 레저 관련 업종도 수혜주로 꼽힌다. 이 밖에 오프라인 공연 개최가 늘어나면서 엔터주도

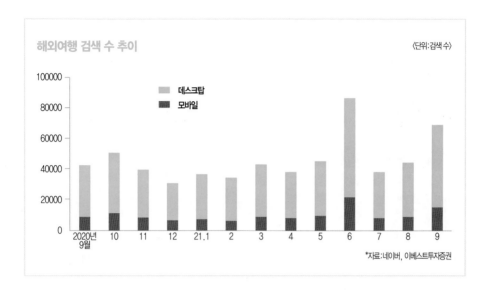

수혜가 예상된다.

트래블 버블 본격화…2022년 여행 업계 흑자전환 가능성 높아

여행, 호텔, 레저 업종은 위드 코로나의 최대 수혜 업종으로 거론된다. 그동안 억눌러왔던 해외여행 수요가 폭발적으로 증가할 가능성이 높기 때문이다. 업계에서는 각국에 위드 코로나 시대가 본격화될 경우 지난 2년 동안 해외에 나가지 못한 역대 최대급 보복 수요가 최소 향후 2~3년 재개될 것으로 내다본다. 특히 지난 2년간 고강도 구조조정이 이뤄진 것도 호재로 작용할 전망이다. 하나투어가 2021년 10월 1일부터 약 1년 6개월 만에 정상 근무 체제로 전환하고 노랑풍선은 자체 여행 플랫폼을 구축하는 등 여행 업계 움직임도 분주해지고 있다.

에프앤가이드에 따르면 하나투어는 2022년 39억원의 영업이익을 낼 것으로 기대된다. 하나투어는 2020년 1149억원의 영업손실에 이어 2021년에도 1237억원의 적자가 예상된다. 모두투어(2억원)와 노랑풍선(97억원)도 2022년 흑자전환 가능성이 높다.

대한항공, 아시아나항공 등 항공주도 수혜주로 꼽힌다. 최근 화물 운임이 오르

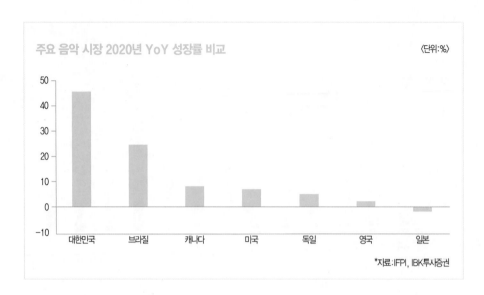

주요 음악 시장 2020년 YoY 성장률 비교 〈단위:%〉

*자료:IFPI, IBK투자증권

는 상황에서 해외여행 수요까지 늘어나면서 실적 기대감이 커지는 중이다. 이미 항공 업계는 트래블 버블(여행 안전 권역) 국가를 중심으로 국제선 운항을 재개하고 있다. 구체적으로 대한항공과 아시아나항공은 11월부터 괌이나 하와이 등 노선을 재개할 예정이다. 실제 여객 수요는 백신 접종률과 높은 상관관계를 보이는 것으로 나타났다. 전국 백신 완전 접종률이 32%에 달하던 2021년 9월 국내 여객 이용 인원은 253만4000명으로 전년 대비 37.2% 증가했다. 코로나19 팬데믹 이전 여객 수요와 맞먹는 수치다.

카지노·레저 업종도 본격적인 수혜가 예상된다. 카지노, 호텔, 리조트 등은 국내 여행과 레저를 즐기는 수요에 상대적으로 회복 탄력성이 강하게 작용할 전망이다. 특히 카지노 업종은 위드 코로나 국면에서 국내 여행객의 호캉스 수요와 중국과 일본 VIP 입국 시 높은 회복 탄력성을 고려할 때 여행 부문보다 앞서 실적 회복세를 보일 가능성이 높다. 실제 강원랜드와 파라다이스는 2021년 3분기 영업이익이 각각 290억원과 10억원으로 흑자전환할 것으로 예상된다. 위드 코로나가 본격화되면 호텔의 객실 점유율, 카지노 동시 입장 인원, 사이드 베팅 허용 등 규제 완화도 기대된다.

경제 정상화 기대감에 면세점·레저주 본격적인 회복세···의류 업종 주가 급등

보복 소비 심리와 명품 수요 증가에 대한 기대감으로 면세점 관련주도 주목받는다. 통상 10월부터 12월까지 이어지는 연말 기간은 미국의 블랙프라이데이, 중국 광군제, 코리아세일페스타 등 할인 행사가 이어진다. 위드 코로나 정책 시기와 맞물리면서 경제 정상화에 대한 기대감이 높다. 특히 예년보다 인천공항 임차료 수준이 낮아졌기 때문에 해외여행 재개가 본격화되면 실적 개선 모멘텀이 매우 클 것으로 예상된다.

사회적 거리두기 영향이 컸던 의류 업종도 본격적인 회복세에 들어섰다. 2021년 10월 유가증권 시장에서 섬유·의복 업종 지수는 12.24% 오르며 유일하게 10% 이상 올랐다. 위드 코로나 시대를 앞두고 소비 심리가 되살아나자 수혜주로 주목을 받으면서 주가가 상승세를 탔다. OEM(위탁생산) 업체에 악재였던 베트남 락다운도 10월 초 일단락되면서 점진적으로 생산량이 정상화될 것이라는 전망도 긍정적이다. 중국 사업 잠재 성장 여력이 큰 F&F, 여성 캐주얼 부문의 브랜드 파워를 기반으로 안정적인 성장세를 이어가고 있는 한섬, 베트남 봉쇄 조치 완화로 수혜가 예상되는 한세실업 등에 관심을 가질 만하다.

위드 코로나로 오프라인 공연 재개가 예상되는 엔터주도 새로운 증시 주도주로 떠올랐다. 특히 방탄소년단(BTS)이 2년 만의 오프라인 콘서트를 2021년 11월과 12월 미국 로스앤젤레스에서 열기로 하면서 엔터 업종에 대한 투자 심리가 빠르게 살아나고 있다. 비대면에 대한 준비가 상대적으로 잘돼 있던 K-pop은 코로나19 시기 전 세계 팬들에게 영향력을 확대하며 위드 코로나 시대 도약의 기회를 다졌다. 엔터 4사의 2021년 3분기 실적도 좋다. 하이브의 3분기 영업이익 컨센서스는 754억원으로, 역대 최고 실적을 낼 것으로 전망된다. SM, YG JYP엔터테인먼트도 대표 그룹들의 앨범 판매량이 기대 이상의 성적을 내면서 호실적이 예상된다.

대세 투자 상품 자리 잡은 ETF 리오프닝 · 친환경 테마 유망

김기진 매경이코노미 기자

▶ 상장지수펀드(ETF)가 대세 투자 상품으로 자리 잡았다. 글로벌 ETF 리서치 업체 ETFGI에 따르면 2021년 8월 말 기준 전 세계 ETF 운용 자산 규모는 9조4680억달러로 10조달러 돌파를 앞두고 있다. 원화로 환산하면 1경원이 넘는다. 2020년 한국 국내총생산(GDP) 1조6000억달러 대비 6배에 이르는 자금이 ETF에 들어와 있다는 뜻이다.

ETF 규모는 2021년 특히 눈부신 증가세를 보였다. 2021년 초부터 8월까지 1조7500억달러가 늘어나 2020년 연간 증가액(1조5420억달러)을 일찌감치 넘어섰다.

국내 투자자 사이에서도 ETF 인기는 갈수록 높아진다. 한국예탁결제원 증권정보포털 세이브로에 따르면 2021년 1~3분기 국내 투자자가 순매수한 해외 종목 상위 10개 중 3개는 ETF다. 2020년 1~3분기에는 1개에 그쳤다.

ETF를 선호하는 투자자가 급증하며 2022년 글로벌 ETF 시장을 이끌 트렌드에도 관심이 쏠린다. 경제 재개(리오프닝), 친환경, 사이버 보안 등이 유망 테마로 언급된다.

코로나19로 크게 타격 입은 여행 · 항공 · 엔터 돌아온다

리오프닝 관련 ETF 중에는 'ETFMG Travel Tech ETF(AWAY)'와 'US Global Jets ETF(JETS)' 'Invesco Dynamic Leisure and Entertainment ETF(PEJ)'가 눈길을 끈다. 여행과 항공, 엔터테인먼트, 레저는 코로나19 충격으로 가장 크게 흔들린 산업이다. 그만큼 코로나19 종식 이후 큰 폭으로 반등이 기대되는 분야기도 하다. 주요 국가가 코로나19 이전 누렸던 일상으로 돌아가기 위해 속도를 내고 있고 백신 접종률 상승, 코로나19 경구약 등장과 함께 팬데믹 종식이 한 발짝 가까워진 만큼 당분간 수혜가 기대된다는 분석이 나온다. AWAY와 JETS, PEJ는 이 분야에 투자하는 대표 상품이다.

AWAY는 여행 관련 상품이나 서비스를 제공하는 기술주를 주로 담는다. 경기민감주와 성장주 성격을 동시에 보유한 종목을 편입한다는 특징을 갖췄다. 2021년 10월 19일 기준 승차 공유 업체 우버와 숙박 공유 앱 에어비앤비가 포트폴리오에서 높은 비율을 차지한다. 호텔 · 비행기 · 렌터카 예약 플랫폼 익스피디아와 칩티켓츠, 호텔 예약 서비스 호텔스닷컴, 렌터카 예약 서비스 카렌털스닷컴 등을 보유한 종합 온라인 여행사 익스피디아그룹 비율도 높다. 익스피디아 외에도 부킹홀딩스, 트립어드바이저를 비롯한 유사한 종목이 선택받았다.

한국, 홍콩, 일본, 호주, 영국 등 미국 이외 국가에 상장된 기업이 여럿 포함됐다는 점도 돋보인다. 한국 기업 중에는 하나투어와 롯데관광개발이 편입됐다.

JETS는 항공주에 투자한다. 아메리칸에어라인, 사우스웨스트에어라인, 유나이티드에어라인, 델타에어라인 등 미국 대표 항공사와 에어캐나다(캐나다), 루프트한자(독일), 일본항공(JAL) · ANA항공(일본) 등 여러 국가 주요 항공사를 골고루 담았다.

PEJ는 엔터 · 레저 산업에 자산을 배분한다. 영화, 공연, 스포츠 등 오프라인에서 즐기는 콘텐츠를 제공하는 기업이 주요 편입 대상이다. 2021년 10월 18일 기준 미국과 라틴아메리카에 극장 523개, 상영관 5872개를 보유한 시네마

크홀딩스, 영화 TV 프로그램 제작사 라이온스게이트엔터테인먼트, 공연 기획사 라이브네이션엔터테인먼트 등이 포트폴리오 상위 종목이다.

전 세계 이목 집중된 친환경, 미래 이끌어갈 메타버스 · 우주도 유망

신재생에너지, 전기차 · 배터리 등 친환경 산업은 최근 각광받는 분야다. 한국은 물론이고 미국, 유럽, 중국을 비롯해 세계 경제를 이끌어가는 국가에서 집중 육성 중인 산업이라 장기 성장이 기대된다는 평가가 나온다. 관련 ETF 역시 관심을 모은다.

신재생에너지 분야에서는 'iShares Global Clean Energy ETF(ICLN)' 'Invesco Solar ETF(TAN)' 등이 인기가 많다. ICLN은 태양광과 풍력을 비롯한 신재생에너지를 만드는 기업에 골고루 자산을 배분한다. TAN은 태양광에너지 관련 기업에 집중한다. 2021년 10월 18일 기준 ICLN은 풍력 발전 기업 베스타스와 오스테드, 수소 업체 플러그파워 등을, TAN은 솔라엣지테크놀로지스, 엔페이즈에너지 등에 투자금을 넣었다.

전기차 · 배터리 섹터에서는 'Global X Lithium & Battery Tech ETF(LIT)'가 꾸준히 국내 투자자 매수 상위 종목 목록에 이름을 올린다. 미래에셋자산운용이 2018년 인수한 미국 ETF 전문 운용사 글로벌X가 운용하는 상품이다. 리튬을 채굴하거나 정제, 공급하는 사업을 보유한 기업, 리튬을 활용해 2차 전지를 만드는 기업 등에 주로 투자한다. 이 밖에 유럽, 캘리포니아, 미국 북동부 탄소 배출권 선물 가격으로

2022년 눈여겨볼 만한 ETF

분류	상품명
리오프닝	ETFMG Travel Tech ETF(AWAY) US Global Jets ETF(JETS) Invesco Dynamic Leisure and Entertainment ETF(PEJ)
친환경	iShares Global Clean Energy ETF(ICLN) Invesco Solar ETF(TAN) Global X Lithium & Battery Tech ETF(LIT)
사이버 보안	First Trust Nasdaq Cybersecurity ETF(CIBR) Global X Cybersecurity ETF(BUG) ETFMG Prime cyber Security ETF(HACK) iShares Cybersecurity and Tech ETF(IHAK)

구성된 IHS마킷글로벌카본지수를 추종하는 'KraneShares Global Carbon ETF(KRBN)', 탄소 배출량이 적은 기업을 담는 'BlackRock U.S. Carbon Transition Readiness ETF(LCTU)' 'BlackRock World ex U.S. Carbon Transition Readiness ETF(LCTD)' 'iShares MSCI ACWI Low Carbon Target ETF(CRBN)'도 눈여겨봄직한 ETF로 언급된다.

사이버 보안은 IT 활용도가 갈수록 높아지고 미국을 비롯한 주요 국가 정부와 기업이 투자를 강화하려는 움직임을 보이며 주목받는다. 'First Trust Nasdaq Cybersecurity ETF(CIBR)' 'Global X Cybersecurity ETF(BUG)' 'ETFMG Prime cyber Security ETF(HACK)' 'iShares Cybersecurity and Tech ETF(IHAK)'가 이 분야 주요 상품이다.

CIBR은 미국소비자기술협회(CTA)가 사이버 보안 업체로 분류한 기업 중 시가총액이 2억5000만달러가 넘는 종목을 주로 담는다. 보안 소프트웨어·IT 서비스 기업과 함께 방산주도 투자 대상이다. BUG는 사이버 보안 기술 수요가 늘면 수혜를 보는 기업이 주요 투자 대상이다. HACK는 사이버 보안 산업에 투자하는 최초의 ETF다. 2015년 11월 시장에 나왔다. 사이버 보안 하드웨어와 소프트웨어 혹은 서비스를 제공하는 기업을 주로 담는다. IHAK는 매출의 50% 이상이 사이버 보안 분야에서 발생하는 기업을 편입한다. 수수료율이 0.47%로 네 ETF 중 가장 낮다.

메타버스와 우주를 비롯해 장기 성장이 기대되는 산업에 투자하는 ETF가 유망하다는 의견도 눈길을 끈다. 메타버스는 'Roundhill Ball Metaverse ETF(META)', 우주는 'ARK Space Exploration & Innovation ETF(ARKX)' 'Procure Space ETF(UFO)' 'SPDR S&P Kensho Final Frontiers ETF(ROKT)'가 대표 상품이다.

현대엔지니어링부터 컬리까지
대어·인기 공모주 출격 대기

김기진 매경이코노미 기자

▶ 2020년에 이어 2021년에도 공모주 열풍은 지속됐다. 2020년 7월 기업공개(IPO)를 진행한 SK바이오팜이 '따상상상(시초가가 공모가의 두 배로 형성된 후 3거래일 연속 상한가 기록)'에 성공하면서 공모주 청약에 나서는 투자자가 급증했다. 이후 카카오게임즈와 하이브(옛 빅히트) 등 인지도 높은 기업이 잇따라 2020년 상장하며 시장을 뜨겁게 달궜다. 2021년에는 SK아이이테크놀로지, SK바이오사이언스, 카카오뱅크, 크래프톤, 현대중공업을 비롯한 대어가 줄줄이 증시에 입성하며 열풍을 이어갔다. 최종경 흥국증권 애널리스트는 "2021년 신규 상장 시장은 역대 최고 규모로 성장했다. 상장 기업 수는 90개, 공모 규모는 20조원을 넘어서며 모두 과거 기록을 가볍게 넘어설 전망"이라고 분석했다.

2022년 공모 시장에 대한 기대감도 크다. 대기업 계열사부터 스타트업까지 기대를 한 몸에 받는 기업 여럿이 IPO를 진행할 예정이다.

현대엔지니어링이 2022년 공모 시장 포문 열 듯

2022년 포문을 열 주자로는 현대엔지니어링이 유력하게 거론된다. 현대자동차그룹 계열사로 화공 · 전력 플랜트 건설을 주력 사업으로 펼쳐왔다. 2014년 현대엠코와 합병한 뒤 주택 부문에도 진출했다. 시장 관계자들은 현대엔지니어링의 예상 몸값을 6조~7조원 정도로 점치는 분위기다.

현대중공업그룹 계열사로 원유 정제, 석유 · 화학, 주유소 운영 등 다양한 사업을 보유한 현대오일뱅크도 2022년 증시 입성이 기대된다. 그간 정유 사업이 실적 성장에 큰 역할을 해왔지만 앞으로는 친환경 사업에 공을 들일 계획이다. 2030년까지 정유업 매출 비중을 지금의 85%에서 45%로 낮추겠다는 목표를 세웠다. 이를 달성하기 위해 수소, 태양광 패널 소재 등 친환경 신사업을 적극 육성할 예정이다. 2019년 현대오일뱅크 지분 17%를 사우디아람코에 매각하면서 평가된 기업가치는 8조600억원이다.

SK텔레콤 인적분할을 통해 설립된 신설 회사 SK스퀘어도 자회사 IPO에 속도를 내겠다는 방침이다. 앱마켓 원스토어가 첫 타자로 2022년 초 주식 거래 시작이 기대된다. 보안 전문 기업 ADT캡스가 바통을 이어받을 전망이다.

국내 1위 헬스앤드뷰티(H&B) 기업 CJ올리브영 역시 상장을 준비하고 있다. 1999년 CJ HBC(헬스앤드뷰티 컨비니언스) 사업부에서 출발해 2002년 분

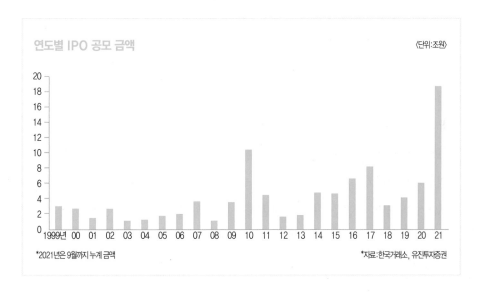

연도별 IPO 공모 금액 〈단위:조원〉

*2021년은 9월까지 누계 금액

*자료:한국거래소, 유진투자증권

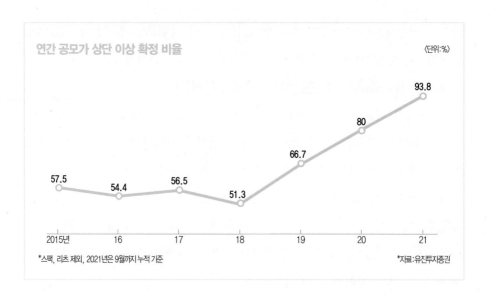

연간 공모가 상단 이상 확정 비율

(단위:%)

93.8
80
66.7
57.5
54.4
56.5
51.3

2015년   16   17   18   19   20   21

*스팩, 리츠 제외, 2021년은 9월까지 누적 기준   *자료:유진투자증권

사된 회사다. 분사 후에는 K뷰티의 성장과 함께 빠르게 몸집을 키웠다. 2021
년 기준 전국 CJ올리브영 매장 수는 1200여개가 넘는다. 2018년부터 즉시배
송 서비스 '오늘드림'을 내놓는 등 O2O(온·오프라인 연계) 서비스를 강화하
고 H&B 스토어 후발 주자인 랄라블라, 롭스와 격차를 키우고 있다는 점이 특
히 돋보인다. 전문가들은 CJ올리브영 몸값이 2조원을 넘어설 것으로 내다본다.
2021년 3월 사모펀드(PEF) 운용사 글랜우드프라이빗에쿼티로부터 4141억원
을 투자받으며 기업가치 1조8360억원을 인정받았다.

　신세계그룹은 쓱닷컴 상장 절차를 진행 중이다. 쓱닷컴은 신세계그룹 e커머스
사업을 총괄한다. 2022년 상반기 증시 입성이 기대된다.

　LG화학 배터리 자회사 LG에너지솔루션 상장은 2022년으로 미뤄질 가능성
이 크다는 분석이 나온다. LG에너지솔루션은 당초 2021년 상장을 계획했다.
하지만 LG에너지솔루션이 만든 배터리를 활용해 전기차를 만든 제너럴모터스
(GM)가 배터리 결함을 이유로 자동차를 리콜하고 비용 분담 문제가 불거지며
IPO 작업이 중단됐다. 2021년 10월 두 기업이 리콜 비용에 합의하며 작업이
재개됐다.

화장품 성분 정보 제공 앱 '화해' 운영하는 버드뷰, 새벽배송 강자 컬리 기대 모아

스타트업 시장에서는 버드뷰와 컬리가 주목받는다. 버드뷰는 이르면 2022년 상반기 증시 입성이 예상된다. 화장품 성분을 분석한 정보를 제공하는 앱 '화해'를 운영하는 업체다. 화해는 '화장품을 해석하다'라는 뜻을 담았다. 2030 여성 사이에서 특히 인기가 많다. 2016년 7억원에 불과했던 매출이 2020년 228억원으로 급성장했다. 아직 안정적으로 이익을 내는 단계는 아니지만 2018년 영업이익 6억원, 2020년 영업이익 11억원을 기록하는 등 의미 있는 성과를 내고 있다.

컬리는 신선식품 새벽배송으로 유명한 이커머스 서비스 마켓컬리 운영사다. 마켓컬리는 가전제품, 생활용품, 유아용품 등 비식품 제품군으로 영역을 넓히고 직매입한 상품만 판매하는 방식에서 벗어나 오픈마켓 서비스를 내놓기 위해 준비하는 등 다양한 시도를 하고 있다. 2021년 9월 딜로이트안진을 지정감사인으로 선정하고 금융감독원에 회계 감사 신청을 완료하는 등 2022년 주식 시장 입성을 위한 절차를 밟고 있다. 지정감사인 선정은 IPO 첫 단추다.

컬리 경쟁사로 언급되는 오아시스마켓 또한 상장 채비에 한창이다. NH투자증권과 한국투자증권이 주관을 맡았다. 오아시스 매출액은 2018년 1111억원, 2019년 1424억원, 2020년 2386억원으로 매년 급증 추세다. 영업이익도 2018년 3억원, 2019년 10억원, 2020년 97억원을 기록했다.

'JM솔루션' '강블리' 등의 브랜드로 대중에게 익히 알려진 화장품 업체 지피클럽도 공모 시장에 가세한다. 지피클럽은 2018년 골드만삭스를 주주로 맞이하며 약 13억2000만달러(약 1조5000억원)의 기업가치를 인정받았다. 이 밖에 티몬 역시 예의 주시할 만한 기업으로 꼽힌다. 2021년 10월 진행된 간담회에서 장윤석 티몬 대표는 "이르면 2022년 하반기 IPO를 목표로 관련 업무를 진행 중"이라고 전했다. 온라인 패션 스토어 무신사 역시 2022년 IPO 가능성이 있다. 자동차 공유 플랫폼 쏘카와 전자책 구독 서비스 밀리의서재 역시 상장을 추진한다.

메이저 코인 위주로 투자
NFT · 디파이도 주요 키워드

문호준 뉴지스탁 공동대표

▶ 2021년 암호화폐 시장에서는 중요한 사건이 여럿 일어났다. 국내에서는 개정된 특정금융거래정보법(특금법)이 시행됐다. 암호화폐 거래소가 영업을 하려면 정보보호관리체계(ISMS) 인증을 받고 은행 실명계좌를 확보한 뒤 금융정보분석원(FIU)에 사업 신고를 해야 한다는 내용이 핵심이다. 이에 따라 요건을 갖춘 주요 암호화폐 거래소들이 금융당국에 신고를 마쳤다. 여기에 우리나라 정부는 내년부터 투자수익에 대한 과세를 시행할 것으로 예상된다. 한국에서는 이제 암호화폐가 제도권에 편입됐다고 볼 수 있는 상황이다.

해외에서도 암호화폐를 바라보는 시각이 점차 우호적으로 변하고 있다. 미국 정부는 2021년 10월 암호화폐 거래를 금지할 계획이 없다고 밝혔으며 미국 대표 암호화폐 거래소인 코인베이스는 4월 나스닥 상장에 성공했다. 이뿐 아니라 세계적인 투자자 레이 달리오나 대형 헤지펀드 소로스펀드처럼 과거 암호화폐에 대해 부정적인 시각을 유지했던 투자자들도 이제는 '비트코인이 현금의 좋은 대안이 될 것'이라는 긍정적인 시각으로 입장을 바꾼 것으로 보인다.

'튤립 버블'과 비교되며 '한낱 사기극'이라 치부되던 암호화폐가 이제는 산업계

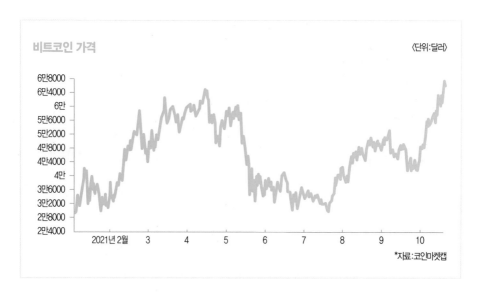

에서 가장 보수적이라고 평가받는 금융 제도권에 들어오게 된 것은 기념비적이다. 관련 업계에서 근무하는 사람들도 이제는 금융업 종사자로 인정받게 됐다. 암호화폐에 투자하는 사람들을 투기꾼 혹은 한탕주의자로 바라보는 시각도 옅어졌다. 인식이 긍정적으로 변하고 있다는 점은 분명 반길 만한 사안이다. 하지만 이 같은 변화가 역설적으로 암호화폐 시세에는 악재로 작용할 수 있다.

시장 효율화되면서 암호화폐 투자로 돈 벌기 어려워진다

'유동성이 적을수록 시장은 비효율적으로 움직인다' '시장이 효율적이지 않을수록 투자자는 더 많은 돈을 벌 기회가 생긴다' '정보의 비대칭성이 심할수록 정보를 가진 사람은 더 많은 돈을 벌 기회가 생긴다.'

투자의 기본이 되는 격언이다.

워런 버핏의 스승으로 유명한 벤저민 그레이엄부터 '마법 공식(자본수익률과 이익수익률을 토대로 만든 투자 공식)'으로 유명한 조엘 그린블라트까지 2000년대 이전에 활동하던 주식 투자 대가들 전략을 뜯어보면 대다수 사람이 예상하는 것보다 간단하다. 주가순자산비율(PBR), 주가수익비율(PER), 주가현금흐름비율

(PCR) 등 계산하기 쉬운 재무지표 몇 가지만 활용해 짠 전략이 많다. 이처럼 간단한 투자 방법으로 높은 수익률을 낼 수 있던 이유는 과거에는 시장이 효율적이지 않고, 유동성도 적었으며, 정보의 비대칭성이 심했기 때문이다. 하지만 이 전략들은 요즘에는 잘 통하지 않는다. 시장이 효율적으로 변했기 때문이다.

암호화폐 시장에서도 이와 같은 현상이 일어날 수 있다. 암호화폐가 제도권으로 들어오고 코인을 우호적으로 바라보는 사람이 많아지면 그만큼 시장 참여자가 많아지고 시장이 효율적으로 변한다. 이는 과거 대비 수익 내기 어려워진다는 것을 의미한다.

그간 주식보다 암호화폐 시장 전망이 쉬웠던 또 다른 이유는 암호화폐가 주식보다 분석할 만한 요소가 적었다는 점이다. 주식은 가격이나 거래량 변동 등을 분석하는 기술적 분석부터 기업의 실적과 가치, 전망 등을 분석하는 기본적 분석까지 다양한 분석 요소가 있다. 암호화폐는 기술적 분석의 중요도가 압도적으로 높다. 비트코인과 알트코인의 상관성이 높다는 특성을 이용해 비트코인이 오르면 알트코인을 사고, 시장이 반대로 움직이면 매도하는 투자 방법을 이용해 수익을 내는 투자자가 많았다. 혹은 테마 내 순환매매를 이용해 몸값이 급등한 코인과 같은 테마에 속하는 코인에 투자하는 방법을 이용하는 투자자도 상당수였다. 주식보다는 시장 예측이 쉽고 투자 기법도 상대적으로 간단했다.

신규 투자 수요 대부분은 메이저 코인에 몰릴 듯…디파이 · NFT 코인도 유망

따라서 기존 암호화폐 투자자 입장에서는 암호화폐가 제도권에 들어온다는 것을 꼭 좋게만 볼 수는 없다. 다만, 새로운 투자자가 유입됨에 따라 커진 시장은 효율적으로 변해갈 것이고, 여기에서 투자 기회를 엿볼 수 있다.

새롭게 시장에 진입하는 투자자들은 메이저 암호화폐 위주로 투자를 진행할 가능성이 높다. 당분간 메이저 암호화폐 위주 투자에 집중해야 할 이유다. 시가총액과 거래량에서 압도적인 1위를 차지하는 비트코인과 2위 이더리움이 대표적인 메이저 코인이다. 암호화폐 시황 사이트 코인마켓캡에 따르면 카르다노, 바이낸스코인, 테더, 리플 등도 시가총액 상위권에 든다.

이처럼 메이저 코인에 투자를 집중하는 한편 기술력이 탄탄하고 상용화 가능성, 활용도가 높은 암호화폐를 발굴해나가는 전략도 필요하다. 국가 간 송금에 주로 쓰이는 리플, 거래소에서 다른 코인을 사기 위한 기축 코인으로 쓰이는 테더 등이 상용화, 활용도 측면에서 호평받는 암호화폐다.

디파이(DeFi)와 대체불가토큰(NFT) 역시 2022년 암호화폐 투자 전략을 짤 때 염두에 둬야 하는 키워드다. 국가 간 경계가 없어지며 디파이 금융 생태계 필요성이 부각되고 있으며 메타버스(가상 세계) 생태계가 확장됨에 따라 NFT 기술 활용도가 높아졌다.

디파이는 '탈중앙화 금융'을 뜻하는 'Decentralized Finance'를 줄인 말이다. 정부나 기업 등 중앙기관 통제 없이 인터넷만 연결되면 이용 가능한 블록체인 기반 금융 서비스를 가리킨다. 블록체인을 기반으로 한 암호화폐 담보대출, 가상자산 교환 거래 등이 여기에 속한다. 전 세계적으로 가장 널리 알려진 디파이 대출 플랫폼 에이브, 세계 최대 규모 탈중앙화 거래소 유니스왑 등이 디파이 관련 코인이다.

NFT는 특정 디지털 파일에 대한 소유권을 블록체인 형태로 발행해 위·변조가 불가능하게 만드는 기술이다. 미술품에 투자할 때나 메타버스에서 경제 활동을 할 때 쓰인다. 디센트럴랜드, 더샌드박스, 엑시인피니티 등이 메타버스 플랫폼에서 사용되는 주요 NFT 코인이다.

스마트카, 웨어러블 기기처럼 편리함을 위해 만들어진 기술이 오히려 생명을 위협할 수 있는 세상에 살게 된 우리는 앞으로도 보안에 특화된 블록체인 기술에 의존할 수밖에 없다. 새로운 기술이 등장할 때마다 시장을 이끄는 새로운 암호화폐 테마는 형성될 것이다. 디파이와 NFT를 비롯해 새로 탄생하는 시장 주도형 테마에 늘 주의를 기울일 필요가 있다.

부동산 이슈

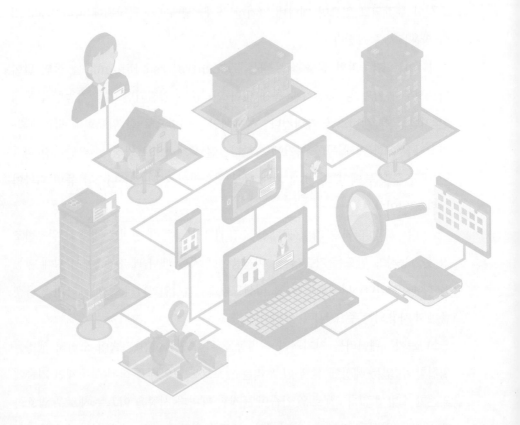

Preview

2021년 부동산 시장은 한 해 내내 들끓었다. 서울 강남북, 수도권 곳곳에서 아파트 매매, 전세 가격이 급등하면서 실수요자들은 너도나도 '영끌' 행렬에 동참했다. 정부는 뒤늦게 수도권 신도시 공급 확대에 나섰지만 급한 불을 끄기에는 역부족이었다.

2022년 부동산 시장도 불안한 양상을 이어갈 전망이다. 재건축의 경우 초과이익환수제, 분양가상한제 등 규제가 여전해 조합마다 사업을 미루는 모습이다. 그나마 속도를 내는 재건축 단지는 희소가치가 부각돼 매매가가 상승세를 이어갈 가능성이 높다. 시중 유동성이 풍부한 데다 수도권 3기 신도시 토지 보상금까지 유입되면서 서울 강남권 재건축 단지 투자 열기는 여느 때보다 뜨거울 전망이다. '로또 분양'을 노린 청약 수요가 몰리면서 재건축 신규 분양 시장도 역대 최대급 청약 경쟁률을 기록할 것으로 보인다. 신축 아파트 몸값이 높아지는 만큼 서울 한남뉴타운, 이문휘경뉴타운 등 주요 재개발 구역 투자 수요도 꾸준할 전망이다.

전세 시장 안정도 기대하기 어렵다. 임대차 3법 부작용으로 서울, 수도권 전셋값이 치솟는 가운데 3기 신도시 사전청약 수요가 몰리면서 전셋값 상승폭이 더욱 가팔라질 가능성이 높다. 주택담보대출 규제 강화, 아파트 입주 물량 급감도 전세 시장 불안 요인으로 손꼽힌다.

잇따른 규제에도 매매가 고공행진
재건축 부담금 면제 단지 인기 계속

박합수 KB국민은행 부동산수석전문위원

▶ 2021년 재건축 시장은 2020년과 유사하면서도 다른 양상을 보였다. 2020년에는 상반기 조정 분위기가 나타난 후 하반기 상승하는 장세였다. 2021년에는 상반기 상승 흐름을 이어가고, 하반기에는 그 폭을 키웠다. 이렇게 재건축 가격이 상승세를 유지한 것은 역설적으로 재건축 제도 영향이 컸다. 재건축 안전진단을 어렵게 하자 안전진단 통과 단지는 매매가가 급등했다. 재건축 조합원이 입주권을 받으려면 2년 실거주해야 하는 규제가 무산된 것도 가격 상승 흐름에 일조했다. 재건축 규제 완화를 공언한 오세훈 서울시장 취임도 재건축 사업 속도가 빨라질 것이라는 기대감을 높였다.

이뿐 아니다. 다주택자 양도세 중과, 조합원 지위 양도 금지 여파로 매물이 사라져 가격 상승을 부추긴 측면도 컸다. 이런 여러 상황이 부동산 시장 호황과 맞물려 재건축 매매가가 일제히 상승세를 보였다. 서울 도심에서는 재건축, 재개발 사업이 아니고는 주택 공급 물량을 충당하기가 쉽지 않다. 이 때문에 언젠가는 재건축이 될 수밖에 없다는 기대로 소유자가 세금 폭탄을 버티고 장기전에 들어간 측면도 있다.

재건축 시장 변수부터 짚어보자.

첫째, 안전진단이다. 정부는 2018년 3월 안전진단 기준의 구조 안전성 비율을 20%에서 50%로 강화한 이래 지금껏 유지하고 있다. 오세훈 서울시장은 그 비율을 30%로 낮춰달라고 국토교통부에 요청했지만 반영되지 않았다. 이렇게 안전진단 통과가 어려워지자 막상 안전진단을 통과하면 재건축이 다 끝난 것처럼 가격이 폭등하는 비정상적인 현상이 발생한다.

조합원 지위 양도 금지로 매물 사라져

둘째, 조합원 지위 양도 금지다. 재건축 조합이 설립되면 조합원 자격을 양도, 승계하지 못하는 제도다. 투기과열지구에 적용된다. 다만 몇 가지 예외 조항이 있다. 2018년 1월 추가된 예외 조항은 1주택자가 10년 이상을 보유하고, 5년 이상 거주 시 지위를 양도할 수 있다는 것이다. 조합이 갓 설립된 경우라면 이 조건을 충족해야 가능한 셈이다. 올 1월 이후 재건축 입주권을 받기 위한 '2년 실거주 의무' 조항으로 상당수 단지에 조합이 설립됐다. 실거주 의무를 채우지 않으려면 2020년 말까지 조합설립인가 신청을 하면 됐기 때문에, 조합설립을 서둘러 신청한 결과였다.

문제는 그 직전과 그 직후다. 조합설립 직전에는 설립 후 지위 양도가 금지되다 보니 서둘러 매매가 이뤄져 가격이 올랐다. 직후에는 다시 매물이 없다 보니 희소가치에 의해 가격이 더 올라버렸다.

일례로 서울 송파구 잠실주공5단지는 조합설립 후 3년 내 사업시행인가 신청이 없고, 3년 이상 보유 시 지위 양도가 가능하다. 매매가 자유롭다 보니 가격이 치솟았다. 강남구 대치 은마아파트는 추진위 단계로 조합설립인가 전 단계지만, 결과적으로 2년 실거주 의무 조항이 폐기되자 다시 가격이 오르는 혼돈 상태다. 조합원 지위 양도 금지 제도의 존재 가치가 무색해졌다는 평가가 나오는 이유다.

재건축 사업 3개 모델 비교

구분	민간 재건축	공공 재건축 (2020년 8·4 대책)	공공 직접시행 재건축 (2021년 2·4 대책)
사업 주체	조합	조합+공기업	공기업
재건축 부담금· 의무 거주	○	○	×
용적률	법적 상한	300~500%	최대 500%
층수	35층(서울)	50층 가능	50층 가능
임대주택 공급	의무 사항은 아님	증가 용적률의 25% 이상	전체 가구 수의 5~10%
수익 구조	조합원 주택을 뺀 일반분양	용적률 상한으로 분양 수익 증가	민간 재건축 방식보다 10~30%포인트 증가(정부 계획)

자료:국토교통부 등

셋째, 재건축 초과이익 환수제다. 현재 서울에서 가장 오래된 아파트 단지는 여의도 시범아파트와 이촌동 한강맨션이다. 둘 다 1971년산이다. 그런데도 사업 단계는 초기 수준이다. 이렇게 재건축 사업이 지지부진한 이유는 재건축 시 개발이익을 환수하는 부담금 영향이 크다. 특히 1주택자도 예외가 없다는 것이 문제다. 조합원 지위 양도 금지에서 예외로 둔 '10년 보유, 5년 거주'를 했더라도 똑같이 납부 대상이다.

문제는 2017년 말까지 관리처분인가를 신청하면 초과이익환수제를 적용하지 않기로 한 단지들이다. 반포주공1단지(1, 2, 4주구), 신반포4지구, 잠실 진주와 잠실 미성·크로바, 둔촌주공, 방배5구역 등이 대상이다. 초과이익환수에서 면제된 단지들조차 아직 일반분양 단계에 이르지 못했다. 조합 내 사정과 건축심의 지연, 분양가상한제 적용 등으로 얽혀 있지만, 결국 이들보다 그 이전 단계 단지들은 아예 진행을 멈춘 경우가 많다. 대부분 제도 완화를 기다리며 숨 고르기를 하는 모양새다 보니 공급 효과가 사라졌다.

넷째, 분양가상한제다. 제도 취지는 주변 시세보다 분양 가격을 20~30% 저렴하게 하면 시세를 분양가 수준으로 끌어내릴 수 있다는 기대다. 하지만 현실적으로 분양 물량이 많지 않기 때문에 분양하자마자 시세 수준으로 올라 거액의 웃돈이 형성되고 만다. 당첨자는 로또를 얻는 셈이지만, 정작 조합원은 추가 부담금이 늘어 선뜻 나서려 하지 않는다. 강동구 둔촌주공아파트가 대표적이다. 이로 인해 사업이 계속 늦어지거나 공급이 감소하는 악순환이 발생한다.

입지 좋고 희소가치 높아 상승세 이어질 듯

다섯째, 공공 재건축이다. 공공 재건축은 민간 조합과 LH(한국토지주택공사), SH(서울주택도시공사) 등 공공기관이 함께 재건축 사업을 주도하는 것으로 용적률을 300~500%로 상향하는 대신 추가로 짓는 주택 상당수를 공공 임대 등으로 기부해야 한다. 당초 정부는 공공 재건축에 기대를 걸었지만 대부분 재건축 단지가 시큰둥한 모습이라 결과는 미진한 상태다. 차라리 제도 완화를 통한 민간 재건축 활성화가 먼저다.

2022년 오세훈 서울시장 주도로 재건축 시장이 활성화되면 부동산 시장에 미칠 효과가 상당할 전망이다. 무엇보다 재건축 분양 시장 열기는 계속 뜨거울 전망이다. 그동안 집값이 올랐음에도 내집마련을 하지 못한 이들의 유일한 기회로 인식되는 만큼 투자 수요가 몰릴 수밖에 없다. 반포주공1단지, 방배5구역 등 2018년 이전에 관리처분인가를 신청해 재건축 부담금을 면제받은 단지 인기는 그 어느 때보다 높을 것이다.

재건축 매매 시장도 덩달아 상승세를 이어갈 가능성이 높다. 조합원 지위 양도 금지 등 각종 제도를 유지한 상태에서는 매물 희소성으로 가격 하락보다는 상승 가능성이 커 보인다. 물론 대선 등 정치적 변수로 규제 완화 기대감도 반영될 수 있다. 무엇보다 2022년 상반기는 3기 신도시 토지 보상금이 대거 유입되는 시점이다. 유동성이 늘어나는 상황에서 거액의 토지 보상금이 서울 강남권 핵심 재건축 아파트로 몰릴 가능성이 높다. 2021년 내내 재건축 매매가가 이미 많이 올라 거품 논란도 있지만 강남 재건축을 대체할 만한 인기 상품이 나오기 어려운 만큼 추가 상승 확률이 높다.

도심 신축 아파트 수요 꾸준
은평 · 이문휘경 눈여겨볼 만

고종완 한국자산관리연구원장(한양대 부동산융합대학원 특임교수)

▶ 2022년 부동산 시장은 2021년에 이어 매매가, 전셋값 모두 동반 상승세를 보일 가능성이 높다. 향후 금리가 단기간에 급등하지 않고 금융위기 등 외부 충격이 발생하지 않는 한 공급 부족에 따른 수급 불균형이 부동산 시장 향방을 결정하는 핵심 변수로 작용할 전망이다. 부동산R114에 따르면 향후 서울 아파트 입주 물량은 더욱 감소할 것으로 예상된다. 2021년 3만6705가구에서 2022년 2만3393가구, 2023년 2만948가구로 점차 줄어드는 것으로 드러났다. 경기도 아파트 입주 물량도 2021년 11만368가구에서 2023년 7만7689가구로 대폭 감소한다. 가뜩이나 수요 대비 공급이 부족한 상황에서 신규 입주 물량까지 급감하면 주택 시장은 더욱 불안해질 우려가 크다. 임대차법 여파로 전세 가격이 치솟으면서 매매 가격까지 상승하는 악순환 고리를 피하기 어렵다. 다만 집값이 오랜 기간 상승하면서 일부 지역 거품 우려가 커진 데다 금리 인상, 거래 감소 등의 여파로 상승폭은 다소 둔화될 것으로 보인다.

2022년 부동산 시장에서는 주류 상품인 아파트보다 각종 정책 호재가 뒷받침되는 재개발 시장을 주목할 필요가 있다. 교통이 편리하고 생활 인프라를 갖춘 서울 도심 진입 수요가 늘어난 데다 '똘똘한 한 채'로 신축 아파트 선호도가 높아지면서 재개발 투자 수요가 많아지는 분위기다. 지은 지 20~30년 넘는 노후 주택이 증가하는 가운데 신축 아파트 희소가치가 높아지면서 신축, 구축 아파트 간가격 격차가 더 벌어지는 중이다. 이 때문에 상대적으로 가격이 저렴한 재개발지분 투자로 새 아파트를 얻으려는 이들이 급증했다. 여느 때보다 도심 재개발공급, 분양 시장이 활기를 띨 것으로 보인다. 특히 오세훈 서울시장의 재건축,재개발 활성화 대책이 속도를 내면 주택 시장 기폭제가 될 것이다.

오세훈 서울시장 재개발 활성화 정책 눈길

2020년 8·4 대책 이후 등장한 공공 재개발 정책은 재개발 시장 패러다임을바꾸는 변수로 작용했다. 공공 재개발을 추진할 경우 여러 가지 장점이 있다. 한국토지주택공사(LH)와 서울주택도시공사(SH)가 시행사로 참여해 용도지역과용적률 상향, 기부채납비율 완화, 분양가상한제 제외 등 각종 인센티브가 제공된다. 2종 주거지역은 3종 주거지로, 주거지역은 준주거지역으로 종 상향을 허용하고 용적률도 법적 상한 이상으로 상향된다.

이뿐 아니다. 오세훈 서울시장이 발표한 재건축, 재개발 활성화 대책은 부동산시장 관심을 불러일으키기에 충분하다. 서울시는 주거정비지수 폐지, 신속통합기획(옛 공공기획) 도입, 주민 동의 절차 간소화와 동의율 변경 등 각종 규제 완화 방안을 발표했다. 이에 따라 재개발 해제 구역 중 노후 지역 신규 지정과 일반주거지역 규제 완화를 통한 사업성 개선, 매년 재개발 구역 지정을 통한 신규 구역 발굴이 추진된다.

서울시가 기획 단계부터 참여해 신속한 재개발 인허가 절차를 지원하는 '신속통합기획'을 적용하면 사업시행인가에 필요한 심의를 통합해 재개발 소요 기간을대폭 단축할 수 있다. 사전타당성조사 간소화 등으로 현행 5년 정도 걸리는 기간을 2년으로 앞당길 수 있게 됐다. 실제로 서울 곳곳에서 신속통합기획 민간 재개

신속통합기획·공공 재개발 비교

신속통합기획	공공 재개발
민간 재개발로 조합이 사업 주체	공공(LH·SH) 단독 시행 또는 민관 공동 시행
서울시가 사전타당성조사, 정비계획 수립 등 초기 단계 참여해 공공성 확보	조합 유지하면서 사업 전반에 공공 개입
정비구역 지정까지 5년 → 2년 이내로 단축	사업 전체 기간 13년 → 5년 이내로 단축
사전 검토 요청 단계 동의율 30%로 상향, 정비계획 수립 단계서 동의율은 토지 등 소유자 2/3 이상, 토지 면적 1/2 이상 유지	용적률 인센티브 통해 최대 50층 건립 가능

발 공모를 위한 주민 동의서 징구가 속도를 내는 중이다. 신월7동 1구역, 한남1구역, 장위11구역, 자양4동 1·2구역, 상일동 등에서 공모에 필요한 주민 동의 30%를 얻기 위한 작업이 한창이다.

입지만 따져봐도 서울 강북권에서 관심을 가져볼 만한 재개발 지구는 꽤 많다. 용산구 한남뉴타운, 노원구 상계뉴타운, 성북구 장위뉴타운, 동대문구 이문·휘경뉴타운과 은평구 갈현1구역, 대조1구역, 불광5구역 등이 대표적이다.

이 중 강북권에서는 이문·휘경뉴타운이 눈길을 끈다. 이문·휘경뉴타운은 지하철 1호선 외대앞역과 신이문역 사이에 위치한 동대문구 이문, 휘경동 일대 노후 주택가 약 101만㎡를 재개발하는 사업이다. 청량리뉴타운, 전농·답십리뉴타운과 함께 동대문구 대표 재개발 사업지로 손꼽혔지만 한동안 우여곡절도 많았다. 2005년 서울시 3차 뉴타운 지구로 지정된 이후 사업이 추진됐지만 주민 간 갈등으로 오랜 기간 표류했다. 주민 반대로 이문2구역은 2014년 구역 지정이 취소됐지만 이문1, 3, 4구역과 휘경1, 2, 3구역 등 6개 구역이 총 1만2000여 가구 규모 재개발 사업을 추진 중이다. 2021년 이문1구역과 3구역에서 7000여 가구 아파트가 공급된다. 인근 청량리 역세권 개발이 속도를 내면서 교통망이 좋아지는 만큼 향후 이문·휘경뉴타운 몸값이 높아질 전망이다.

상대적으로 저평가된 은평구 재개발 구역도 눈여겨볼 만하다. 은평구 불광5구역은 재개발을 통해 지하 3층~지상 24층, 총 2387가구 아파트를 조성하는 사업이다. 공사비는 8200억원 규모로 서북권 정비사업 최대어로 꼽힌다. 최근 은평구가 사업시행계획을 인가해 재개발 사업이 속도를 내는 중이다. 이와 함께 지하철 3호선 연신내역과 인접한 갈현1구역도 롯데건설을 시공사로 선정해 재개발에 속도를 내는 만큼 관심을 가져볼 만하다.

다만 재개발 사업의 원활한 진행을 위해서는 넘어야 할 과제도 수두룩하다. 정비 업계는 소유주들이 공공기획과 공공 재개발을 혼동하는 사례가 많아 이 문제 해결 없이는 제 속도를 내기 어려울 것으로 내다본다. 공공기획 명칭이 신속통합기획으로 바뀌었지만 주민들은 공공이라는 말만 들어가도 부정적으로 인식하는 경우가 태반이라 조합, 추진위 등 집행부도 이를 결정하기 어려운 것이 현실이다. 규제도 적잖다. 투기 방지를 위해 일반분양분은 최대 10년간 전매 제한과 5년 거주 의무가 부여된다. 주택 공급 활성화 지구로 지정되면 조합원 물량을 제외한 50% 이상을 공적 임대로 공급하되, 전체 물량의 최소 20% 이상을 공공 임대로 제공해야 한다.

입주권 자격 대상 유의해야

2022년 재개발 시장에 투자할 때 유의할 점도 많다.

첫째, 3월 9일 대선, 6월 1일 지방선거 결과가 부동산 시장에 큰 영향을 미칠 수 있다. 만약 2022년 대선과 지방선거에서 여당이 승리할 경우 재건축, 재개발을 억제하는 현 정부 정책은 그대로 유지될 가능성이 높다. 야당이 승리하더라도 집값 불안을 이유로 당장 규제를 풀기는 어렵다. 새 정부 정책 리스크 등 예측 불가능한 미래 상황에 대비해야 한다.

둘째, 재개발 투자 시기에 따라 입주권 자격 대상이 제한될 수 있음을 유의해야 한다. 2021년 6월 29일 이후 등기가 이뤄진 주택은 입주권을 받지 못하고 현금 청산 대상이 된다. 결국 본인이 투자한 재개발 지분으로 입주권을 받을 수 있을지, 현금 청산 대상인지부터 확인할 필요가 있다.

완성되면 집값 안정에 도움
다만 벌써부터 곳곳 차질 조짐

심교언 건국대 부동산학과 교수

▶ 3기 신도시 개발은 2018년 9월 주택 공급 대책을 발표할 때, 남양주 왕숙과 하남 교산, 인천 계양을 지정하면서 시작됐다. 이어 2019년 고양 창릉지구와 부천 대장지구가, 2021년에는 광명 시흥과 의왕·군포·안산과 화성 진안지구가 추가됐다. 신도시 기준인 330만㎡에는 미치지 못하는 대규모 택지도 과천과 안산 장상, 인천 구월, 화성 봉담 등에 지정돼 추진 중이다.

2021년 10월까지 발표된 물량을 보면 3기 신도시 규모는 신도시 31만6000가구와 대규모 택지 5만6000가구를 합쳐 37만2000가구에 이른다. 1기 신도시 물량이 29만가구였던 점을 감안하더라도 물량은 넉넉한 편이다. 지난 주택총조사에서 2020년 서울 주택 수와 아파트 수가 각각 302만가구, 177만가구인 점을 고려하면 서울 주택 수의 12.3%, 서울 아파트의 20% 정도 물량이 3기 신도시에서 추가로 공급되는 셈이다. 이 정도라면 입주 시점에는 주택 가격을 크게 안정시킬 수 있는 물량으로 보인다. 특히 입지를 보면 서울과의

대규모 택지 건설 개요 단위:㎡, 가구

지구명	과천 과천	안산 장상	인천 구월2	화성 봉담3
면적	169만	221만	220만	229만
호수	7000	1만4000	1만8000	1만7000

평균 거리가 2km에 불과하다. 기존의 1·2기 신도시보다 가까운 곳에 위치해 있어 수도권 집값뿐 아니라 서울 집값 안정에도 큰 역할을 할 것으로 기대된다. 다소 거리가 먼 신도시도 있으나, 정부에서는 초기 단계부터 광역교통 개선 대책을 제시하면서 이를 극복하고자 했고, GTX와 기존의 간선급행버스체계(BRT)를 개선한 S-BRT로 서울과의 연결체계를 시도하고 있다.

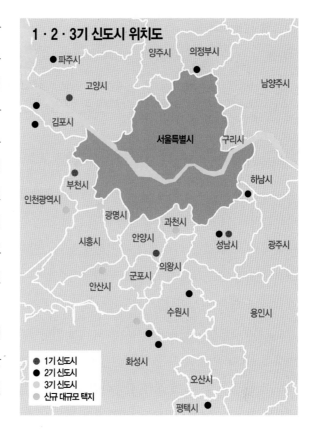

기존 신도시와 또 다른 점은 자족 기능의 대규모 확충이다. 고양 창릉과 부천 대장의 경우 가용면적의 40%를 자족용지로 조성하는 것으로 계획됐다. 공급되는 주택 수보다 2~3배 많은 일자리가 창출될 것으로 기대된다.

3기 신도시가 들어선 이후 수도권 신도시 전망, 시장 영향

시장 영향을 살펴보기 위해서는 과거 역사를 살펴보는 것이 도움이 된다.

우리나라에서 부동산 가격지수를 만들기 시작한 것은 1986년 주택은행에서였다. 당시는 3저 호황으로 집값이 연일 폭등하던 시절이다. 지금의 상승률이 우스울 정도로 폭등했는데, 강남 아파트는 일 년에 두 배씩 오르기도 했다. KB에서 조사한 2020년 연간 서울 아파트 매매가격지수의 상승률이 13%임에도

3기 신도시 건설 개요

단위: ㎡, 가구

지구명	남양주		하남 교산	인천 계양	고양 창릉	부천 대장	광명 시흥	의왕·군포·안산	화성 진안
	왕숙	왕숙2							
면적	865만	239만	631만	333만	813만	343만	1271만	586만	452만
호수	5만4000	1만4000	3만3000	1만7000	3만8000	2만	7만	4만1000	2만9000

모두 미친 집값이라고 인식하는데, 1990년은 전국과 서울의 아파트 상승률이 32.3%와 37.6%에 이르렀다. 그러다 반전이 일어났다. 200만가구 입주가 시작된 1991년에 전국과 서울 아파트 가격지수가 1.8%와 4.5%씩 하락한 것이다. 그리고 1990년대 내내 준농림지 등의 개발을 통해 공급을 늘린 결과 건국 이래 최초로 집값은 안정세를 유지하게 된다. 당시 경제성장률이 5~10%로 비교적 높았음에도 불구하고 집값은 안정적으로 유지됐다. 이는 세계적으로도 유례를 찾기 힘든 현상이다.

공급으로 인한 효과는 공간적으로 다르게 미친다. 1·2기 신도시도 규모에 따라 반경 5~10km 이내 집값은 입주 전까지는 꾸준히 상승했으나, 입주 후에는 단기적으로 많이 떨어졌다. 이 점을 감안하면 향후 3기 신도시 입주 시에도 같은 현상이 반복될 가능성이 높다. 서울 아파트값의 경우 입주 물량이 몰리면 가격 조정이 나타나고 물량이 줄어들면 가격이 상승하는 모습을 반복적으로 보여준 바 있다. 앞으로도 다시 이런 현상이 나타날 것이다. 즉 공급 계획대로 제대로 완성된다면 집값 안정에 큰 도움을 줄 것이다. 다만 벌써부터 차질이 우려되는 징후들이 나타나고 있다.

먼저 자족성에 대한 우려다. 수도권 기업에 대한 규제가 극심하기 때문이다. 기업들이 정부 계획대로 신도시에 입주할 것이냐에 대한 의문이 크다. 실제 2기 신도시인 위례와 광교는 자족용지 비율이 각각 2.1%와 4.5% 정도다. 3기 신도시에 비해 현저히 적다. 이 작은 공간도 상권 형성에 어려움을 겪고 있다. 빈 상가와 오피스 등이 넘쳐나는 상황이다. 정부와 사업시행자가 토지 공급가를 낮추고 도시첨단산단 지정 등 인센티브를 적극적으로 마련하지 않는다면 과거 신도시처럼 베드타운으로 전락할 확률이 크다. 주택만 많이 지어지고, 주민들은 서울로의 출퇴근에 고통을 겪을 가능성이 높다.

두 번째로 광역교통 공급이 적기에 될 수 있느냐의 문제다. 최근까지도 정부는 중장기적 계획을 세우지 않은 채 신도시 교통 문제를 땜질식으로 해결했다. 이 때문에 광역교통망이나 인프라가 부족한 상황이 지속됐다. 상황이 이렇다 보니 3기 신도시 역시 교통 대책이 제대로 시행될 수 있는지에 대한 우려가 높다.

3기 신도시 광역교통 개선 대책 현황을 분석한 결과에 따르면, 철도 대책 11개 중 단 2개만이 입주 시점에 개통 가능한 것으로 드러났다. 일부 신도시는 입주 후 3~4년이 지나야 철도가 개통되는 곳도 있다. 도로도 43개 가운데 16개만 입주 시점 즈음에 이용 가능하다. 입주 시기에 맞춰 교통 대책이 제때 공급되지 않는다면 신도시로 인한 집값 안정 효과도 더 늦어질 수밖에 없다.

세 번째로는 신도시 사업 진행이 차질 없이 가능한가의 문제다. 먼저 토지 보상에 대한 불만이 속출하고 있다. 토지 감정 재평가를 요구하는 주민이 많다. 경우에 따라서는 소송으로 이어져 공급 일정에 차질이 생길 수 있다는 지적이다. 다만 지금까지 정부에서 신도시를 진행한 경험으로 판단하면, 이로 인한 차질은 크지 않을 것으로 보인다. 약간의 일정 지연이 발생하더라도 다른 부분을 빨리 진행시켜 전체 사업은 큰 영향을 받지 않았던 적이 대부분이다.

그보다 더 우려되는 점은 인허가 일정 지연으로 인한 사업 차질이다. 2022년에는 대통령 선거와 지방선거가 시행되는데, 최종적으로 건축 등의 인허가권을 지자체장이 갖고 있다. 지자체장이 확실히 정해지지 않기 때문에 이로 인한 혼란과 지연이 예상된다.

마지막은 한국토지주택공사(LH)의 문제다. 최근 LH 기능을 어떻게 구조조정할지가 뜨거운 이슈다. 이에 대한 향방도 사업 일정에 차질을 줄 수 있다. 정부 정책 물량의 68% 수준을 LH가 담당하고 있다. 만약 조직을 대대적으로 개편한다면 업무 처리 속도가 느려질 수밖에 없다.

신도시 청약·임대차법으로 불안
수도권 전셋값 10% 이상 뛴다

김광석 리얼하우스 대표

▶ 전세 가격 상승세가 거침없다. 2021년 전국 아파트 전세 가격 상승률은 2011년 이후 10년 만에 최고치를 갈아치울 전망이다. 지역별로는 서울을 비롯한 수도권 오름세가 두드러진다. KB국민은행에 따르면 인천은 2021년 1~8월 상승률이 11.92%로 전국 광역 지자체 중 아파트 전세 가격이 가장 많이 올랐다. 경기 9.28%, 서울 7.07%로 오름세가 두드러졌다.

수도권 전세 가격이 많이 오른 이유는 아파트 입주 물량 등의 수급 요인도 있지만 3기 신도시 사전청약 영향이 큰 것으로 판단된다. 2021년 인천 계양, 남양주 왕숙, 고양 창릉 등 수도권 3기 신도시 사전청약 물량은 총 3만200가구에 달한다. 사전청약은 본청약보다 1~2년 앞서 미리 청약하는 제도로 본청약까지 무주택 자격을 유지해야 하므로 전세 수요를 늘리는 역할을 한다. 사전청약 기간에서 본청약까지는 임대 수요가 일시적으로 늘어나고 본청약이 시작되면 전세 물량이 늘어나는 구조다.

2021년 아파트 입주 물량 중 임대차 시장으로 나오는 전세 물량은 감소했다고 봐야 할 것 같다. 주택 실거주 요건이 대폭 강화됐기 때문이다. 2021년 2월 시행된 '전월세금지법'에 따르면 분양 주택 당첨자는 2년에서 길게는 5년까지 분양받은 아파트에 의무적으로 거주해야 한다. 공공 분양은 최대 5년, 민간 분양은 최대 3년까지 실제로 입주해서 살도록 규정했다. 실거주를 하지 않으면 1주택자라도 양도소득세 비과세 규정을 적용받지 못한다.

주택담보대출 규제도 임대차 시장 수급 상황에 영향을 줬다. 투기지역, 투기과열지구, 조정대상지역 내 주택을 구입하기 위해 주택담보대출을 받는 무주택자, 1주택자는 6개월 이내에 해당 주택에 무조건 전입해야 한다. 수도권 일대에서 유행했던 '갭투자'를 원천 차단하기 위해서다. 갭투자가 이뤄지면 계약이 된 가구는 임대차 시장에 매물로 나오지만 이런 효과를 기대하기 힘든 상황이다.

임대차법 여파에 전세 매물 급감

2020년 시행된 임대차법 영향도 무시할 수 없다. 임대차 3법은 전월세신고제, 계약갱신청구권제, 전월세상한제 등으로 계약갱신청구권과 전월세상한제는 2020년 8월 시행됐다. 계약갱신청구권은 쉽게 말해 세입자가 원하면 4년 동안 거주를 사실상 보장해주는 '4년 전세' 제도다. 전월세상한제가 시행되면 증액할 수 있는 임대료가 직전 임대료의 5% 이내로 묶이는데 지방자치단체가 5% 이내에서 자율 결정할 수 있다. 기존 2년 계약이 끝나면 추가로 2년 계약을 연장할 수 있도록 '2+2년'을 보장한다.

이 제도는 전세 가격 상승을 제한해 임대 시장 안정을 도모하는 듯 보이지만, 실상은 전세 매물을 줄이는 부작용이 나타난다. 집주인 입장에서 한번 세입자를 들이면 4년이 되기 전까지는 쉽사리 보증금을 올리거나 새로운 세입자를 받기 어려워진다. 그렇기 때문에 4년간 상승분을 미리 반영해 전세금을 높게 내놓거나, 월세를 받는 식으로 전환될 것이라는 전망이 나온다. 반면 새로운 세입자를 구하는 경우 초기 임대료는 별도 규제를 하지 않아 집주인은 임대료를 자율적으로 정할 수 있어 4년마다 임대료 폭등 패턴을 보일 가능성이 높다.

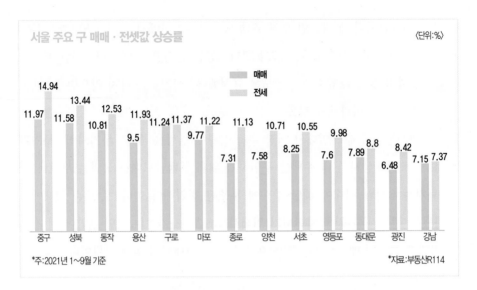

서울 주요 구 매매 · 전셋값 상승률 〈단위:%〉

매매
전세

*주:2021년 1~9월 기준 *자료:부동산R114

저금리 기조가 유지되는 가운데 주택 보유 관련 세금이 계속 증가하는 점도 전세 수급 여건을 악화시킨 요인이다. 정부는 재산세, 종합소득세 기준인 주택 공시 가격을 현실화하겠다고 밝혀왔다. 2021년 정부가 발표한 공시 가격 증가율은 19.8%로 주택 가격 평균 상승률을 훨씬 웃돈다. 집주인 입장에서 세금 부담이 늘어나면 이를 보상받기 위해 전세를 월세로 전환할 가능성이 높다. 이에 따라 전세 매물은 줄어들고 월세 매물은 늘어나게 된다.

2021년 전세 시장은 아파트 입주 물량 감소 속에 임대차법 시행, 실거주 요건 강화, 3기 신도시 사전 청약 등의 수급 요인으로 전세 상승에 힘을 더한 것으로 판단된다. 2022년에도 정책 기조가 바뀌지 않는 한 2021년과 같은 상승 요인은 유효할 전망이다.

전반적인 전세 가격 변동률은 2021년과 비슷하거나 1~2% 더 높은 수준에서 가격이 수렴할 것으로 예상된다. 매매 가격이 전세 가격보다 더 오르는 구조에서 전세 매물 수급 상황이 악화될 가능성이 높기 때문이다.

2022년 전세 가격 상승 요인은 유효한 반면 하락 요인을 찾기는 힘든 만큼 지역별 입주 물량이 수급에 상당한 영향을 미칠 것으로 보인다. 부동산R114에 따르면 2022년 전국 아파트 입주 물량은 29만9000여가구로 2021년보다 1만3400여가구 증가할 전망이다. 하지만 2017년부터 2020년까지 매년 40만가구가 입주했다는 점을 감안하면 임대 시장을 안정시킬 만큼의 충분한 물량은 아니다.

지역별 수급 상황을 살펴보면 서울이 2만491가구로 2021년보다 1만가구 이상 감소한다. 경기도 역시 10만2295가구로 1만가구가량 감소할 것으로 예상된다. 반면 인천 입주 물량은 3만7031가구로 1년 새 2배가량 늘어날 전망이다. 이에 따라 서울, 경기는 2021년보다 임대 수급 상황이 악화될 가능성이 높은 반면 인천은 상대적인 안정세가 예상된다.

아파트 입주 물량 급감 변수

입주 물량이 적고 정비사업 이주 수요까지 겹쳐 전세 수요가 늘어날 것으로 보이는 서울, 경기는 10%대 이상 전셋값 상승이 예상된다. 수도권 전세 가격 상승세는 인근 지역까지 영향을 미칠 전망이다. 광역교통망 계획으로 수도권과 1시간 이내 접근성을 갖춘 충청권과 강원권 그리고 세종시에도 영향을 미칠 것으로 보인다. 치솟는 전셋값 부담으로 수도권에서는 고가 주택이 많은 지역보다는 평균 가격이 낮은 지역에 전세 수요가 몰릴 가능성이 높다. GTX(수도권광역급행철도)가 이어지는 지역뿐 아니라 제4차 철도망 계획 등에 따라 수도권 접근성이 좋아지는 안성, 평택, 안산, 파주 등의 전셋값 상승이 예상된다.

지방 전셋값도 꾸준히 상승세를 이어갈 전망이다. 다만 수도권보다 상대적으로 안정세를 보이며 5~8%대 상승이 예상된다. 최근 몇 년 새 분양 시장 호황을 맞아 아파트가 많이 공급됐고 입주 물량 증가세가 이어지고 있기 때문이다.

정리해보면 2022년에도 2021년 못지않게 전셋값 상승세가 지속될 전망이다. 수도권 3기 신도시 사전청약에 따른 전세 수요 증가, 정비사업 이주 수요, 임대차법 영향이 복합적으로 작용해 향후 2~3년간 전세 가격이 오를 가능성이 농후하다.

생숙·꼬마빌딩 투자 여전히 '쑥쑥'
금리 리스크에 상승폭 둔화할 듯

윤재호 메트로컨설팅 대표

▶ 2021년 수익형 부동산 시장은 그런대로 호황을 누렸다. 코로나19 지속에 따른 임대수익 감소로 소득수익률은 하락했지만 투자 수요가 유입되며 자산 가치가 상승했다. 주택 시장 규제로 유동자금이 수익형 부동산으로 몰렸다. 2021년 상반기 상업·업무용 부동산 거래량은 10만2048건으로 2020년 대비 30% 증가했다. 한국부동산원이 관련 통계를 작성하기 시작한 2017년 이후 역대 최고치다.

수익형 부동산은 분양 시장에서도 인기를 끌었다. 수도권에서 신규 분양한 지식산업센터와 생활형 숙박시설 인기는 사그라들지 않았다. 특히 수익형 부동산 틈새 상품인 생활형 숙박시설은 서울, 수도권에서 수백 대 1 청약 경쟁률을 기록할 정도로 투자 열기가 뜨겁다. 저금리 기조에 신도시 토지 보상금과 정부가 경기 부양책으로 풀었던 통화량이 증가한 점도 거래량을 늘린 요인으로 꼽힌다.

2022년 수익형 부동산 시장은 어떻게 움직일까.

결론부터 말하면 인기 상품 위주로 완만한 상승세가 이어질 전망이다. 수익형 부동산이 금리에 민감하지만 주택 시장 규제 반사이익을 얻는 데다 투자 수요까지 몰려들며 자산 가치가 상승해 금리 인상 충격파는 미미할 것으로 보인다. 한국은행이 기준금리를 연 0.75%로 올렸지만 수익형 부동산 시장에 미칠 영향은 제한적이다. 15개월 만의 금리 인상에도 여전히 금리는 낮은 수준이다. 다만 한은이 추가 금리 인상을 예고한 만큼 수익률에 민감한 상가, 오피스텔 거래가 다소 줄고 상승폭이 둔화되는 정도에 그칠 가능성이 크다. 이미 강력한 담보대출 규제가 시행되고 있어 이자 부담 증가 등 금리 인상 영향은 제한적일 수밖에 없다.

고액 자산가 꼬마빌딩 러브콜 이어질 듯

고액 자산가들로부터 투자 관심이 높은 꼬마빌딩은 2022년 한 해에도 인기를 끌 전망이다. 수익형 부동산 수익률이 악화되는 경기 침체기에도 꼬마빌딩을 향한 자산가 러브콜이 꾸준할 것으로 보인다. 특히 고가 주택 시장 대체재로 꼽히는 10억~50억원 사이 꼬마빌딩은 몸값도 점차 높아지는 형국이다. 넉넉한 현금 보유로 경기 침체기를 견뎌온 부자들이 현금 가치가 떨어지자 서울 강남권이나 도심 소규모 빌딩 투자로 눈을 돌릴 것이라는 예측이다.

실제 정부가 주택 규제를 내놓을 때마다 연면적 1000㎡, 10층 이하 소규모 꼬마빌딩 투자 관심이 커졌다. 10억원 이상 아파트를 눈여겨본 자산가들이 임대 수익을 바라보고 소형 건물로 눈을 돌리며 빌딩 투자 매수 수요로 몰릴 가능성이 높다. 꼬마빌딩은 주택보다 상대적으로 대출 규제가 덜하고 아파트와 달리 토지 소유권을 단독으로 보유할 수 있는 것이 장점이다.

오피스텔도 분위기가 괜찮다. 수도권 아파트 매매, 전세 가격이 급등하면서 대체재로 중대형 오피스텔을 찾는 수요가 증가하는 덕분이다. 코로나19 이후 재택근무 증가와 홈코노미 트렌드 확산 등 주거, 업무 활동이 가능한 공간 수요가 늘어난 것도 신축 오피스텔 선호도를 높이는 배경으로 작용했다. 주택 가격 상승에 따른 부담이 커지고 오피스텔 신규 공급량이 감소할 것으로 예상돼 입지가 좋은 오피스텔 수요는 지속될 전망이다.

수급 여건도 나쁘지 않다. 2019년 이후 수도권 오피스텔 공급량이 급증하면서 공급 과잉 부담이 커졌지만 최근 분위기가 달라졌다. 2021년 이후 오피스텔 분양 물량이 급감할 전망이라 공급 과잉 부담은 줄어들 것으로 보인다. 2021년 이후 3년간 수도권 오피스텔 입주 예정 물량은 평균 3

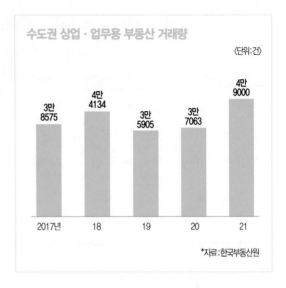

수도권 상업·업무용 부동산 거래량
〈단위:건〉

- 2017년: 3만 8575
- 18: 4만 4134
- 19: 3만 5905
- 20: 3만 7063
- 21: 4만 9000

*자료:한국부동산원

만1000가구로 2018~2020년 연평균 입주 물량(6만6000가구)의 절반 수준에 불과하다.

물론 오피스텔이라고 다 괜찮은 것은 아니다. 노후된 초소형 오피스텔은 수요 확보에 한계가 있는 만큼 중대형 오피스텔 대비 매매 거래가 둔화될 가능성이 높다. 수도권 전용 40㎡ 이하 주거용 오피스텔은 매매가가 하락하고 월세 수요 감소로 투자 수요가 늘어나기 힘들다.

오피스텔뿐 아니라 도시형 생활주택, 생활형 숙박시설 등 틈새 수익형 부동산도 인기를 끌 전망이다. 정부 대출 규제로 아파트 투자가 막히자 시중 부동자금은 틈새 상품으로 쏠리는 분위기다. 무엇보다 수도권 신도시에 위치해 교통 여건이 좋아지는 도시형 생활주택, 생활형 숙박시설 분양에는 청약자가 대거 몰릴 가능성이 높다.

특히 지식산업센터는 느슨한 대출 규제와 정부 지원책에 힘입어 임대 상품으로 인기를 끌고 있다. 전매도 가능한 만큼 국가산업단지와 테크노밸리단지, 오피스 밀집지의 지식산업센터 투자 열기는 뜨거울 것으로 보인다. 다만 '묻지마 투자'는 금물이다. 최근 몇 년간 지식산업센터 공급이 급증한 만큼 공실률, 수익률을 꼼

꼼히 따져보고 옥석 가리기를 해야 한다.

물류센터도 수익형 투자 상품으로 눈여겨볼 만하다. 당일배송, 새벽배송 등 이커머스 수요가 급증하며 물류 수요로 이어진 덕분이다. 물류센터 투자자가 증가하면서 매매가도 크게 뛰었다. 공실률이 거의 없는 상태인 만큼 당분간 물류센터 투자, 임대 수요는 지속될 테다.

대출 규제에 상가 투자 유의해야

다만 상가 시장 전망은 그리 밝지 않다. 경기 불황, 공급 과잉, 대출 규제 등으로 공실이 증가하고 수익률, 거래량까지 감소하며 투자 심리가 위축될 것으로 판단한다. 2021년 7월부터 토지거래허가구역 내 상가 담보대출비율(LTV)이 40%로 낮춰졌다. 덩어리가 큰 수도권 상가는 공급 과잉과 공실 우려로 가격 하락세가 두드러지기 시작했다. 대출금리와 임대수익률 간 격차가 좁혀지면서 수도권 신도시 중대형 상가 시장이 위축될 가능성이 높다. 이에 상가를 처분하려는 사람은 늘었는데 매수자가 줄어 거래량도 감소할 것으로 예상된다. .

정리해보면 2022년 한 해 수익형 부동산 시장 전망은 대체로 '맑음'이다. 상가, 소형 오피스텔 등 전통적인 수익형 부동산 상품은 '약보합세'를 띠겠지만, 주택 시장 규제 반사이익을 얻는 생활형 숙박시설과 도시형 생활주택, 아파텔, 꼬마빌딩 등 틈새 상품 등이 '강세'를 띠며 호황을 이어갈 모양새다. 임차 수요, 공실률과 공급 과잉 여부에 따라 상품별 양극화 현상이 심화될 것으로 보인다.

수익률에 민감한 수익형 부동산에 투자할 때는 금리 인상 흐름을 눈여겨봐야 한다. 금리 인상 속도를 예측할 수 없는 상황에서 무리한 대출이나 당장의 임대 수익률만을 집착하기보다는 더 중요한 미래 가치인 자본수익률을 따져보는 것이 좋다. 경기 침체가 예상되는 때일수록 선임대 후분양, 할인 분양, 급매물 등 저가 매물을 눈여겨보고 수익형 부동산 상품별 특성을 파악한 뒤 본인 보유 자금에 맞는 투자 상품을 고르는 전략이 필요하다.

VII

2022
매경 아웃룩

어디에
투자할까

주식

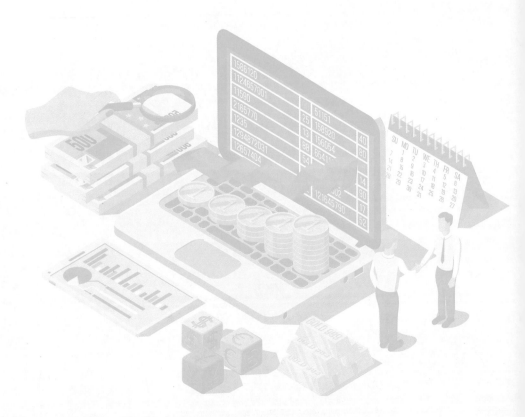

어디에
투자할까

주요 IT 산업 정체 속
'초프리미엄' 시대 주목하라

IT · 가전 | 프리미엄 시장의 급성장에 돈을 '걸어라'

박강호 대신증권 애널리스트

2021년 IT · 가전 업계는 코로나19 유행 이후 언택트(비대면, 온라인 교육, 재택근무 등) 시대가 도래하며 희비가 엇갈렸다. 컴퓨터(PC), 5G 스마트폰, TV 등 산업은 수요 강세가 지속됐다. 반면 자동차용 반도체 부품의 생산 감소, 고가 스마트폰 등은 반도체 공급 차질이 심각해지면서 생산량 감소라는 악재를 만나야만 했다.

2022년 전 세계 IT 업계에 영향을 줄 이슈는 2개다. 코로나19 정책의 완화 (위드 코로나)와 반도체 공급 부족 해소다. 경제는 물론 IT 제품 · 자동차 생산이 정상화 국면으로 전환될 전망이다.

다만, 한국 IT 기업들은 코로나19 이전과는 다른 행보를 이어나갈 확률이 크다. 기존처럼 중국 업체와 판매 경쟁을 벌이기보다는 프리미엄 중심으로 포트폴리오를 강화해 수익성 제고에 주력할 것으로 보인다. 즉, 2022년 한국 스마트폰, TV 등 주요 IT 산업을 관통하는 키워드는 '초(超)프리미엄'이다.

글로벌 TV 시장에서 초프리미엄은 올레드(OLED) TV다. LCD 패널 시장 주

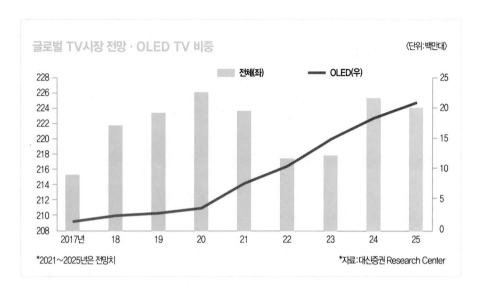

글로벌 TV시장 전망 · OLED TV 비중 〈단위:백만대〉

*2021~2025년은 전망치   *자료:대신증권 Research Center

도권은 한국에서 중국으로 넘어간 지 오래다. 이 때문에 저가 LCD TV 시장에서 경쟁 우위는 중국에 있다.

삼성전자·LG전자 등 국내 업체들은 고가 제품인 OLED에 주력할 전망이다. 세계 TV 시장점유율 1위 삼성전자는 큐디-올레드(QD-OLED) TV를 공개하며 본격적으로 올레드 TV 시장에 뛰어들었다. 점유율 증가 전략으로 시장에서 존재감을 키워나갈 것으로 보인다. 삼성전자는 현재 제대로 된 프리미엄 TV 브랜드를 보유 못한 상황이다. 큐디-올레드 TV에 사활을 거는 이유다. 글로벌 점유율 1위의 저력을 발휘, 초프리미엄 시장인 OLED 시장에서도 성과를 거두겠다는 계획이다.

LG전자와 LG디스플레이는 시장에 잘 정착한 OLED TV 브랜드를 내세워 판매량을 높이려고 한다. 올레드 TV(완제품+패널) 생산능력 확대를 통해 기존 LCD TV 부진을 만회한다는 전략이다. LG전자의 올레드 디스플레이는 노트북·태블릿에 쓰이는 LCD를 점차 대체할 전망이다. 프리미엄 디스플레이는 안정적인 수율 확보, 생산능력에서 한국이 경쟁력을 보유했다. 휴대폰용 올레드 디스플레이는 삼성전자, 대형 디스플레이는 LG디스플레이가 규모의 경제를 확보한 상태다. 수율과 양산 기술 측면에서 중국 디스플레이 업체보다 경쟁 우위에 있다. 국내 유수 업체들이 프리미엄 패널·TV 산업을 전략적으로 키우면서, 관련 산업의 성장을 견인할 예정이다.

폴더블 스마트폰·전기차 부품 투자처 유망

스마트폰 시장에서 초프리미엄으로 떠오르는 '유망주'는 폴더블(Foldable)폰이다. 2021년 삼성전자의 폴더블 스마트폰인 갤럭시 Z 폴드3와 갤럭시 Z 플립3 판매량이 당초 예상보다 훨씬 높은 수준이다. 가격 인하와 디자인 최적화로 삼성전자 갤럭시 노트 수요를 완벽히 대체했다. 새로운 스마트폰 시장을 창출한 것으로 평가받는다. 이전 갤럭시 노트 판매량(하반기 800만~1000만대)을 2022년에는 폴더블폰이 넘어설 전망이다. 폴더블폰은 갤럭시 노트 제품류에 비해 평균 판매 단가가 높다. 삼성전자 IM(무선 사업부) 부문 매출과 수익성 증가가 기대된다. 삼성전자의 가장 큰 경쟁자인 애플과 중국 스마트폰 업체들도 조만간 폴더블폰 시장에 뛰어든다.

폴더블 스마트폰 외에는 전기차 시장이 IT 부품 업체들의 '블루오션'으로 각광받는다. 2022년부터 자동차 패러다임 전환 과정에서 전기차 중심으로의 자동차 시장의 재편이 예상된다. 전기자동차는 IT 부품 비중이 약 80~85%로 추정된다. IT 업체가 기존 자동차 부품 업체 대비 경쟁력을 보유한 분야다. 글로벌 스마트폰 시장 성장 정체로 스마트폰 부품 기업은 전기자동차 영역으로 신규 진출이 본격화, 새로운 성장 기회를 모색할 전망이다.

폴더블폰 시장 전망   단위:백만대

구분	2019년	2020년	2021년	2022년	2023년	2024년	2025년
전체	1373	1281	1395	1432	1448	1439	1425
폴더블폰	0.5	2.5	7.9	17.2	33.2	48.6	71
폴더블폰 비중	0%	0.2%	0.6%	1.2%	2.3%	3.7%	5%

주:2021~2025년은 전망치   자료:대신증권 Research Center

| 반도체·부품 | **'반도체 강국' 파워 앞세워 시장 성장 견인** |

박강호 대신증권 애널리스트

2022년 반도체·부품 시장에서 한국 업체는 기술력·브랜드 우위를 바탕으로 초프리미엄 시장을 견인할 전망이다. 주요 고가 전자 부품은 한국 업체가 주도적으로 공급하는 만큼 높은 이익을 예상한다. 투자자들이 국내 부품·반도체 투자처에서 확인해야 할 사안은 총 4가지다.

첫째, 전체 반도체 산업 업황이다. 2022년 반도체 산업은 메모리 중심 성장 속, 비메모리·파운드리(외주 생산) 시장이 확대되는 양상을 띨 것으로 보인다.

PC용 메모리 반도체는 글로벌 PC 시장 호황 덕을 톡톡히 본다. PC 시장은 코로나19 영향으로 비대면 강점이 부각되면서 성장세가 계속될 전망이다. 또 메모리 사양이 종전 DDR4에서 DDR5로 바뀌면서 '업그레이드'를 위한 PC 교체 수요도 상당하다.

서버용 반도체는 5G 인프라 투자 확대와 동영상 콘텐츠 소비 증가에 따른 수혜가 예상된다. 클라우드 컴퓨팅 부문에 기업들이 투자를 늘리고 있기 때문이다. 기업들이 서버·네트워크에 투자를 계속하는 만큼 메모리 반도체 수요는 한동안 많을 수밖에 없다.

자동차용 반도체를 비롯한 비메모리 반도체 시장의 분위기도 좋다. 인텔, TSMC, 삼성전자는 점유율 경쟁을 추구하면서 공격적인 설비 투자 진행을 예상한다. 반도체 부품부터 장비까지 전 산업이 고성장을 지속할 것으로 보인다.

둘째, 2021년 공급 부족과 가격 인상을 초래했던 반도체 PCB(패키지 서브스트레이트·Package Substrate) 분야도 2022년 고성장을 지속할 것이라는 판단이다. 기술 난이도가 높기 때문에 진입장벽이 존재하는 FC BGA, FC CSP, SIP 분야에서 한국의 PCB 업체에 수혜를 기대한다. 자동차 전장(VS)화(자율주행, 전기자동차)가 확대되는 만큼 FC BGA 시장은 다른 분야 대비 더 성

글로벌 자동차 시장 전망·전기자동차 비중

단위:백만대

구분	2015년	2016년	2017년	2018년	2019년	2020년	2021년	2022년	2023년	2024년	2025년
전체	87.4	91.5	92.7	92.7	89	77.1	86.8	88.8	93.7	97.8	100.5
내연기관	85.5	89	89.5	88.6	84.6	71.8	76.6	71.6	70.6	68.7	65.3
친환경 차량	2.4	2.8	3.7	4.7	5.1	6.2	10.2	17.2	23.1	29.2	35.2
PHEV	0.2	0.3	0.4	0.7	0.5	1	1.6	2	2.4	2.6	3.1
HEV	1.7	1.9	2.2	2.4	2.8	3	5	9.8	14.1	17.6	21.1
BEV	0.5	0.7	1	1.6	1.8	2.2	3.6	5.4	6.6	9	11
BEV 비중	0.5%	0.7%	1.1%	1.8%	2%	2.9%	4.1%	6.1%	7%	9.2%	11%

주:2021~2025년은 전망치   자료:MarkLines, SNE Research, 대신증권 Research Center

장할 것으로 기대를 모은다.

한국 PCB 업체는 신규·추가 투자로 일본 업체와 격차를 좁혀나갈 전망이다. 주목할 만한 기업은 삼성전기와 LG이노텍이다. 이들이 PCB 시장 전체의 성장을 주도하는 중이다. LG이노텍은 포트폴리오 다각화, 경쟁력 제고를 위해 FC BGA 시장 진출을 검토하고 있다. 대덕전자와 코리아써키트는 다품종 소량 생산 형태의 전장용 FC BGA 시장 진출을 확대한다.

셋째, 스마트폰 부품 중 카메라 모듈은 폴디드 카메라 적용으로 한 단계 도약할 것이다. 폴디드 카메라는 초점·광학 거리를 조정해, 렌즈가 심하게 튀어나오는 현상, 일명 '카툭튀'를 해결한 카메라다. 삼성전자는 특허를 보유한 폴디드 카메라를 갤럭시 S(21, 22) 시리즈에 적용하고 있으며, 점차 적용 모델이 확대될 전망이다. 삼성전자는 2019년 이스라엘 코어포토닉스사를 인수해 폴디드 관련한 특허를 확보한 바 있다. 폴디드 카메라에서 중요한 부분은 손 떨림 보정 부품(OIS)인데, 삼성전자, 삼성전기 등 일부 기업이 특허를 보유하고 있다.

애플은 2023년 초프리엄 스마트폰에 들어갈 폴디드 카메라를 준비하고 있다. 관련 특허, 공급망 확보에 노력을 적극적으로 진행할 전망이다. 고배율 줌, 야간 촬영, 동영상 콘텐츠 촬영 증가 대응 차원에서 폴디드 카메라 개발이 가속화될 테다.

넷째, 적층세라믹콘덴서(MLCC) 성장세도 눈에 띈다. PC와 모바일, 비메모리 반도체 등 생산 과정에서 MLCC는 '필수'다. PC 메모리 반도체의 DDR5 전환은 고용량 MLCC를 추가로 요구한다. 5G 스마트폰의 대당 MLCC 부품 수는 기존의 LTE(4G) 대비 20~30% 더 많다. 또 자동차의 전장화가 빨라지는 만큼 MLCC 수요는 급증할 수밖에 없다. 현재 생산량으로는 공급 부족 현상이 일어날 수도 있다. 2022년 공급 과잉 가능성은 이전 대비 낮으며, 높은 가동률에 힘입어 호황 시기를 보낼 전망이다.

마지막으로 2022년 IT 시장은 LG그룹 변화에 주목해야 한다. 2021년 MC(스마트폰) 사업을 중단한 이후 신성장 분야로 전장 사업을 선택했다. LG그룹은 중대형 전지(LG에너지솔루션), 구동 모터, 컨버터, 인버터, 헤드램프 등 부품(LG전자), 조명ㆍ조향 센서(LG이노텍), 플렉서블 OLED 디스플레이(LG디스플레이) 등 다양한 전장 부품 공급이 가능하다. LG그룹은 그룹 차원에서 연계성이 높다. 개별 부품만 생산하는 타 기업의 전장 사업보다 유리한 위치를 점하고 있다. 특히 애플이 전기자동차 시장에 진출(애플카), 새로운 업체와 협력 과정에서 LG그룹이 중추적인 역할을 담당할 것으로 예상한다.

글로벌 금리 상승 분위기에
높아진 은행주 투자 매력

최정욱 하나금융투자 애너리스트

▶ 2020년 1월 국내 은행주는 미국 민주당이 상·하원을 점령하면서 일어난 글로벌 금리 상승세 덕을 톡톡히 봤다. 코로나19 델타 변이 바이러스 확산과 경기 고점 논란 발생 등으로 6~8월에는 다소간의 조정을 거치기도 했지만 다시 상승 조짐을 보이고 있다. 글로벌 금리가 재차 상승세로 돌아섰기 때문이다. 미국

국고채금리와 은행 주가 추이 〈단위:pt, %〉

— 은행지수(좌)
— 국고채 3년(우)

*은행 주가는 하나금융투자 유니버스은행 index 기준

*자료:하나금융투자

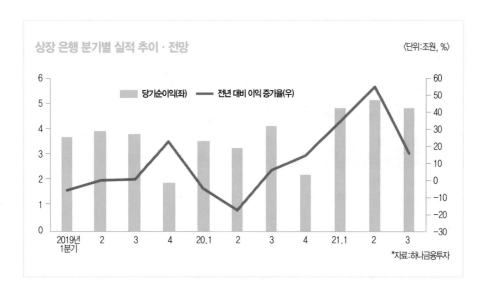

연준이 2021년 11월 테이퍼링을 공식화한 이후 미국 연준 위원들의 매파적 발언이 계속 이어지고 있다. 유가 등 원자재 가격 급등과 중국 전력난에 따른 글로벌 공급망 차질 가능성 또한 인플레이션 우려를 부채질하는 중이다. 인플레이션 장기화로 인해 미국 연준의 조기 긴축 우려가 부각될 경우 글로벌 금리 상승세가 보다 가파르게 진행될 가능성도 높다고 판단한다.

국내의 경우 부동산 가격 상승 등 금융 불균형 폐해를 막기 위해 8월 한국은행 금융통화위원회에서 기준금리를 0.75%로 인상했으며 2021년 연내 기준금리 추가 인상이 예고된 상황이다. 은행 NIM(순이자마진)은 금리 상승 시 개선되고, 금리 하락 시 축소된다. 덕분에 금리 상승은 은행주에 호재로 작용한다.

기준금리가 계속 인상되면 NIM 상승에 따라 은행 실적도 호조세를 유지할 것으로 보인다. 2021년 두 차례 기준금리가 인상된다고 가정하면 NIM은 2022년 중 약 5bp(1bp = 0.05%) 안팎의 상승이 예상된다. 단, 이는 올해 기준금리 인상분만을 가정한 것이다. 2022년에도 기준금리가 추가 인상될 가능성이 높다. 실제 2020년 NIM 상승폭은 예상치를 뛰어넘을 공산이 크다.

게다가 은행의 2021년 3분기 실적도 매우 양호할 것으로 예상된다. 가계부채

관리 노력의 일환으로 가계대출 관련 규제 리스크가 부각되고 있지만 3분기에도 대출 성장률이 2%를 넘어가면서 순이자이익 증가세가 지속될 확률이 크다. 또한 코로나19 피해 중소기업·소상공인을 위한 만기 연장·상환 유예 6개월 추가 연장 결정에 따라 은행들의 보수적인 추가 충당금 적립 가능성 등이 소멸됐다. 따라서 대손비용도 낮은 수준을 기록할 것으로 보인다. 비은행 계열사 실적도 순항하면서 금융지주사들 3분기 추정 순익은 약 5조원으로 전년 동기 대비 18% 정도 높아질 것으로 전망한다.

배당 투자 수요가 커지는 시기 '은행주' 배당수익률 으뜸

2020년 감독당국의 은행 배당 성향 20% 이내 실시 권고에 따라 일부 은행을 제외한 대부분 은행 배당 성향이 20% 수준에 그쳤다. 그러나 2021년 6월에 감독당국이 실시한 은행·은행지주 회사 스트레스테스트 결과가 양호하게 나오면서 금융위의 자본 관리 권고안이 종료됐다. 2021년부터 배당 성향은 코로나19 유행 이전 수준으로 상향될 수 있을 것으로 예상된다.

또한 주요 언론에 따르면 신임 금융위원장은 2021년 9월 금융 회사의 창의와

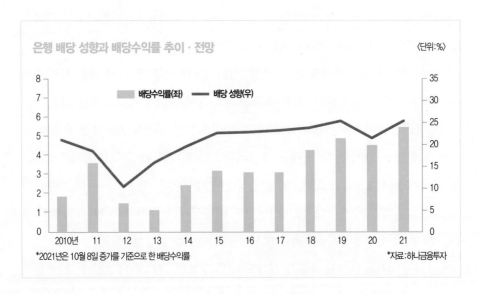

은행 배당 성향과 배당수익률 추이·전망 〈단위:%〉

*2021년은 10월 8일 증가를 기준으로 한 배당수익률
*자료:하나금융투자

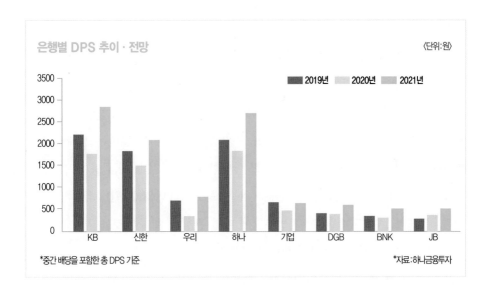

은행별 DPS 추이 · 전망 〈단위:원〉

*중간 배당을 포함한 총 DPS 기준 *자료:하나금융투자

자율을 존중하는 시장 친화적 정책 · 감독을 기본 원칙으로 제시했다. 금리 · 수수료 · 배당 등 경영 판단 사항에 대해서는 원칙적으로 금융 회사의 자율적 결정을 최대한 존중하겠다고 언급한 것으로 전해진다. 8월 기준금리 인상, 2021년 연내 추가 인상 가능성이 커짐에 따라 은행들 이익 전망이 상당폭 상향될 것으로 예상되는 가운데 배당 자율화 언급까지 나오면서 은행 배당 기대감은 더욱 높아질 것으로 기대를 모은다.

이에 따라 2021년 상장 금융지주사, 은행들의 전체 추정 순익은 17조7000억원으로 2020년 대비 약 31%가량 증가할 것으로 전망된다. 은행 배당 성향이 코로나19 유행 이전 수준인 26% 정도로만 상향된다고 가정해도 2021년 은행들 DPS는 2020년 대비 평균 55% 이상 증가한다. 일반적으로 4분기는 배당 투자 수요가 매우 커지는 시기다. 2021년 은행 평균 예상 배당수익률은 보수적인 관점에서도 약 5.6%에 달한다. 이는 코스피 업종 중 가장 높은 배당수익률이다. 높은 배당을 약속하는 은행주의 배당 투자 매력은 매우 높다고 볼 수 있다. 만약 배당 자율성이 본격적으로 부여될 경우 평균 배당수익률은 6%대를 크게 넘어설 수도 있다.

2021년 지방은행 주가 상승폭은 시중은행보다 더 크게 나타나고 있다. 시장 컨센서스 대비 실적 개선폭이 시중은행보다 더 뛰어날 것으로 예상된다. 외국인 매수세도 꾸준한 상황이다. 무엇보다도 주가 멀티플이 너무 낮다는 점에서 이런 현상은 당분간 더 지속될 공산이 크다고 판단한다. 따라서 BNK금융(매수 의견, 목표가 1만2000원)과 DGB금융(매수 의견, 목표가 1만3500원), JB금융(매수 의견, 목표가 1만1500원) 등 지방은행에 대한 관심을 확대할 것을 권고한다.

이유를 좀 더 구체적으로 기술해보면 다음과 같다.

첫 번째 가격 매력이다. 2021년 지방은행 주가가 시중은행 대비 상대적으로 초과 상승하고 있지만 2016년 초 이후로 시계열을 확장할 경우 BNK금융은 2.4% 상승에 그친다. DGB금융은 0.6% 하락했다. 반면 KB금융과 하나금융은 각각 66.2%와 89% 상승했다. 지방은행들 주가 상승폭은 시중은행 대비 매우 미미한 상황이다.

두 번째 실적이다. 시중은행 수준으로까지 낮아진 대손비용률 하락과 비은행 자

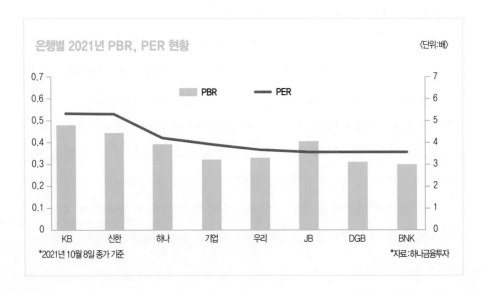

은행별 2021년 PBR, PER 현황 〈단위:배〉

*2021년 10월 8일 종가 기준   *자료:하나금융투자

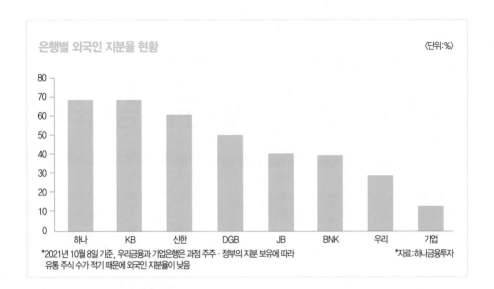

은행별 외국인 지분율 현황 〈단위:%〉

*2021년 10월 8일 기준, 우리금융과 기업은행은 과점 주주·정부의 지분 보유에 따라
유통 주식 수가 적기 때문에 외국인 지분율이 낮음

*자료:하나금융투자

회사 실적 개선에 힘입어 최근 지방은행 이익 개선폭이 커지는 모습이다. 2021년
3분기 실적도 시중은행보다 더 큰 폭으로 컨센서스를 웃돌 것으로 보인다.

세 번째는 금리 인상 수혜주라는 점이다. 지방은행들은 중소기업 대출 비중이
높다. 대출 포트폴리오상 금리 인상 시기에 NIM 개선 속도가 더 빠를 수 있다.
단기적으로 금리 민감도가 더 높다.

네 번째로 고배당주로서 매력이 크다. 지방은행의 올해 이익 증가폭이 커지는
데다 PBR 0.3배 안팎 저멀티플을 기록 중이다. 시중은행보다 배당 성향이 다소
낮다 해도 배당수익률이 높을 것으로 예상된다. 기말 배당 기준으로는 지방은행
배당수익률이 업종 내에서 상당히 상위권에 포진해 있다.

마지막으로 외국인 매수 확대 가능성이 크다. 지방은행들은 수년간 외국인 지
분율이 큰 폭 하락해왔다. 현 지분율은 40~50% 내외에 불과한 실정이다. 시
중은행의 60~70% 대비 크게 낮은 수준이기 때문에 금리 모멘텀이 지속될 경우
외국인 지분율 확대폭이 더욱 커질 공산이 크다.

수요 급증에 정유 종목 '맑음'
에너지 '친환경 발전주' 담아라

정유 · 석유화학

업황 흐름 긍정적…친환경 리스크는 감안

박한샘 SK증권 애널리스트

정유 업황은 2022년도까지 당분간 긍정적 흐름이 예상된다. 수요는 코로나19 여파에서 벗어나 회복되는 국면에 놓여 있고, 공급은 수요 대비 타이트하게 유지될 것으로 전망되기 때문이다.

현재 다수 국가 백신 보급률이 빠르게 올라오고 있고, 미국은 2차 접종 기준 최근 60% 이상을 뛰어넘었다. 이로 인해 경제 활동이 활발해졌고 가솔린을 중심으로 제품 수익성은 상향됐다. 미국 기준으로 주간 가솔린 판매량 증가 속도는 둔화되기 시작했으나 인도를 비롯해 그 이외의 국가들의 활동성 개선이 가솔린 수요를 뒷받침할 전망이다.

또한, 산업 활동 · 화물 물동량 증가로 경유 수요도 늘어나고 있다. 가솔린 다음으로 빠른 수익성 개선이 기대된다. 항공유 원료인 등유도 여객 수요 회복에 맞춰 수익성이 나아지는 그림이다. 시간이 지날수록 항공 수요의 다수를 차지하는 여객 수요가 회복될 것으로 예상된다. 따라서 등유 제품 수익성도 코로나19 이전 수준에 도달할 것으로 전망한다.

2021년도 10월 두바이유 대비 스프레드가 등유는 달러당 10배럴, 경유는 달러당 9.9배럴로 아직 2019년도 평균인 달러당 13.7배럴에 미달한다. 추가 상승 가능성이 높은 만큼 등유와 경유 회복을 중심으로 한 마진 강세가 기대된다.

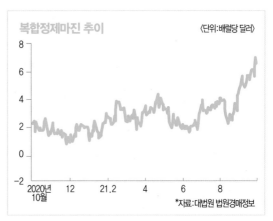

복합정제마진 추이 〈단위:배럴당 달러〉

*자료:대법원 법원경매정보

공급은 OPEC+의 원유 감산 탓에 줄어들고 있다. 원유시장 공급 제한이 지속되는 만큼 정유 제품 수급 역시 다소 미진할 전망이다.

정유 가동률이 이미 90%에 근접한 만큼 가동률 상승

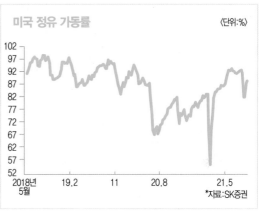

미국 정유 가동률 〈단위:%〉

*자료:SK증권

에 따른 제품 공급 확대 여지도 낮은 편이다. 따라서 타이트한 수급 환경이 당분간 유지될 수 있다는 판단이다. 여기에 더해 최근 미국 정유 제품 재고도 꾸준히 하락하는 추세다. 가솔린 재고량은 2019년도 저점까지 내려왔다. 경유 재고는 2019년도 평균 수준으로 하락했다.

수요는 많고 공급은 부족하다. 환경 자체가 정유 업체에 우호적인 상황이다. 따라서 2022년도 상반기까지는 정유 업계에 긍정적 흐름이 기대된다.

다만, 감안해야 할 리스크 요인도 있다. 정유 제품 수요의 변화 때문이다. 정유 제품 수요의 상당수를 차지하는 교통 수요에서 전기차 혹은 수소차로의 변화가 진행 중이다. 친환경 차량 판매 속도가 가속화될수록 정유 업계에는 부정적일

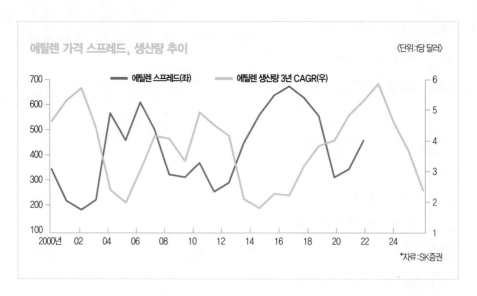

에틸렌 가격 스프레드, 생산량 추이 〈단위:t당 달러〉

— 에틸렌 스프레드(좌)   — 에틸렌 생산량 3년 CAGR(우)

*자료:SK증권

수밖에 없다. 실제로 신차 판매 기준 2020년도 초 2~3%에 달했던 전기차 판매 비중은 2021년도 말 기준 7~8%로 올라왔다. 타이트한 수급 환경이 완화될 시 리스크로 재부각될 수 있다.

석유화학 제품 또한 수요 대비 공급이 부족한 환경이 지속되고 있다. 제품 가격은 과거 대비 높은 수준이다. 특히 일부 제품에 대해서는 스프레드 강세가 나타나고 있다. 제품 제조에 필요한 원유나 가스, 석탄 가격의 강세가 유지되고 있기 때문이다. 폴리에틸렌(PE), 폴리프로필렌(PP) 계통 제품 가격은 상대적 약세가 예상된다. 공급량이 많아서다. 중국 국영 기업들의 정제소 가동률이 80% 이상에서 여전히 유지 중이다. 원료 가격 상승·환경 이슈 등 외부 환경적 압박에도 높은 가동률을 보이고 있다. 견조한 공급을 유지하고 있기에 PE·PP 제품류는 가격 상승 압력이 덜할 것으로 예상한다.

반면, 에폭시수지(ECH), 폴리염화비닐(PVC)은 중국 지역별 가동률 규제에 따라 생산량이 감소할 전망이다. 공급 감소에 따라 제품 가격 반등이 기대된다. 글로벌 컨테이너 운임료 하락에 따라 가격이 안정화될 여지도 있다. 글로벌 공급이 정상화될 시 석유화학 제품 전반적으로 가격 하락이 예상된다.

단기적으로는 아비트리지 이슈가 있다. 아비트리지란 동일 상품이 지역에 따라 가격이 다를 때 이를 매매하여 차익을 얻으려는 방법이다. 이로 인해 아시아 회사들이 생산한 화학 제품을 사려 가격 상승이 발생할 수 있으나 글로벌 공급이 정상화될 시 동반 하락하는 모습이 예상된다.

마지막으로, 대표 기초 유분인 에틸렌 기준 2022년까지 에틸렌 생산능력 3년 연평균 성장률은 증가하는 추세이다. 푸젠PC-SABIC, SINOPEC 등 중국 국영 기업에서 여전히 신규 투자 소식이 들려오고 있다. 중국발 생산능력 확대에 따른 공급 부담으로 평균 제품 스프레드는 높은 레벨에서 조금씩 하향 안정화되는 추세가 전망된다.

에너지 | 그린플레이션 시작, 청정에너지 투자 주목

반진욱 매경이코노미 기자

2021년 전력 시장은 연료비 급등에 신음했다. 천연가스를 시작으로 석탄·원유 등 에너지 연료 가격이 골고루 상승하면서 주요 에너지 공기업들은 적잖은 타격을 받았다. 한국전력이 8년 만에 전기료 인상을 단행하는 등 연료비 인상에 따른 손해를 메우려 했지만 상황은 여전히 녹록지 않다.

이종형 키움증권 애널리스트는 "2021년 4분기 요금 인상에도 여전히 반영하지 못한 10.8원의 연료비 인상 요인이 남아 있다. 추가 연료비 상승 요인이 계속 발생하고 있어 실적 정상화를 위해서는 앞으로도 몇 차례 더 요금 인상이 필요한 상황"이라고 설명했다.

연료비 상승은 당분간 계속될 전망이다. 세계 각국이 경제 정상화 단계에 진입하면서 에너지 수요가 급증했기 때문이다. 여기에 탈탄소에 따른 '그린플레이션'이 겹쳤다. 탄소중립 정책 영향으로 친환경 발전 연료인 천연가스 가격이 천정부지로 치솟았다. 원료비 부담이 커지는 만큼 한국전력 등 에너지 공기업에 2022

년은 힘든 한 해가 될 것으로 보인다.

2022년에 전문가들은 전력 판매 기업 대신 친환경에너지 관련주에 주목할 것을 권한다. 차세대 태양광 발전 핵심 소재로 주목받는 페로브스카이트 태양 전지 (PSC · Perovskite Solar Cell) 생산 기업과 수소 기술을 보유한 기업을 눈여겨보라는 조언이다.

페로브스카이트는 1세대 태양 전지인 실리콘이나 2세대 박막 태양 전지에 비해 발전 효율이 높은 3세대 소재다. 제조 단가가 낮아 기존 태양 전지에 비해 생산 비용을 20~30% 절감할 수 있다. 건물 일체형 태양광 발전(BIPV)이나 차량 일체형 태양광 발전(VIPV)도 가능해 태양광 발전의 '게임 체인저'로 불린다. 그동안 연구 단계에 그쳤지만, 2022년부터는 대량 생산을 준비하는 기업이 속속 늘어날 전망이다.

첫 시작은 유니테스트다. 유니테스트는 새만금산업단지에 2024년까지 차세대 페로브스카이트 태양 전지 생산 공장을 건설한다고 밝혔다. 한화솔루션은 향후 페로브스카이트&실리콘 텐덤 전지를 2~3년 내 양산할 예정이다.

강동진 현대차증권 애널리스트는 "PSC 양산 이후 에너지 발전 산업에서 태양

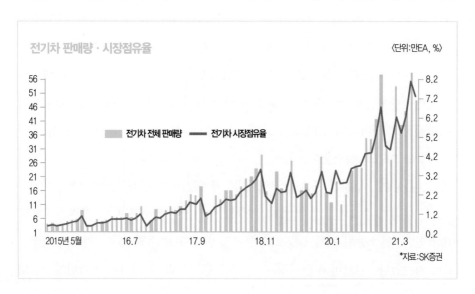

광 비중이 커질 것으로 보인다. 친환경에너지로의 전환을 가속화하는 역할을 할 것"이라고 설명했다.

수소 산업의 전망 역시 밝다. 무엇보다 정부 의지가 강력하다. 정부는 2021년 22만t 수준인 연간 수소 사용량을 2030년 390만t으로 확대할 것이라고 밝혔다. 2019년 1월 설정했던 목표치(2030년 194만t)를 두 배 이상으로 높였다. 글로벌 수소 기업 30개를 육성한다는 방침도 덧붙였다.

기존 발전 에너지원 중에서는 원자력 발전을 눈여겨볼 만하다. 세계 각국이 전력난에 빠지면서 고효율을 내는 원자력을 다시 찾는 추세다. 특히 그동안 탈원전을 강조해왔던 유럽이 급하게 태도를 바꿨다. 에마뉘엘 마크롱 프랑스 대통령은 12일(현지 시간) '프랑스 2030' 계획을 발표하고 원자력 발전 혁신에 2030년까지 10억유로를 투자하겠다고 언급했다. 프랑스와 핀란드, 체코 등 유럽 10개국 경제·에너지장관 16명은 2021년 10월 11일 공동 기고문을 내고 원전 필요성을 강조했다. 이들은 원전이 기후 변화 대처에 있어 "우리가 가진 최고의 무기"라며 에너지 가격 변동성에 노출되는 것을 막고 에너지 수요를 충족하기 위해서 원전은 필수적이라고 언급했다. 전문가들이 추천하는 투자처는 두산중공업을 비롯한 설비 기업이다.

최진명 NH투자증권 애널리스트는 "두산중공업은 올해 8조원대 수주가 전망된다"며 "수요 변화에 대응하기 위해 차세대 발전 기술을 개발 중이며 2020년대 중후반에 걸쳐 해상풍력 발전과 초소형원자로(SMR), 수소 가스터빈 시장에도 진출할 것"이라고 내다봤다.

기저효과도 없었던 '자동차'
운임 오른 '운송'은 반전 성과

자동차 ## 2021년 0% 성장…2023년에야 회복

송선재 하나금융투자 애널리스트

2021년 글로벌 자동차 판매는 연초 예상했던 9% 성장률에 훨씬 못 미치는 0% 성장에 그칠 것으로 보인다. 코로나19 사태 지속과 차량용 반도체 부족으로 자동차 생산이 차질을 겪고 있고 재고 부족 현상도 계속되고 있기 때문이다. 2020년 코로나19 사태로 인해 수요가 급감한 탓에 올해 기저효과가 발생하리라는 전망이 우세했다. 그러나 2021년은 부품 수급 문제 때문에 전망이 암울해졌다.

2022년에는 또다시 기저효과가 작용하는 가운데, '위드 코로나' 전환으로 인한 수요 회복과 차량용 반도체 수급 완화 등으로 자동차 판매가 전년 대비 8% 증가할 것으로 예상된다. 다만, 코로나19 사태 이전인 2019년 수준을 회복하는 시기는 당초 예상보다 1년 이상 늦어진 2023년에나 가능할 것으로 판단한다.

친환경차 '나 홀로 성장'…2022년에도 계속

전반적인 자동차 시장 분위기와는 별개로 친환경차 시장 성장세는 괄목할 만하다. 특히 전기차 시장은 2020년 41% 성장에 이어 2021년에는 71% 커졌

다. 자동차 시장 내 비중 역시 계속 늘어나는 추세다. 2019년(2.4%), 2020년 (4.1%)에 이어 2021년에는 7%까지 점유할 전망이다.

친환경차 선전의 이유는 여럿이다. 유럽의 이산화탄소 배출가스 규제와 중국의 신에너지차 정책 그리고 미국의 청정에너지 정책 등으로 대변되는 각국 정부 지원이 계속되고 있다. 더불어 주요 완성차 업체들이 대량 양산형 전기차 전용 모델을 지속적으로 선보였다. 유럽과 중국에서는 전기차 침투율이 이미 10% 중반대를 기록하는 등 선진국에서는 전기차가 이미 대중화 단계에 접어든 상황이다.

2022년에도 이런 흐름은 이어질 것이다. 코로나19 팬데믹 완화와 글로벌 자동차 수요 회복이 추가적인 동인이겠지만, 전기차만의 차별적 성장 요인도 많다. 경제성 확보, 기술적 진전, 모델 수 증가 등이 주요 성장동력으로 작용할 것이다. 2022년 글로벌 전기차 판매는 33% 증가한 709만대, 침투율은 8.6%까지 상승할 것으로 예상한다.

2021년 글로벌 수소차 판매는 120% 증가한 2만대 수준이 될 것이다. 전체 자동차 시장에서 차지하는 비중은 0.02%로 전기차와 비교하면 미약한 수준이지만, 정부 지원 정책과 관련 업체들의 전용 신모델 출시에 힘입어 증가세가 계

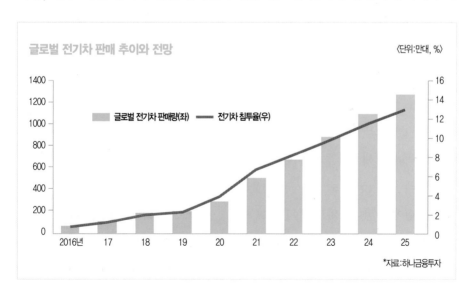

글로벌 전기차 판매 추이와 전망 〈단위:만대, %〉

글로벌 전기차 판매량(좌) 전기차 침투율(우)

*자료:하나금융투자

속되고 있다. 기존 현대차와 토요타 위주 시장에 다임러, BMW, 아우디, 포드, 르노 등 글로벌 완성차들도 수소차 상용화 경쟁에 뛰어들었다. 2023년 이후 본격적으로 상용 모델들이 나오면 자연스레 시장 확대가 예상된다.

2022년에는 자율주행차 관련 기술도 진전될 것이다. 하지만 완성차 브랜드의 수익성 회복과 테크 기업 시장 진입에 대한 위기감 등으로 개발 속도가 점차 빨라지고 있다.

테슬라는 자사 차량을 대상으로 자율주행 서비스인 'FSD' 업데이트를 진행했다. GM은 자율주행 차량 'GM 크루즈 오리진'을 개발, 2023년 상용화할 예정이다. 포드와 폭스바겐은 아르고 AI를 통해 개발한 자율주행 기술의 주행 테스트를 진행 중이고, 토요타는 리프트의 자율주행 사업 부문을 인수했다. 애플은 자체적으로 자율주행 전기차를 개발하고 있는 것으로 알려졌다. 대부분 업체들이 2023~2025년에 상용화를 목표로 하고 있어 2022년에는 관련 기술적 진전이 활발하게 나타날 전망이다.

현대차그룹 역시 전방위적으로 준비 중이다. 2021년 E-GMP라는 전용 플랫폼을 통해 아이오닉5와 EV6 그리고 GV60이라는 전기차 전용 모델을 내보냈고, 2022년에는 아이오닉6를 선보인다. 2025년까지 23종의 전기차를 선보이고, 연간 100만대 이상 판매와 전기차 시장 내 점유율 8%를 목표로 삼았다.

자율주행 기술 내재화에도 적극적이다. 2021년 인포테인먼트 위주의 무선 소프트웨어 업데이트와 센서퓨전 2단계를 차량에 적용했는데, 2022년에는 자체 개발한 커넥티드카 운영체제인 ccOS를 장착해 도심 내 부분 자율주행을 이뤄내겠다는 목표를 세웠다. 2024년에는 50% 지분을 보유하고 있는 미국 모셔널과 협력해 레벨4 이상의 로보택시를 상용화할 계획에 있다.

2022년에는 현대차와 기아의 모델 사이클이 다소 둔화되겠지만, 시장 수요 회복과 생산 차질 완화가 이를 상쇄해줄 것이다. 전기차 전용 모델의 글로벌 판매 돌입과 추가 전용 모델 투입에 힘입어 전기차 판매와 점유율도 상승할 가능성이 높다. 선두 업체에 비해 자율주행 기술 적용 속도는 늦었지만, 자체 혹은 외부와의 협력으로 개발 속도를 높이고 있는 와중이다. 모두 현대차와 기아의 주가 모멘텀에는 호재다. 결론적으로 2022년 자동차 업종 투자는 긍정적인 접근이 가능하다는 판단이다. 최선호주는 현대차다.

운송 | 양대 항공사 합병 촉각…장기 투자는 지양

최고운 한국투자증권 리서치센터 기업분석부 수석연구원

2021년 운송 산업은 이변의 연속이었다. 코로나19 팬데믹이라는 유례없는 환경을 맞았지만, 오히려 좋은 의미로 전례 없는 반전 성과들이 나왔다. 컨테이너 해운 운임이 역대 최고치를 경신하며 폭등한 데 이어 2021년 하반기에는 드라이벌크 시장 역시 10년 사이 가장 좋은 실적을 기록 중이다. 항공업의 경우 저비용항공사들이 어려움을 겪고는 있지만 자본 확충과 비용 절감을 통해 선방하고 있으며 무엇보다 대한항공은 50년이 넘는 역사에서도 손꼽히는 이익 달성이 기대된다. 팬데믹이 야기한 글로벌 물류 대란 혼란 속에서 그동안 너무 당연하게 여겨졌던 운송업의 가치가 비로소 드러나고 있는 것이다.

한편 2022년 운송주 투자는 새로운 고민거리를 안고 시작하게 됐다. 과연 2021년 서프라이즈를 뛰어넘을 또 다른 이변을 보여줄 수 있을지다. 너무 높아진 실적과 투자자 눈높이가 앞으로 다소 부담스러울 수도 있겠다.

결론적으로 2022년 운송주 장기 투자는 적합하지 않아 보인다. 주가가 향후 기대감을 빠르게 선반영하며 올랐지만, 실제 실적은 여전히 예상하기 힘든 대외 변수에 민감하게 영향을 받을 것이기 때문이다. 그중에서도 올해 분위기가 좋았던 종목은 리스크 점검에 특히 신경 써야 하며, 대신 그동안 소외됐던 곳에서 새로운 투자 모멘텀을 찾을 것을 추천한다.

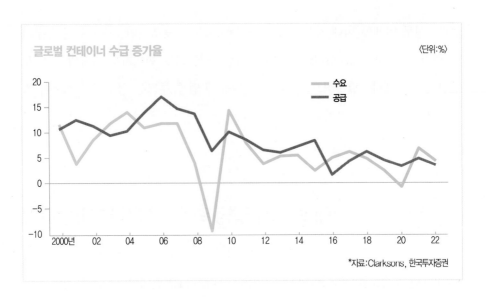

글로벌 컨테이너 수급 증가율 〈단위:%〉

수요
공급

*자료:Clarksons, 한국투자증권

2022년 운송 산업에서 지켜봐야 할 중요한 변화를 다음과 같이 예상해본다.

먼저, 2022년에는 해외여행 재개로 항공 시장 정상화가 시작된다는 점에는 큰 이견이 없다. 하지만 위기가 바로 끝나지는 않을 것이다. 국제선 운항을 다시 시작하려면 초기에는 매출보다 비용이 먼저 증가할 텐데, 만약 현금 확보가 급한 일부 저비용항공사들이 무리하게 낮은 가격에 공급을 늘린다면 흑자전환은 늦어질 수밖에 없다. 또 처음에는 그동안 억눌려온 여행 수요가 이연돼 폭발하겠지만, 팬데믹이 이미 구조적으로 해외여행과 출장에 대한 소비 심리를 위축시켰을 가능성에 주의해야 한다. 신생 항공사는 특히 조심해야 한다. 팬데믹이 아니더라도 규모의 경제를 확보하기까지 수년이 걸리는 것이 보통이다. 사업을 제대로 시작도 하기 전에 벌써 재무 체력이 너무 약해진 상황이다. 항공 산업 재편과 구조조정은 아직 끝나지 않았으며, 항공사 간 양극화는 더욱 커질 전망이다.

가장 중요한 변수는 양대 국적사 합병이다. 공정위가 언제 어떻게 승인을 하는지 그리고 한진그룹이 얼마나 공격적으로 통합 작업을 진행할지 등에 따라 항공 시장 경쟁 구도가 크게 바뀔 것이다. 대한항공 지위가 가장 높이 올라간다는 점은 분명하나, 초기 통합 비용에 따르는 불확실성은 조심해야 한다. 그만큼 두 항공사를 합치는 작업은 힘든 일이다. 이 과정에서 저비용항공 업계는 2022년 어쩌면 팬데믹 그 이상의 변화를 경험할 것이다. 진에어–에어부산–에어서울의 통합법인 출범, 이에 대항하는 제주항공과 티웨이항공의 전략 변화, 또는 아예 이런 판을 뒤흔들 수 있는 공정위의 개입 가능성까지. 새판 짜기 시나리오 하나하나가 중요한 주가 모멘텀이다. 수혜주에 대한 선별이 중요하다.

해운 시장은 항공보다 더욱 복잡하다. 컨테이너 해운 산업은 팬데믹 이전 장기 불황에서 벗어나 계속해서 공급이 부족할 전망이다. 2022년까지 신규로 들어올 선박이 많지 않기 때문이다. 운임은 팬데믹 이전보다는 높겠지만, 특수 환경이었던 2021년과 비교해서는 낮아질 것이다. 따라서 향후 시장 관건은 운임이 어느 수준에서 조정을 멈추고 반등하는지다. 비수기가 시작되는 중국 춘절 연휴부터 1년 단위 계약을 새로 체결하는 4~5월까지가 중요하다.

대신, 상승세 기운은 '드라이 벌크'라고도 불리는 건화물선 시장으로 넘어왔다. 원자재를 주로 수송하는 산업 특성상 팬데믹에서 완전히 벗어나 경제 활동이 재개될수록 수요는 늘어날 것이다. 또한 선박 공급은 컨테이너 해운보다 더 타이트하다. 앞으로 인도될 선박 규모를 나타내는 발주 잔량은 전체 선복량의 6%도 되지 않아 향후 2~3년간 공급 증가율은 2%를 밑돌 전망이다. 건화물선 시장 대표적인 운임지수인 BDI의 2021년 평균이 이미 2019년의 두 배가 넘음에도 불구하고 2022년 더 상승할 수 있는 이유다. 대신 BDI는 워낙 변동성이 높은 지표기 때문에 단기적인 움직임을 모두 신경 쓰기보다 우상향하는 장기 방향성에 주목할 것을 권유한다.

ESG發 원가 리스크 '건설'
물류 혼란 반사이익 '조선'

건설 ## 주택 호황으로 현금 늘어…관건은 '투자'

이광수 미래에셋증권 수석 연구위원

2021년 주택 분양 시장은 호황이었다. 전국 아파트 초기 분양률은 98.3%로 역대 최고치를 기록했고 분양 가격도 상승했다. 부동산 가격이 상승하면서 분양 시장에도 긍정적인 영향을 줬다.

물량 또한 늘었다. 2021년 전국 일반 아파트는 32만6000가구가 분양돼 2020년 대비 46% 증가할 전망이다. 특이한 점은 수도권을 제외한 지역에서 상대적으로 분양 증가율이 높았다는 것이다. 분양 물량, 분양률로 대표되는 주택 사업 호황은 향후 건설 회사들의 이익 증가에 기여할 전망이다.

주택 사업 호황에도 불구하고 건설 업종에 대한 투자자 기대감은 상대적으로 낮았다. 여전히 지속되는 해외 사업 불확실성과 성장에 대한 우려가 반영됐기 때문이다. 코로나19 사태 이후 유가 상승에도 불구하고 해외 수주는 감소했고 해외 공사 수행의 어려움은 현재 진행형이다. 2021년 3분기 기준 해외 수주는 173억9000달러를 기록했다. 2020년 3분기 누적 대비 5% 감소했다.

건설 산업은 다른 산업과 비교하면 수익성이 낮다. 건설업 수익성

(NOPLAT·세후 순영업이익)은 4.4%에 불과하다. 자동차(5.4%), 기계 (6.8%), 유틸리티(8.5%), 통신(13.4%) 등에 비해 현저히 낮은 수치다. 반면, 투하자본수익률(ROIC)은 산업 평균 이상이다.

매출 대비 수익성이 낮고 자본수익률이 높다는 의미는 영업 자산 투자가 적고 생산성이 낮다는 의미다. 건설업은 투자가 크게 필요 없는 산업이었다. 대부분 건설 공정에 큰 변화가 없었기 때문이다. 따라서, 생산성 향상을 위한 R&D 투자도 저조했다. 국내 업종별 매출액 대비 R&D 투자 비중을 살펴보면 건설업은 0.2% 정도다. 농업(1.78%), 전산업(1.29%), 제조업(2.29%)과 비교하면 매우 낮다.

건설업에 투자가 적었던 이유는 수주 중심 산업이기 때문이다. 수주 산업 특성상 직접적인 투자보다도 수주를 위한 영업 활동이 더 중요했다. 하지만 수주가 성장을 결정하는 중요 요인이었던 국내 건설 산업에 불확실성과 위험이 커지고 있다. 먼저 주목해야 할 점은 '공사의 다양화'다. 국내 건설사는 오랫동안 국내 아파트와 중동 플랜트에 집중했으나 시장 변화와 발주 감소로 수주 다변화가 불가피한 상황이다. 이뿐 아니라 기후 변화 위기로 한국 건설사들이 집중했던 오

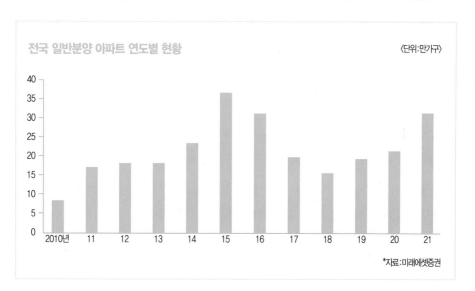

전국 일반분양 아파트 연도별 현황 〈단위:만가구〉

*자료:미래에셋증권

일, 가스 분야 투자 감소도 이어질 전망이다. 대표적인 위험 요인은 원가, 즉 비용 상승 가능성이다. ESG 기조 강화에 따라 인건비, 공사관리비, 외주비가 상승할 가능성이 높아지고 있다. 상대적으로 시간당 인건비가 낮고 임시직 비율이 높았기 때문에, 향후 근로 조건이 개선되고 직접 고용 비율이 높아질수록 원가가 상승될 여지가 높다는 판단이다.

국가별 건설 인력 임금을 비교하면 일반적으로 소득 수준에 비례해 인건비가 상승한다. 게다가 한국은 건설 기술자 시간당 평균 인건비가 66.5달러(2018년 기준)로 이미 낮다. 101개국 중 24위지만, 경제 규모에 비하면 인건비가 낮은 상황이다. 따라서 향후 소득 수준이 향상되고 근로 조건이 개선될수록 건설업 인건비는 지속 상승할 가능성이 높다. 인건비 인상은 외주비 상승으로 직결된다. 건설 원가에서 외주비가 차지하는 비중은 57%에 달한다. 외주비가 상승할수록 건설업 수익성 악화는 불가피하다.

이뿐 아니라 공사에서 발생하는 환경 문제를 해결하기 위한 관리비 증가도 예상된다. 원가 상승과 발주 다양화가 건설사에 위기로 다가오고 있지만, 위기는 분명 기회도 제공한다. 위험을 잘 대처하면 충분히 기회로 전환할 수 있다. 투자가 필요한 이유다.

건설업의 근본적인 변화를 위한 투자 차원에서 2022년은 의미 있는 한 해가 될 수 있다는 전망이다. 2022년 이후 아파트 입주 물량이 증가하면서 유동성이 개선되고 그에 따라 투자 여력이 확대될 수 있다. 투자 규모는 향후 건설사를 차별화시키는 가장 결정적인 원인으로 작용할 전망이다.

아파트 호황으로 건설사 보유 현금이 증가하고 있다. 건설사들은 늘어가는 주머니에 만족하지 않고 미래를 위한 투자에 나설 것이다. 관건은 '어디에 투자할 것이냐'다. 주택 사업을 더욱 확장하기 위해 토지를 매입할 것인가, 아니면 환경 플랜트 기술 확보를 위한 지분 매입, 또 리츠나 신재생에너지 같은 신사업 투자를 확대할 것인가. 선택에 따라 2022년 기업가치와 향후 장기 실적이 좌우될 것이다. 결론적으로 2022년 건설 업종은 조건 전망이다. 각 기업의 투자처에 따라 변화가 클 것이라 판단한다.

조선 | '공급망 비효율성'이 가져올 나비효과

김현 메리츠증권 기업분석팀장

2021년 조선 산업은 기대감으로 가득했다. 해상 운임과 원재료 가격 급등으로 선가가 점차 올랐기 때문이다. 2003년, 2008년과 같은 '조선업 슈퍼사이클'이 다시 도래할 수 있다는 희망도 번졌다. 국내 대형 조선 업체들은 연간 수주 목표를 3분기도 지나기 전에 이미 초과 달성했고 덕분에 수주 잔고도 2년 이상분을 확보했다. 문제는 컨테이너선 시황 초강세에 '착시 현상'이 있었다는 점이다. 단순히 수요 회복에서 기인한 호황이 아니라는 얘기다. 2014년 이후 장기 불황에 따른 선사들의 투자 위축과 구조조정 그리고 코로나19 사태 완화라는 특수가 맞물렸다. 장기간 공급 축소와 팬데믹 이후 공급망의 비효율성이, 경기 부양 과정에서 상품 수요 폭증과 맞물리면서 운임 초강세로 이어졌다. 이는 중국에서 촉발된 '전력난'이 석탄과 천연가스, 원유 가격 급등으로 확산될 수 있다는 전망과도 비슷하다. 전력난 역시 전력 인프라의 비효율성과 이상 기후가 촉발한 정책적 비효율성이 원인일 가능성이 높다. 2022년 조선 산업은 이처럼 '비효율성'이 가져올 나비효과에 의해 급격한 변동을 보일 전망이다.

2021년 4분기부터 2022년 상반기까지는 전 세계에 걸친 전력난 우려가 상품 가격 강세를 초래하며 벌크선 운임 변동성을 확대시킬 수 있다. 2021년 컨테이너 수요 증가율은 5~6% 수준에 불과한 반면, 이미 발주된 컨테이너선은 2022년 말 이후부터 3년간 매년 평균 6% 이상 공급 증가로 이어진다. 전력난 우려가 지속되면 세계의 공장인 중국·인도의 생산 위축으로 이어져 컨테이너선 시황이 하강하는 변곡점을 맞이할 수 있다.

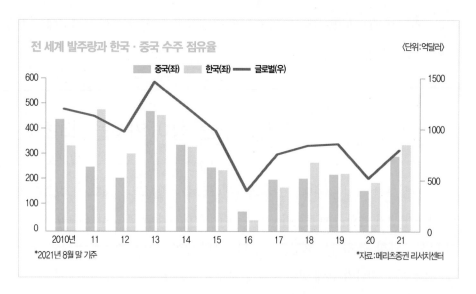

전 세계 발주량과 한국 · 중국 수주 점유율 〈단위:억달러〉

중국(좌)　한국(좌)　글로벌(우)

*2021년 8월 말 기준　*자료:메리츠증권 리서치센터

　2021년 9월, 컨테이너 운임은 15개월 연속 상승해 2020년 초 대비 407.1% 폭등했다. 2021년 9월 기준 컨테이너 선복량(공급) 대비 물동량(수요)은 8.4배 수준이다. 하지만 수요보다는 공급 부족이 두드러진다. 장기간의 해운업 불황으로 선사들이 선대를 줄이고 보수적인 운영을 진행했기 때문이다. Capesize 벌크선 운임은 123.1% 올랐다. 이는 건화물 최대 수출입국인 중국-호주 간의 무역 분쟁으로 인한 장거리 노선의 증가, 원자재 수요와 물동량 증가에 기인한다.

　한편 초대형 원유운반선(VLCC) 운임은 99% 급락해 사실상 제로 수준이다. LNG선 운임은 6개월간 박스권 움직임을 보이고 있다. 탱커는 산유국들의 생산 확대를 기대하며 제로 수준에서 치킨 게임이 진행되고 있다.

　이처럼 선종별로 운임 추이가 상이한 이유는 각 재화에 특화된 선박으로 물동량을 운송하는 과정에서 ① 화물별 수요 상황 ② 시장 환경 내 경쟁 상황 ③ 국가별 정책 이슈 ④ 기타 지정학 리스크에 따라 운임이 다르게 형성되기 때문이다.

　2022년 '위드 코로나'로의 전환이 진행된다면 물류 전반의 혼란이 안정화되면서 수요-공급 논리에 따른 시황 회복 방향성이 명확해질 전망이다. 국내 조선 업계 실적은 2021년 2분기를 저점으로 적자폭을 축소하는 전형적인 '상저하고'의 양상을 예상한다. 작업 중단, 폐쇄 등으로 야기된 항만 적체 현상이 해소되며 컨테이너 운임은 안정화될 것이다. 원유 수요 개선이 가시화될 경우 탱커 시장이 정상화될 것이라는 전망이다. 이미 2021년 상반기에 향후 강재 가격 인상분을 손실로 선반영한 조선 업계는, 양적 위주 수주에서 가격 전가를 통한 질적 위주 수주에 주력할 것이 분명하다.

컨테이너선과 벌크선 고운임 추이는 2022년 1분기 중국 춘절 전후가 변곡점이 될 전망이다. 보건 용품과 가전 용품 등 일부 품목에 집중됐던 수요 회복이 자동차 등 내구재 제품군으로 확산하며 전체 컨테이너 해상 운송 수요는 견조하게 유지될 것이다. 벌크선 시장은 철광석, 석탄 등 벌크 화물 1위 수입국인 중국의 전력, 부동산 정책 변화에 절대적인 영향을 받을 전망이다. 2021년 불거진 전력난과 원자재 가격 급등으로 2022년 중국 경제의 불확실성이 벌크 화물 수요에 영향을 주겠지만, 벌크선 신규 투자 위축 장기화에 따라 공급 상황은 20년래 최저 수준으로 안정적이다. 탱커 시장은 완만한 시황 회복을 예상한다. 2021년 하반기 대규모 LNG선 프로젝트 발주 이후 수주는 소강상태를 이어가며, 발주자와 조선 업체 간의 선가 줄다리기는 상반기까지 지속될 것이라 예측한다.

한편, 국내 조선 업계 2022년 업체별 실적은 양극화가 확대될 것으로 보인다. 현대중공업그룹은 안정적 재무 구조와 잔고 확보로 실적 턴어라운드가 빨리 확인되지만, 대우조선해양과 삼성중공업은 적자폭 축소를 기대하는 흐름을 예상한다.

'넥스트 슈퍼사이클'의 동력은 연료 변화에 따른 선박 교체 발주와 신규 투자에 있다. 운송의 비효율성, 전력원의 비효율성, 脫탄소화로 가는 에너지원 변화 과정의 일시적 비효율성을 극복해야 할 2022년이다. 비효율성에 의한 일시적인 호황에 취하지 않고 대체연료와 연비 효율성 제고를 위한 기술 개발에 주력해야 한다. 이를 위한 기초 체력을 확보해야 할 시기를 2022년으로 예상하며, 2026년 전후로 기대되는 넥스트 슈퍼사이클 초입이 눈앞에 가시화될 시점은 빠르면 2022년 하반기로 기대한다.

e러닝 · 정시 확대…교육株 호재
BTS투어 리오프닝…하이브 들썩

| 교육 | ## 온라인 침투율 강화…정시 확대도 호재 |

노승욱 매경이코노미 기자

　국내 사교육 시장은 저출산에 따른 학령인구 축소로 상당한 업종 디스카운트가 지속됐다. 2007년 28배에 달했던 사교육 기업들 주가수익비율(PER)은 2021년 말 기준 11배 수준으로 낮아졌다. 그간 초 · 중등 학생은 대면 학원, 학습지 중심의 오프라인 교육 수요가 많았다. 그러나 오프라인 교육은 온라인 교육에 비해 수익성이 낮고 학령인구도 저학년으로 갈수록 줄어들어드는 문제가 있었다. 이에 교육 업계는 온라인 교육 수요 확충을 통한 수익성 향상이라는 과제에 직면했다.

　코로나19 사태는 이를 해결하는 데 도움이 됐다. 비대면 학습이 일상화되며 저학년의 온라인 교육 수요(침투율)가 전체의 5% 내외에서 10% 이상까지 상승했다. 대면 학원, 학습지 중심의 오프라인 교육 기업도 온라인 채널로의 탈바꿈을 시도하는 등 온라인(스마트러닝, 이러닝, 에듀테크) 기반 교육 플랫폼이 상용화되고 있다. 교육 소비는 보완적 성격이 강해 향후 락인(Lock-in) 효과에 따른 지속성도 기대된다.

특히 온·오프라인 교육 최대 수요층인 고3 인구도 안정적이다. 향후 10년간 고3이 되는 2000~2010년생은 연간 출생아 수 기준 40만명이 넘어 사교육 시장에서 당분간 일정한 수요층을 형성할 것으로 기대된다. 코로나19 사태로 저학년부터 온라인 교육에 많이 노출돼온 이들은 이전 세대보다 온라인 강의 수강 비율이 높아, 디지털 전환을 노리는 사교육 시장의 타깃 수요층은 더욱 증가할 것이라는 관측이 제기된다. NH투자증권의 분석에 따라 교육 업종 성장을 이끄는 주요 변화로 세 가지를 꼽았다.

첫째, 지난 2년간 온라인 교육 서비스와 콘텐츠가 크게 늘어나며 그간 온라인 침투율이 낮았던 초·중등 학생들이 대거 유입, 온라인 사업 모델이 활성화됐다. 코로나19를 계기로 저학년의 온라인 침투율은 5% 내외에서 10% 이상까지 상승했다.

또한 대면 학원, 학습지 중심의 오프라인 교육 기업들도 온라인 채널로의 탈바꿈을 시도하는 등 온라인 기반 교육 플랫폼이 상용화되고 있다. 교육 소비는 보완적 성격이 강해 향후 락인 효과에 따른 지속성도 기대된다.

둘째, 대입 정책의 경우 10년 만의 정시 비중 확대와 자연계열 모집 인원 증

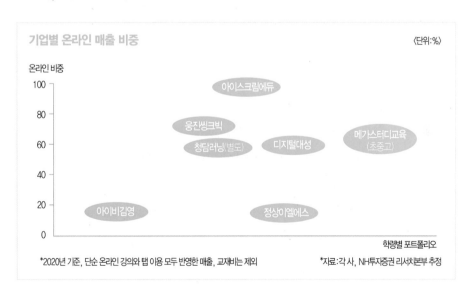

기업별 온라인 매출 비중 〈단위:%〉

*2020년 기준, 단순 온라인 강의와 탭 이용 모두 반영한 매출, 교재비는 제외

*자료:각 사, NH투자증권 리서치본부 추정

가 등으로 입시 시장 업황이 호조를 맞게 됐다. 2021년과 2022년은 교육 정책과 대입 제도가 큰 틀에서 변화를 겪는 시점이다. 주요 16개 대학 정시 비중이 40%에 근접하며 전체 대학의 정시 모집 비중이 10년 만에 늘어난다.

문·이과 통합형 수능 시행, 대입 정시 비중 상승, 약학대 학부생 모집, 10년여 만의 EBS 연계율 축소 등도 두드러진 변화다. 정시 확대와 자연계열 신입 모집이 늘어나면서 수능을 준비하는 학생 수가 증가하게 되는데, 이는 대입 교육을 타깃으로 하는 기업들에 호재다. 중장기적으로는 2028학년 고교학점제 정식 도입으로 관련 대입 시험 체계도 달라질 가능성이 있어 향후 교육 정책 흐름을 파악할 필요가 있다.

셋째, 교육 카테고리 확장이 지속되고 있다. 코로나19로 한국 노동 시장 수급 불균형이 더욱 심화하는 가운데 대학생, 졸업생, 취업준비생, 전공·직무, 취업, 컴퓨터, 뷰티, 평생교육 등 교육 서비스 소비층이 넓어지는 동시에 연령대도 높아지고 있다.

이들이 요구하는 교육 서비스는 기존 입시 교육과 달리 진로·전공, IT(코딩, 앱 개발 등), 직무, 외국어, 공무원 등으로 더욱 다양화되고 있어 관련 기업들에 새로운 기회가 열릴 것이라는 관측이다. 이런 흐름에서 주목받는 곳은 수직-수평적 교육 플랫폼을 구축한 업체들이다.

"메가패스(고등)를 필두로 엘리하이(초등), 엠베스트(중등)까지 전 학령에서 고성장이 지속되고 있고, 공무원(성인)까지 섭렵 중인 메가스터디교육을 최선호 종목(Top-pick)으로 제시한다. 안정적인 온라인 교육 사업과 더불어 베트남 국제학교 진출, 중장기적 한국 교육의 확장이 기대되는 디지털대성도 추천한다. 마지막으로 취업, 컴퓨터 등 관련 수요가 크게 늘어나며 이들에게 서비스를 제공하는 사업자가 중장기적으로 부상할 전망이다. 이와 관련하여 아이비김영도 주목할 필요가 있다."

정지윤 NH투자증권 애널리스트의 생각이다.

디즈니+ 상륙…LGU+ 웃을까

노승욱 매경이코노미 기자

글로벌 카지노 산업은 코로나19 사태로 큰 어려움을 겪었다.

해외여행이 금지되며 주요 글로벌 카지노 업체의 2020년 한 해 매출은 2010년 수준까지 후퇴했다. 2021년에는 어려움이 더욱 가중됐다. 국내 외국인 입국자 수는 2019년 1732만명에서 2020년에는 85% 하락한 252만명을 기록하더니, 2021년에는 연간 90만명 내외를 기록할 전망이다. 출국자와 마찬가지로 입국자는 대부분 비즈니스 관련 필수 수요만 가동되고 있어 카지노 등 인바운드(국내 유치) 산업에 대한 부정적 영향이 지속되고 있다.

키움증권 분석에 따르면 2020년 코로나19 발생에 따른 영향이 시작된 이후 파라다이스와 GKL은 월 합산 300억원 수준의 카지노 매출액을 달성했다. 순수한 국내 VIP에 의한 카지노 매출로, 외국인 입국자에 대한 매출은 매우 미미한 상황이다. 강원랜드는 2021년 1분기 휴장에서 벗어난 이후 일매출 20억원 수준을 유지하고 있다. 하반기에는 사회적 거리두기에 따라 동시 체류 인원이 제한돼, 입장객이 일평균 2000명 후반대를 기록 중이다. 이에 2분기 코로나19에 영향을 받은 이후 첫 번째 턴어라운드에 성공한 실적 회복 추세가 지속될 것이라는 전망이다.

롯데관광개발의 카지노 시장 신규 진입으로 기존 업체인 파라다이스, GKL과의 국내 VIP 유치 경쟁이 심화될 수 있다. 다만 롯데관광개발은 제주도라는 지리적 이점 때문에 국내외 호캉스 고객, 카지노 VIP, 비즈니스 MICE 고객 등 타 카지노 복합리조트·전용 카지노보다 고객층이 다양하다는 장점이 있다.

국내 카지노 시장이 활성화되려면 결국 중국과 일본 중 어느 하나라도 해외여행이 재개돼야 한다는 것이 전문가 판단이다.

"중국인과 일본인은 우리나라 외국인 카지노 고객의 양 축이다. 일본 고객 회복은 파라다이스시티를 보유한 파라다이스의 탄력적 회복과 서울 지역 2개 카지노를 보유한 GKL의 성장을 가능하게 할 전망이다. 반면 중국 고객 재개방은 긍정적인 영향이 훨씬 크다. 중국 고객이 다시 들어오면 복합리조트의 선전이 예상된다. 제주 드림타워 복합리조트를 운영하는 롯데관광개발을 주목할 필요가 있다."

이남수 키움증권 애널리스트의 분석이다.

엔터테인먼트 업종은 위드 코로나에 따른 '리오프닝'으로 공연 재개가 기대된다. 공연은 음반과 함께 음악 산업의 두 축 중 하나다. 세계 최대 음악 시장인 미국을 기준으로 공연 시장은 2019년 110억달러(약 13조원) 규모로 산업 내 49%를 차지했으나 2020년 3월 이후 공연이 중단되면서 약 1년 이상 멈춰 있었다. 특히, 공연은 시장 규모 측면에서는 레코드와 비슷하지만 개별 아티스트 수입 구성에서는 가장 큰 비중을 차지한다. 2020년 3월 이후 공연이 중단되면서 기획사들의 공연 매출은 2020년 90~98%의 역성장을 기록했다. 특히 2020년 2분기부터 2021년 3분기까지 1년 반 동안은 전무하다시피 했다.

2021년 하반기 들어 상황이 달라졌다. 세계에서 가장 먼저 백신 접종을 시작한 북미, 유럽 지역에서는 이미 여름부터 대규모 공연이 재개됐다. 국내와 일본 역시 접종 완료율이 빠르게 올라오면서 연말 주요 아티스트들이 속속 대규모 공연 계획을 발표하고 있다. 리오프닝 모멘텀이 부각되면서 글로벌 프로모터 라이브네이션 주가는 사상 최고 수준에 도달했다. K-POP 엔터사 주가 역시 2021년 10월 기준 반등 흐름을 보여주고 있다.

중요한 점은 코로나19로부터 회복 상황이 지역별로 상이하다는 점이다. 즉, 대규모 월드 투어를 진행할 수 있을 만큼 리오프닝이 시작된 (혹은 담보된) 지역이 어디며, 해당 지역에서 대규모 모객이 가능한 아티스트가 누구인지 (혹은 누구일지) 살펴볼 필요가 있다. 박다겸 하이투자증권 애널리스트는 이를 감안, BTS를 보유한 하이브를 최선호 종목으로 추천한다.

"국내 아티스트로는 BTS가 처음으로 미국 추수감사절 연휴 기간에 4회의 LA SoFi 스타디움 공연 일정(11월 27일~12월 2일)을 발표하면서 글로벌 리오프닝 흐름에 올라탔다. 다만, 오프라인 공연이 전사 실적에 의미 있게 기여하기 위해서는 40~50회 규모의 월드 투어 재개가 필수적이기 때문에 월드 투어 재개 시점을 주시해야 한다. 일반적으로 투어 계획부터 실시까지 약 6개월 걸린다는 점을 감안할 때, 2022년 상반기 안에 투어를 개시할 예정이라면 늦어도 연말 전후로 투어 일정 발표가 기대된다."

미디어 업종은 디즈니플러스의 국내 상륙이 터닝 포인트가 될 전망이다.

디즈니는 국내 사업 전략 발표회에서 월 9900원, 연간 9만9000원으로 넷플릭스보다 저렴한 가격에 콘텐츠 경쟁력 강화를 천명했다. 디즈니, 픽사, 마블, 스타워즈, 내셔널지오그래픽, 스타 등 디즈니의 6개 핵심 브랜드가 총 망라돼 폭넓은 영화, TV프로그램 콘텐츠가 방대하게 펼쳐질 전망이다. 콘텐츠 쇼케이스를 통해 7편의 한국 콘텐츠도 공개했다. 디즈니는 2023년까지 아태 지역 내 50개 이상의 오리지널 라인업을 확보한다는 복안이다. 따라서 이미 공개된 작품 외 추가적인 수주 낭보들이 기대된다. 이에 증권가에서는 콘텐츠 제작사들이 수혜를 입을 것으로 분석한다.

이기훈 하나금융투자 애널리스트는 "제이콘텐트리 드라마 '설강화'가 디즈니플러스로 판매됐다. 매년 1편 이상의 판매 계약을 체결한 NEW와 함께 가장 빠르게 디즈니 내 레퍼런스를 얻게 되는 제작사라는 점에서 흥행 여부에 대한 높은 관심을 가질 필요가 있다"고 말했다.

신은정 DB금융투자 애널리스트는 LG유플러스에 높은 점수를 줬다.

"LG유플러스는 향후 안정적인 무선 수익 지속과 디즈니플러스 IPTV 독점 계약으로 인한 홈미디어 부문 가입자 성장이 긍정적인 투자 포인트다. 타사 대비 낮은 주가 상승률, 배당을 통한 주주환원 확대 의지, 고성장하는 실적 등 투자 포인트가 많다. 2021년 연간 전망치와 목표주가 2만원을 제시한다."

백화점 · 편의점 다시 기지개
온라인은 '네쿠이' 삼국지

〈네이버 · 쿠팡 · 이마트〉

오프라인 쇼핑 '위드 코로나'에 백화점, 편의점 수혜 기대

박종대 하나금융투자 애널리스트

2021년은 4개월 이상 지속된 사회적 거리두기 4단계 등으로 인해 오프라인 유통 업계의 침체가 지속된 한 해였다. 그러나 2022년은 위드 코로나, 즉 일상으로 점진적인 복귀 가능성이 커지며 오프라인 유통 업계에서 보복적 소비에 대한 기대감이 높아지고 있다.

위드 코로나는 두 단계로 나눌 수 있다. 1단계는 국내 거리두기 완화다. 가능성이 높고 이미 가시권에 들어왔다. 소비 심리 회복과 음식 · 기타 서비스업 활성화로 추가적인 소비 · 고용 증가, 이에 따른 유통 업체들의 실적 개선을 기대할 수 있다. 채널별로 보면 백화점, 편의점에 대한 기대감이 크다.

대형마트와 홈쇼핑, 가전 양판점은 코로나19 사태로 수혜를 입은 채널이다. 특히, 홈쇼핑과 가전 양판 업체들은 내구재 소비 사이클이 일단락되면서 2021년 2분기부터 전년도 높은 실적에 따른 상대적 약세 부담이 커지고 있다.

백화점은 국내 거리두기 완화에 수혜가 가장 클 것으로 기대한다. 2021년 하반기부터 영패션, 남성, 아동 · 스포츠 등 고마진 카테고리 매출 비중이 상승하고

있다는 점에 주목할 필요가 있다.

전반적인 소비는 고가에서 중저가, 명품·가전에서 패션·화장품 쪽으로 확산하고 있다. 다만, 백화점은 코로나19가 전 세계적으로 수그러들면서 해외여행이 재개되면 부정적 영향이 우려된다. '명품런' 수요가 이전될 수 있기 때문이다. 2019년까지 연간 해외여행 지급액이 약 30조원에 달했다는 점을 상기할 필요가 있다. 하지만 한국이 위드 코로나 시대로 접어든다고 해도 해외여행이 바로 재개될 수 있는 상황은 아니다. 특히, 내국인 아웃바운드의 80% 이상을 차지하는 동남아, 일본, 중국 지역의 불확실성은 더욱 크다.

거리두기 완화는 편의점 영업 환경에도 긍정적이다.

편의점은 코로나19 피해 정도가 크지 않았던 만큼 회복도 천천히 이뤄지고 있다. 그러나 아직 2019년 수준에는 미치지 못한 상태다. 2021년 편의점은 코로나19 사태로 점포당 매출이 전년 대비 평균 -3% 수준을 보였다. 점포 수가 전년 대비 6% 증가하면서 전체 산업 성장률은 3%를 기록했다. 2021년 3월부터 점포당 매출이 플러스(+)로 전환하면서 기대를 모았으나 8월까지는 0% 내외 성장으로 부진했다. 9월은 재난지원금 영향으로 선방했지만 전년 대비 2% 성장에 그쳤다.

편의점 업황 회복이 더딘 이유는 거리두기 4단계로 밤 9시 또는 10시 이후 유동인구가 감소했기 때문이다. 따라서, 위드 코로나 시기에 거리두기 규제 완화는 편의점 업황 회복에 우호적인 환경이 될 수 있다. 더구나, 2015년 이후 담뱃값 인상 효과로 가파르게 증가한 편의점 가맹점들의 5년 계약이 만료되고, 재계약 점포 수가 연간 4000개까지 늘어나고 있는 상황이다.

근접 출점 제한과 카드 수수료 인하 등으로 가맹점주의 편의점 사업성도 높아졌다. BGF리테일과 GS리테일 '빅2'로 창업 수요가 몰리면서, 2021년 두 회사 모두 800~1000개 내외 점포 순증이 이뤄지고 있다. 이런 모습은 2022년에도 지속될 공산이 크다.

이마트, 네이버, 쿠팡 '삼국지' 관건

2022년 국내 온라인 유통 시장은 새로운 국면을 맞이하게 될 것이다. 그동안 네이버, 쿠팡, 이마트 세 회사는 각자 고유의 영역을 갖고 있었다. 쿠팡은 직매입, 네이버는 숍인숍, 이마트는 식품 카테고리에서 차별적인 경쟁력을 보유하고 있었다. 오픈마켓 시장은 진입장벽이 너무 낮아 진입도 쉽지만 시장점유율 유지가 어려운 만큼 이들 빅3 업체에는 우선순위가 아니었다. 또한 네이버와 이마트는 지금까지 협력 관계였다. 네이버는 오픈마켓 유통 확대를 위해 배송 인프라가 필요했고, 쓱닷컴 물류 인프라 투자에 관심이 많았다. 이마트도 식품 온라인 고객 확대를 위해 네이버가 좋은 파트너였다. 쿠팡과 이마트는 공산품과 식품의 차별화된 시장을 노렸다. 하지만, 이마트가 오픈마켓 시장에 출사표를 던지면서 3사는 상호 보완적 관계에서 직접적인 경쟁 관계로 급변했다. 2022년 온라인 유통 시장의 대부분을 차지하고 있는 오픈마켓 시장을 가운데 두고 빅3가 전면전을 펼치게 될 전망이다.

이마트가 이베이코리아를 인수하면서 온·오프라인 거래액 기준 37조5000억 원(2020년 추정)으로 롯데쇼핑(2020년 총매출 21조5000억원)을 제치고 국내 유통 시장 1위 사업자로 올라서게 됐다. 온라인 유통 시장에서는 쿠팡에 이어 시장점유율 2위에 해당한다. 이베이코리아의 270만 스마일클럽 회원을 확보할 수 있게 돼 쓱닷컴은 고객 접점을, 이베이코리아는 국내 최대·양질의 식품 카테고리를 확보할 수 있게 됐다.

물론 쓱닷컴에 대한 우려가 큰 것도 사실이다. 우선, 이자비용이 증가하면서 투자지표 훼손이 불가피하다. 국내 온라인 유통 시장의 치열한 경쟁을 감안하면 실적 불확실성이 커질 수밖에 없다. 이베이코리아는 2020년 거래액이 정체되면서 시장점유율이 2019년 12%에서 2020년 10%로 하락했다. 이베이코리아는 공산품을 주 카테고리로 하고 있고, 쿠팡과 완전히 겹친다. 쿠팡의 막강한 자금

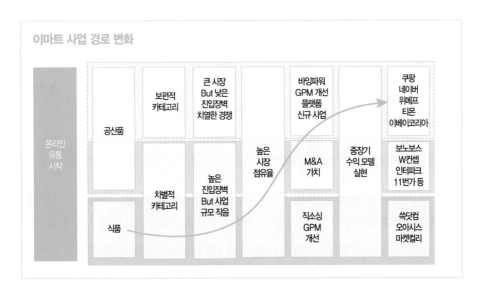

이마트 사업 경로 변화

력과 역마진을 감수하고 점유율을 확대하는 전략을 감안하면 이베이코리아도 단기적으로 마케팅비 지출 확대가 불가피하다.

그럼에도 이마트가 이베이코리아를 인수한 것은 '한국의 월마트'에서 '한국의 아마존'으로 목표를 바꿨기 때문이다. 전체 온라인 유통 시장에서 식품 온라인 시장 비중은 15%에 그치고, 그나마 신선식품 온라인 시장은 5%도 되지 않는다. 월마트도 미국 온라인 유통 시장에서 시장점유율이 6%에 불과, 40%가 넘는 아마존과는 비교가 안 된다. 월마트의 실적과 주가가 좋았던 것은 식품 온라인 시장에서 아마존을 누르고 1등에 올랐기 때문이다.

온라인 유통 시장에서 가장 큰 시장은 역시 공산품이다. 하지만 공산품은 진입장벽이 낮아 경쟁이 치열하다. 대부분 업체들이 영업손실 상태다. 하지만 높은 시장점유율을 갖게 된다면 높은 구매력으로 이익률을 개선할 수 있다. 막대한 트래픽을 활용해 신규 사업을 진행할 수도 있어 '플랫폼' 성격을 갖게 된다. 이런 사업 모델을 추구하는 회사가 쿠팡, 네이버, 위메프, 티몬, 이베이코리아 같은 업체들이다. 이 가운데 쿠팡과 네이버만 실질적으로 의미 있는 사업자가 되고 있었는데, 이마트가 이베이코리아를 인수하며 새로운 다크호스로 떠오른 셈이다.

이베이코리아 인수 규모가 워낙 크다 보니 시장에서는 여전히 갑론을박이 있다. 중장기적인 결과는 어떻게 될지 모른다. 하지만 이마트의 온라인 사업 방향과 투자 기준이 크게 바뀌었고, 이에 따라 2022년 온라인 오픈마켓 공산품 유통 시장에서 패권 다툼이 치열해질 것임은 분명해 보인다.

한편 티몬과 위메프 등 기타 온라인 유통 업체들도 기업가치를 높이기 위한 새로운 방향과 전략을 도모하게 될 것으로 예상한다. 특히 11번가는 온라인 거래액이 11조원으로 작지 않지만, 시장점유율은 하락하고 있다. 11번가는 아마존과 전략적 제휴로 '해외 직구' 사업을 본격화, 돌파구로 삼고 있다. 국내 소비자들의 해외 직구 카테고리와 지역을 볼 때 11번가-아마존 조합은 상당히 경쟁력이 있다. 다만, 해외 직구 시장 규모가 4조원 정도밖에 되지 않는다는 게 아쉬움이다. 11번가 기업가치 제고에는 긍정적이지만, 160조원 전체 온라인 유통 시장 판도에 영향을 끼칠 것으로 보이지는 않는다.

퀵커머스는 시장성 확인 필요

최근 온라인화는 슈퍼와 편의점 채널까지 번져 '퀵커머스(Quick Commerce)'가 부상하고 있다. 배달의민족(B마트), 요기요, 쿠팡이츠 같은 배달 앱이 대표적이다. 배송 시장이 가파르게 성장하고 새로운 사업이 잇따라 출시되다 보니 상당히 공격적으로 전망하는 이가 많다. 하지만 좀 더 자세히 들여다보면 그 시장 규모와 성장 여력에 대해서 회의감이 드는 것도 사실이다.

먼저, 현재 퀵커머스 시장 수요는 음식점 배달이 대부분이다. 퀵커머스 1위 업체 B마트의 경우, 전체 매출은 2020년 1조원이 넘지만, 이 중 B마트 매출은 1500억원 정도로 추산될 뿐이다. 2위인 요기요 역시 음식 배달 서비스가 대부분이며, 실질적인 퀵커머스라고 할 수 있는 편의점·마트 카테고리 비중은 미미해 보인다. 쿠팡이츠마트는 현재 시범 단계로, 쿠팡이츠 메인 화면에서도 사라진 상태다. GS리테일, BGF리테일 등 편의점 업체 매출에서 퀵커머스가 차지하는 비중은 1% 이내에 불과하다. 세븐일레븐과 이마트24 등을 합해도 1500억원 정도로 추산된다. 즉, 음식 배달 서비스를 제외하고, 순수하게 편의점·슈퍼를 침투한 전체 퀵커머스 시장 규모는 3500억원 안팎에 그친다.

성장 여력도 물음표가 붙는다.

2020년 B마트 매출이 크게 증가한 이유는 배송비가 무료였기 때문이다. 2021년부터는 모든 퀵커머스 업체들이 최소 배송 주문 금액 1만원, 배송료 3000원 내외를 받고 있다. 주문 금액이 3만원 이상 돼야 무료 배송이다. 편의점 객단가는 6000원 내외. 퀵커머스로 배송받으려면 두 번의 주문을 모아서 한번에 해야 한다. 실제 편의점의 도보 배송 객단가는 1만7000원, B마트는 1만5000원 정도였다. 모두 배송료 2500~3000원을 지불하고 있다는 얘기다. 편의점은 말 그대로 편하게 2~3분 내 걸어가서 간단한 생필품을 사는 채널이다. 그런데 배송료로 굳이 15% 금액을 더 내고, 3~5분이면 갈 수 있는데 20~30분 기다릴 것을 감수해야 한다면 경쟁력이 부족해 보인다. 갑작스러운 손님 방문, 악천후 등 이례적 수요가 아니고는 반복 구매가 일어나기 어렵다. 시장 규모도 제한적일 수밖에 없다. B마트, 쿠팡이츠처럼 직매입 기반으로 사업을 운용한다면 도심에 물류센터까지 세워야 하므로 임대료, 고정비 부담도 크다.

단, 업체별 온도 차는 있다. GS리테일은 편의점 외에도 슈퍼, 홈쇼핑, 신선식품 등 사업 영역이 다양해 퀵커머스 내재화에 대한 시너지 효과를 기대할 수 있다. 반면 BGF리테일은 순수 편의점 업체로 편의점 사업에만 집중하고 있다. 식사 부재료와 반찬류, 밀키트 등 신규 영역을 확대하고 있고, 음주 트렌드 변화에 대응해 안주류와 즉석 취식 카테고리를 더욱 다양화한다는 계획이다. 따라서 퀵커머스 시장이 성장한다면 BGF리테일보다는 GS리테일이 더 적극적인 역할을 할 것으로 본다.

진단키트 · 백신 · 치료제 개발 지고
신약 · 의료기기 · 디지털 헬스 뜬다

이혜린 KTB투자증권 리서치센터 애널리스트

▶ 제약 · 바이오 업종 주가는 2020년에 이어 2021년에도 코로나19 키워드로 등락을 거듭했다. 2020년 코로나19 팬데믹 발생 초기 실적 특수가 컸던 진단키트 기업들로 시작된 주가 랠리는 백신 · 치료제 개발 기업과 외산 백신 위탁생산 (CMO) · 유통 기업으로 이어졌고, 최근에는 외산 경구용 코로나19 치료제 유통 가능성이 거론되는 기업 주가까지 급등했다. 해당 이슈의 실질 수혜 여부나 정도 와는 무관하게 테마에 휩쓸리며 광범위하게 주가 급등세가 확산됐으며 이후 순차 적으로 주가 역풍을 맞고 있다.

실적 기대치를 밑돌면서 2020년 4분기부터 진단키트 기업의 주가 조정이 시 작된 가운데 2021년 상반기 미진한 임상 성과가 공개된 치료제 개발 기업 주가 낙폭이 컸다. 모더나 등 외산 백신 위탁생산 기업들 실적이 아직 미미한 것을 비 롯해 머크가 개발한 복용 편의성 높은 경구용 치료제의 긍정적인 임상 결과가 발 표되면서 후발 주자로서 기회가 줄어든 국내 백신 · 치료제 연구개발(R&D) 기 업 주가 거품도 꺼지고 있다. 2021년 10월 중순 기준 거래소 의약품 업종 12개 월 선행 주가수익비율(PER)은 45배, 대형 바이오 3개사(삼성바이오로직스 · 셀

트리온 · SK바이오팜) 제외 시 28배로 업종 밸류에이션도 코로나19 발생 전인 2019년 말 수준으로 회귀했다.

코로나19 팬데믹이 종료되지 않아 아직은 판단하기 이른 시점이기는 하지만 위드 코로나 시대로 넘어갈 수 있는 조건들이 충족돼가고 있는 가운데 2년 가까이 지속돼왔던 국내외 코로나19 백신 관련주들의 주가 랠리는 일단락된 것으로 보인다.

백신 미접종자 중 경증과 중등증 외래 환자 입원과 사망 위험을 50%가량 감소시켜줄 수 있는 경구용 치료제와 백신과 동일하게 사전 예방 용도로 코로나19 유증상 발생 위험을 80% 가까이 감소시켜줄 수 있는 지속형 항체 치료제가 2021년 10월 초 미국 식품의약국(FDA)에 긴급사용승인을 신청하는 등 코로나19 치료제 파이프라인의 상업화 진척으로 다양한 선택지가 등장하면서 주가 랠리를 선도했던 글로벌 백신 기업들 주가 모멘텀 약화 또한 불가피할 전망이다.

위드 코로나 시대를 맞아 제약 · 바이오 투자 전략 새로 짜야

2년 가까이 코로나19 관련주들은 제약 · 바이오 업종 투자의 중심에 있었다. 위드 코로나 시대로 접어들며 일상생활로의 복귀가 시작될 2021년 말부터는 대유행으로 인한 부정적 타격의 회복을 기대하며 투자 무게중심을 옮기는 전략이 필요하다. 2022년은 병원 방문이 필요한 처방 의약품 실적 비중이 높은 제약사와 임상시험 등록, 데이터 판독 지연 등 신약 임상 진척과 기술수출 거래 진행에 타격이 있었던 신약 개발 바이오텍, 업종 내 경기민감주로 분류되는 의료기기 기업들의 펀더멘털 회복을 예상한다.

특히 경기민감도가 높은 미용 의료기기는 미국, 유럽 등 선진국에서부터 신흥국까지 빠른 수요 회복이 기대된다. 글로벌 미용 의료기기 대표 기업인 인모드(Inmode) 주가는 미국 헬스케어 업종의 부진한 주가 흐름에도 신고가 수준을 유지하고 있으며, 2021년 10월 중순에 발표한 3분기 잠정 매출액은 전년 동기

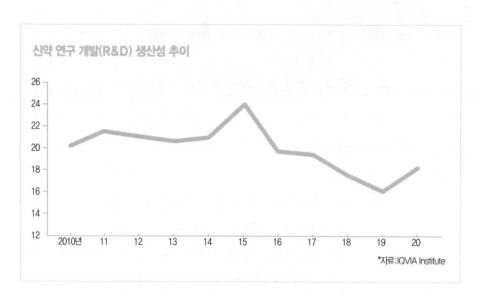

신약 연구 개발(R&D) 생산성 추이

*자료:IQVIA Institute

대비 57% 증가해 시장 예상치를 30% 가까이 웃돌았다. 2021년 매출액 예상치도 6개월 만에 약 30% 상향 조정하는 등 글로벌 미용 의료기기 시장의 빠른 회복세를 보여주고 있다.

글로벌 미용 의료기기 시장은 인구 고령화에 따른 항노화(anti-aging) 수요 증가와 함께 비침습적 치료법에 대한 미충족 의료 수요(Unmet needs)가 확대되면서 레이저 기반 치료 시술에서 리프팅 등 미용 시술 영역으로 시장이 빠르게 확장되고 있다. 저렴한 가격 대비 유사한 성능을 강점으로 리프팅기기 오리지널 제품인 울쎄라(Ulthera)·써마지(Thermage)의 중저가 시장이 한국과 브라질, 일본 시장에서 급성장하고 있는 가운데 국내 관련 기업들의 구조적 성장이 예상된다.

신약 개발 제약사의 경우 코로나19로 인해 지연됐던 신약 관련 임상이 재개돼 성과를 내고, 부진했던 내수 처방 의약품 실적이 살아나기까지는 시차가 필요해 2022년 상반기보다는 하반기에 업종 모멘텀 회복을 보다 크게 기대한다. 더욱이 신약 개발 바이오텍은 금리 인상이라는 매크로 변수에 취약하다. 위드 코로나 시대 초기에는 여전히 국가 간 대면 접촉이 쉽지 않을 전망이어서 기술수출 성과

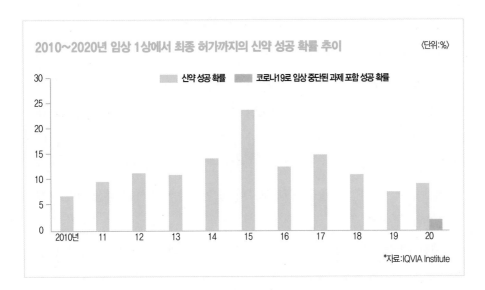

2010~2020년 임상 1상에서 최종 허가까지의 신약 성공 확률 추이 〈단위:%〉

신약 성공 확률 ▓ 코로나19로 임상 중단된 과제 포함 성공 확률

*자료:IQVIA Institute

등 직접적인 주가 모멘텀이 나타나기는 어려운 상황이다. 2015년부터 지속해서 하락하고 있는 글로벌 신약 개발 생산성 회복도 확인할 필요가 있는 만큼 업종 내 가장 늦은 주가 회복을 예상한다.

글로벌 의약품 시장의 R&D 생산성은 2015년 이후 계속해서 하락하고 있다. 단계별 임상 성공 확률 하락이 주요 원인이다. 임상 환자 모집과 수행에 어려움이 있는 항암제와 희귀질환 분야로 연구개발이 확대되면서 임상시험 기간이 지속적으로 증가하고 있기 때문이다. FDA의 다양한 시험 목표 충족과 까다로운 임상 환자 모집 기준 등의 복잡성 때문에 신약 개발 단위당 투여 비용도 높은 수준으로 유지되고 있다.

글로벌 의약품 전망기관 IQVIA가 2021년 5월에 발표한 자료에 따르면 글로벌 신약 개발 생산성지수는 2010년 20에서 2015년 24로 상승했으나, 2019년 16까지 하락했다. 임상 1상에 있는 신약 과제의 최종 허가까지의 성공 확률은 2015년 25%를 정점으로 2019년에 8%까지 급격하게 하락했으며, 2020년 9.8%로 소폭 상승하기는 했으나 코로나19로 중단돼 임상이 재개되지 않은 신약 과제 포함 시에는 2.3%에 불과했다.

코로나19 이후 디지털 헬스케어 관련 기업에 대한 관심 높아질 것

코로나19 초기 시장 관심이 집중됐던 진단 기업은 실적 특수 효과가 소멸되고는 있으나, 주가가 선제적으로 큰 폭의 조정을 완료해 밸류에이션 부담은 크게 완화됐다. 팬데믹을 경험하면서 글로벌 의료 시장 예방·진단의 중요성에 대한 시각 변화가 있었던 만큼 안정적인 진단 수요가 확인되면 실적과 주가 모두 바닥을 다질 전망이다. 실적 특수를 통해 급증한 보유 현금으로 M&A(인수합병), 신약 개발 등 신규 사업 진출을 통해 코로나19 이후를 대비하는 성장 전략 구체화가 중요한 시기다.

이해관계자들 간 대립으로 오랜 기간 답보하던 의료 시스템의 디지털 전환(Digital transformation)은 코로나19를 계기로 변화의 속도가 빨라지고 있다. 2020년 9월 미국 식품의약국 산하에 디지털 헬스센터가 별도 설립됐다. 코로나19를 계기로 미국 내에서 빠르게 발전하고 있는 디지털 헬스 분야에 전문성을 갖추고 제도 정비를 통해 규제·감독하는 동시에 적극적인 지원과 혁신을 통해 산업 발전을 도모하고자 하는 목적이다.

이런 정책적 배경에 더해 코로나19 팬데믹을 계기로 크게 변화하고 있는 의료 환경과 이를 대비하기 위한 신의료 기술(디지털화)에 대한 높은 관심, 스팩 상장 활성화와 대형 기업의 적극적 M&A 행보 등으로 출구 전략이 우호적으로 마련되면서 2020년 하반기부터 미국 내 제약·바이오 투자 초점은 전방위로 디지털 헬스케어 분야에 맞춰지고 있는 분위기다.

2020년 벤처캐피털(VC) 의료기기 투자가 액체생검과 감염 진단 분야로 초집중(투자액 상위 10개 기업 중 7개 기업이 해당 분야)됐다면, 2021년 들어서는 원격 의료와 디지털 헬스, 홈 헬스케어 분야로 집중되고 있다. 국내의 경우 아직 상장사 투자 영역이 제한적이기는 하나, 기술 발전과 의료 환경 변화로 코로나19 이후 시장 관심이 고조될 디지털 헬스케어 관련 기업에 대해 주목할 필요가 있다.

  한편 글로벌 의약품 전망기관 IQVIA 전망치 기준 2022년 글로벌 의약품 시장 규모는 1조4590억달러(코로나19 백신 매출 2021년 540억달러, 2022년 500억달러 예상)로 2021년 대비 4.6% 증가할 전망이다. 코로나19 백신 매출이 변수기는 하지만, 2021년 성장률 전망치 9~10% 대비로는 큰 폭의 둔화다.

  새로운 변종 바이러스 출현 가능성과 이에 대한 현재 출시한 백신의 효과, 항체 생성 기간의 불확실성 등으로 향후 새로운 백신에 대한 추가 접종 가능성 있다. 또 현재 1~2회 투여하는 사용량은 부스터샷과 변종 바이러스 대응 접종에 따라 변화 가능성이 있는 등 코로나19 백신 매출은 고정되지 않은 다양한 변수들로 전망하기 어려워 보인다. 다만 백신 지출액을 제외한 기존 의약품 시장 성장률은 5% 내외 수준으로, 코로나19 직전 대비로는 1~2%포인트 줄어든 수치다. 팬데믹으로 인한 기존 처방 의약품 시장의 부정적 영향은 2022년에도 지속될 전망이나, 영향의 정도는 2020~2021년 대비 크게 축소될 것으로 예상된다.

상저하고 지속···'천스닥' 안착
2022년 화두는 메타버스 · ESG

이병화 신한금융투자 애널리스트

▶ 2021년 코스닥은 1000포인트 안착에 성공했다. 코로나19 사태 이후 '동학개미운동'이라고 명명된 개인 유동성의 증시 유입이 2021년 '천스닥'의 일등공신이다. 2020년 팬데믹 쇼크 이후 이어진 상저하고 흐름이 2021년 상반기까지 지속되면서 1000포인트에 도달에 성공했다. 코스닥이 상저하고 패턴을 나타낸 것은 2017년 이후 4년 만이다. 보통은 연말 세금 회피 부담에 따라 '상고하저' 양상이 나타나고는 한다. 2017년과 2021년 상저하고의 원인은 다르다. 2017년에는 외국인의 코스닥150 패시브 수급이 만들어낸 결과라면 2021년은 개인 유동성 유입의 결과다. 코스닥 1000포인트 재진입도 의미가 크다. 코스닥은 1996년 7월 1일 1000포인트로 시작된 시장이다. 2000년 초 IT 버블 시기지수 3000포인트를 목전에 두고 폭락한 바 있다. 이후 영욕의 20년을 거치면서 1000포인트 시대에 다시금 도달했다.

2021년 중소형주 시장을 관통했던 테마를 살펴보면 ① 코로나19의 영향력이 지속되는 가운데 ② 일상으로의 복귀 기대가 맞물리는 흐름이 이어졌다. 거리두기가 지속되면서 메타버스와 OTT 생태계의 성장 기대가 부각됐고 동시에 자율

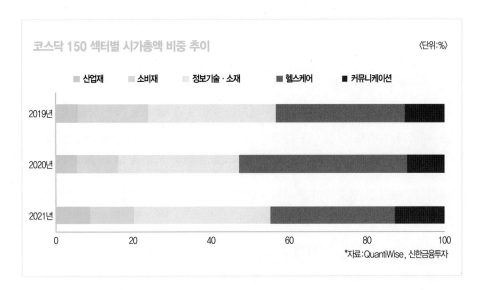

코스닥 150 섹터별 시가총액 비중 추이 〈단위:%〉

■ 산업재　■ 소비재　■ 정보기술 · 소재　■ 헬스케어　■ 커뮤니케이션

*자료:QuantiWise, 신한금융투자

주행과 전기차, 우주 산업처럼 성장 산업에 대한 관심도 높아졌다. 중소형 시장 내 코로나19 영향력이 감소하면서 구조적 성장 산업으로 무게중심이 이동하는 모습이다. 전기차는 기존 자동차 업체들의 친환경차 패러다임 전환, 애플과 같은 새로운 글로벌 플레이어 등장 기대, 주요 소재 업체들이 설비 증설 등 요인에 따라 테마에서 주요 섹터 규모로 격상되는 모습이다. 반면 K-성장주의 오랜 중심축이던 헬스케어와 바이오는 2021년 소외된 종목이다. 코로나19 여파로 진단키트와 백신, 치료제에 대한 관심이 폭증했지만 임상 지연과 주요 바이오 학회 연기 여파에 따라 앞서 언급한 성장 산업에 비해 주목을 덜 받았다.

　2021년이 끝나가는 가운데, 중소형주 시장 초미의 관심사는 상저하고 패턴의 2년 연속 지속 여부다. 코스닥 1000포인트에서 강세장이 이어진다면 대표적인 소외 섹터였던 헬스케어 · 바이오의 키 맞추기식 반등도 가능하다. 2021년 실적 기준 9월 말 현재 코스닥의 주가수익비율(PER)은 37.3배, 주가순자산비율(PBR)은 2.6배로, 코스피(PER 15배, PBR 1.2배) 대비 밸류에이션 부담이 높다.

　고평가된 성장주 비중이 높은 중소형 시장은 외부 변수에 민감하게 반응한다. 견조한 지수 흐름이 이어지더라도 금리 · 환율 · 세금 정책 등 외부 변수에 따른 변동성 확대와 리스크 관리도 중요한 국면에 진입했다고 판단한다.

2022년 유망 중소형 테마는 메타버스, 위드 코로나 그리고 ESG

2022년 투자 기회를 포착하기 위해서는 2021년 중소형주 시장을 이끌었던 주요 테마와 트렌드가 얼마큼 확장할 수 있을 것인지 꼼꼼히 살펴봐야 한다. 특히 중소형주에 국한된 테마와 이슈가 아닌 '대세 상승기의 산업'을 선별하는 것이 중요하다. 높아진 밸류에이션 부담 속에서도 10년 전 2차 전지와 같은 성장 산업을 찾는 시도는 지금도 유효한 전략이다.

2022년 유망 테마는 '메타버스' '위드 코로나' 그리고 'ESG'로 선정했다. 메타버스와 위드 코로나가 2021년 주요 투자 테마의 고도화 단계라면, ESG는 중소형주 시장을 향한 묵직한 화두이다. 세 가지 큰 틀은 중소형주에 국한된 테마와 이슈가 아닌, 산업과 시장의 구조적 성장 스토리에 기인한다. 2차 전지의 10년 격세지감 스토리가 똑같이 투영될 수 있는 테마다.

첫째, 메타버스는 플랫폼의 확장 그리고 투자 대상 구체화가 빠르게 진행될 것이다. 2021년 메타버스의 중심은 '콘텐츠'였다. 2022년 메타버스는 관련 인프라와 하드웨어에 대한 관심이 커지면서 콘텐츠 쏠림 현상에서 벗어나 그 균형을 맞춰갈 것이다. 수많은 콘텐츠를 메타버스 생태계에서 완벽하게 시현하기 위해서는 통신, 클라우드, 데이터센터 인프라의 원활하고 유기적인 결합, 그리고 하드웨어 업그레이드가 필요하다. 이는 관련 섹터 투자 사이클의 확대 요인으로 해석될 것이다. 통신 부문은 저궤도(LEO · Low Earth Orbit) 위성통신 상용화 기대감이 커질 것이다. 저궤도 위성통신 방식은 6G 무선통신의 핵심 기술로 부각되고 있다. 5G 인프라 구축에 높은 투자 비용이 진입장벽으로 작용하면서 상용화 속도가 늦어진 반면, 메타버스 시장의 성장 속도는 상대적으로 훨씬 가파르다. 통신망 역시 메타버스 생태계에 맞게 빠르게 대응해야 하는데 그게 바로 6G다.

둘째, 위드 코로나 전환기에서 구조적 성장이 지속되는 소비자 중심 산업에 주

2022년 중소형주 유망 종목

유망 업종	2022년 산업 전망	관심 분야
메타버스	콘텐츠 중심의 메타버스에서 관련 인프라와 하드웨어까지 부각	메타버스 기술
		저궤도 위성통신
		클라우드·데이터센터
위드 코로나	위드 코로나 전환기에서 구조적 성장이 지속되는 소비자 중심 산업에 주목	골프
		의류 ODM·SPA
ESG	탄소중립 정책·ESG 기준 강화에 따른 주요 기업들의 선제적 투자 확대	폐건전지·플라스틱 재활용
		온실가스 저감장치
		환경 오염 물질 제거 설비

자료: 신한금융투자

목한다. '골린이(골프 초보)' '미니멀 캠핑' '차박' 같은 신조어를 쏟아내고 있는 레저 산업이 대표적이다. 골프 산업은 코로나 19 사태로 그야말로 역대 최대급 호황을 맞이했다. 한국골프장경영협회 조사에 따르면 2020년 골프장 이용객은 4670만명으로 2019년 대비 12% 성장했고 2021년은 5000만명을 넘어설 것으로 전망된다. 해외여행 수요의 풍선효과, 스크린 골프의 대중화, MZ세대와 여성을 중심으로 신규 고객군 형성이 골프 산업 성장 요인으로 거론된다. 위드 코로나 이후에도 스크린 골프를 비롯한 골프 산업 전반의 플랫폼 강자가 시장을 선도할 가능성이 높다. 차박을 비롯한 미니멀 캠핑 시장 정착, 또 레깅스가 선도하는 신 개념 아웃도어 의류 시장의 성장으로 의류 ODM과 SPA 기업들의 수혜도 기대된다.

셋째, ESG 정책 활성화로 친환경 관련 중소형 업체들 역시 부각되고 있다. 각국 정부의 탄소중립 정책 강화와 ESG 기준 강화 탓에 이제 환경 이슈는 기업 생존과 직결되는 문제다. 한국 산업은 특성상 반도체·화학의 설비 투자가 활발하다. 온실가스 종류인 과불화탄소(PFCs)는 반도체 제조에서, 육불화황(SF6)은 디스플레이·변압기 절연체에서 주로 발생한다. 주요 기업들은 환경 이슈 해결을 위해 선제적으로 투자 규모를 확대할 것이다. 환경 문제는 국내 대기업 참여로 해결될 수 없다. 정부의 정책 지원은 물론 대기업과 중소기업의 동시다발적인 친환경 투자가 중요하다. 폐건전지·플라스틱 재활용 사업, 온실가스 저감장치, 환경 오염 물질 제거 설비의 수요 증가 사이클에 수혜주가 주목받을 것이다.

부동산

어디에
투자할까

〈부동산〉

1. 아파트

2. 상가

3. 업무용 부동산

4. 토지

5. 경매

가점 50~60점대 청약 도전
어려우면 재개발 눈 돌려야

정다운 매경이코노미 기자

▶ 2021년 정부의 지속적인 공급 시그널에도 꺾일 줄 모르던 아파트값 상승세는, 하반기 들어 정부의 전방위 대출 규제 등으로 한풀 꺾인 모습이다. 이대로 2022년 아파트 시장이 조정 국면에 진입할 수 있다는 기대감이 피어오르지만, 한쪽에서는 상승세가 잠시 둔화됐다 대출 총량이 초기화되는 2022년 초 억눌린 수요가 폭발할 가능성을 우려하는 목소리도 나온다. 이렇게 주택 시장 불확실성이 커질수록 비거주, 시세차익을 목적으로 주택을 구입하거나 무리한 갭 투자를 하는 방법은 시장에서 먹히는 투자 패턴이 아니다. 따라서 2022년에는 여신과 절세가 가능한 범위 내에서 '똘똘한 아파트 한 채'를 구입하거나 서울·수도권 지역 새 아파트에 청약하는 것이 아파트 투자의 기본이 될 전망이다.

무주택자는 무조건 청약…가점 낮으면 '구축이나 재건축·재개발 매입' 투트랙

내집마련이 목표인 무주택자라면 틈틈이 서울·수도권 지역 청약을 부지런히 공략해보는 것이 좋다. 정부 정책에 따라 아파트 분양가는 일정 수준으로 묶여 있는데 대부분 유주택 투자자는 청약가점이 부족하고 분양권 전매가 불가능해,

무주택자는 실수요자 당첨 가능성이 높기 때문이다. 또 주변 시세보다 낮은 가격으로 책정되는 분양 주택은 시세차익을 기대해볼 수 있고, 만에 하나 집값이 폭락하는 시장이 시작되더라도 타격이 적다는 점도 청약의 장점이다.

단, 청약가점은 최소 50점대, 60점대는 돼야 당첨 안정권에 들 것으로 예상된다. 가점이 낮은 청약자가 인기 지역만 욕심내다가는 오히려 내집마련 기회를 놓칠 수 있다.

가점이 40점대로 낮다면 1순위 청약 직전에 접수하는 특별공급(특공)을 참고해 전략을 세워보자. 특별공급에 지원하는 청약자는 일반적으로 가점이 높고 당첨될 것이라는 기대가 커 좋은 주택형에 청약하는 경향이 있다. 즉 특별공급 때 주택형별 경쟁률을 살펴보면 일반분양 시 인기 주택형을 미리 가늠할 수 있다. 물론 1층보다는 로열층이, 타워형보다는 판상형 아파트가 집값 상승폭이 더 크겠지만, 중요한 것은 집값 상승 전 내집마련 열차에 올라타는 전략도 나쁘지 않다는 사실이다. 이런 맥락에서 가점이 낮은 청약자는 특별공급 경쟁률이 낮은 주택형이나 평면 구성이 안 좋은 주택형에 청약해 당첨 가능성을 높이는 것이 우선이다.

가점이 40점도 안 된다면 구축 아파트 매입으로 눈을 돌리는 것도 방법이다. 이때 원하는 매물이 나왔을 때 언제든 매입할 수 있도록 미리 자금 여력과 대출 가능 금액을 확인하고 증빙 자료 등을 챙겨두는 것은 기본이다.

갈아타기를 염두에 둔 1가구 1주택자 역시 추첨제 물량으로 나오는 아파트 청약을 고려해봄직하다. 무주택자와 비교해 청약 기회는 훨씬 적지만, 최근 새 아파트 선호도가 높아지는 분위기 속에 조금이라도 저렴하게 내집마련이 가능한 수단으로 청약만 한 게 없기 때문이다.

알짜 분양 어디? 둔촌·이문 실수요자에 '딱'…사전청약도 눈여겨봐야

청약하기 좋은 단지는 서울·수도권 거의 대부분이라고 봐도 무방하다. 그중에서도 실수요자에게 특히 인기를 끌 곳으로 예상되는 '가성비 투자처'는 서울 강동구 '둔촌주공', 동대문구 '이문1구역' 등이다. 대부분 재건축·재개발 사업으로 지어지는 이들 단지는 조합 내부 갈등, 소송 등으로 분양 일정이 차일피일 미뤄지고는 있지만, 단지 입지나 사업성 자체만 놓고 보면 예비 청약자 입장에서 나쁜 조건이 아니다.

'단군 이래 최대 재건축'이라고 불리며 2021년 내 분양을 추진했던 서울 강동구 '둔촌주공'은 재건축 아파트 1만2032가구 중 일반분양 물량이 4786가구에 달하지만 일반분양은 사실상 2022년으로 미뤄졌다.

둔촌주공 재건축(올림픽파크 에비뉴포레)은 강동구 둔촌동 일대 62만6232㎡ 부지에 지하 3층~지상 35층 85개동, 총 1만2032가구를 짓는다. 전용 60㎡ 이하 5130가구, 60~85㎡ 4370가구, 85㎡ 초과 2532가구 등으로 구성된다. 이 가운데 일반분양 물량만 무려 4700여가구에 달한다. 다만 HUG가 제시한 분양가를 거부해 사업이 중단됐던 점을 감안할 때, 구체적인 일반분양 시기는 공시지가 발표 이후 택지비 감정평가 신청 등 절차에 따른 분양가 산정 여부에 달릴 것으로 보인다.

분양가 산정과 분양 방식을 두고 고민이 커졌지만 둔촌주공아파트 자체는 강동구 대표 재건축 단지답게 여러모로 장점이 많다. 단지 규모가 워낙 큰 데다 양재대로, 강동대로에 접하고 지하철 5호선 둔촌동역과 지하철 9호선 둔촌오륜역이 지나는 더블 역세권 단지다. 특히 9호선 3단계 연장선은 1995년 지하철 5호선 둔촌동역 개통 이후 강동구에 23년 만에 들어선 새 노선이다. 9호선 3

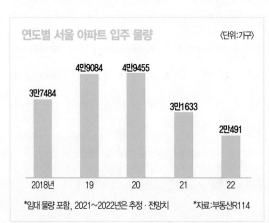

연도별 서울 아파트 입주 물량 〈단위:가구〉

3만7484 (2018년)
4만9084 (19)
4만9455 (20)
3만1633 (21)
2만491 (22)

*임대 물량 포함, 2021~2022년은 추정·전망치   *자료:부동산R114

단계 연장선이 개통한 덕에 서울 강남, 도심, 여의도 등 주요 업무지구로의 접근성이 한층 높아졌다. 올림픽공원, 아산병원, 강동구 천호동 상권이 가까운 것도 매력이다.

동대문구 이문1구역(2904가구 중 일반분양 803가구)도 사업 일정이 미뤄지면서 공사비가 늘어났고, 그사이 주변 시세가 오른 만큼 분양가를 다시 책정하기 위해 2022년으로 분양이 연기됐다.

이문1구역은 이문동 257-42번지 일원 14만4856㎡를 정비하는 사업지다. 2008년 12월 조합설립인가, 2010년 3월 사업시행인가, 2017년 3월 관리처분인가 등을 거쳐 오늘에 이르렀다. 철거는 끝났으나 아직 본격적인 공사는 시작하지 않았다. 이문1구역은 향후 지하 6층~지상 27층, 40개동 총 2904가구 규모 '래미안' 브랜드 단지로 거듭난다. 한국외국어대와 맞닿아 있고 서쪽으로는 천장산, 북쪽으로는 의릉을 뒀다. 녹지가 있는 환경은 좋지만 층수 제한에 걸려 의릉 주변에는 아파트를 8층까지만 올릴 수 있다. 조합원 수 1759명에 아파트는 2904가구, 덕분에 일반분양 물량이 800여가구로 넉넉하다.

청약 요건만 맞는다면 주변 시세의 60~80% 가격에 수도권 아파트를 장만할 수 있는 사전청약도 눈여겨봄직하다. 2021년 수차례에 걸쳐 사전청약이 진행됐는데 수만 명이 몰릴 만큼 인기를 끈 터라 2022년에도 높은 경쟁이 예상된다. 아직 2022년 사전청약의 구체적인 일정과 지역은 정해지지 않았지만, 2021년 공급된 지역에서 추가로 모집을 할 가능성이 높다. 앞서 진행된 사전청약 자격 요건과, 가점 커트라인, 경쟁률 등을 확인한 후 미리 청약 준비를 해두는 것이 좋다.

가점 부족하면 재개발로…서울 가까운 '가성비' 재개발 수두룩

물론 청약이 가장 손쉬운 방법이지만 여전히 당첨 확률은 하늘의 별 따기다. 그래서 가점이 부족하다면 청약 대신 서울·수도권 재건축이나 재개발 등 정비사업에 투자하는 방법도 있다. 하지만 이마저도 재건축 단지는 안전진단 강화와 분양가상한제 등 규제로 사업 추진이 연기되는 곳이 늘었다. 관리처분인가 이후 조합원 지위 양도 금지 규제로 매물 잠김까지 예상된다. 결국 남은 것은 재개발 투자다. 최근에는 각종 인터넷 카페나 책 등을 통해 재개발을 전문적으로 공부하는 사람이 늘면서 재개발 투자도 대중화되는 추세다.

구체적으로는 서울 동대문구 청량리역 일대와 흑석뉴타운, 경기권에서는 서울 강남과 가까운 성남시, 광명시, 수원시 등을 주목할 만하다.

최근 청량리 일대는 수도권 광역교통망을 갖춘 초고층 주상복합타운으로 탈바꿈 중이다. 노후 주택이 밀집한 집창촌 이미지가 강했던 탓에 집값이 저평가돼 있었는데 일대 재개발 사업이 하나둘씩 완료되고 브랜드 아파트가 잇따라 준공하면서 동대문구 가치가 오르고 있다. 청량리역 인근 아파트가 잇따라 전용 84㎡ 시세 기준 '10억 클럽' '20억 클럽'에 속속 합류하자 '동쪽의 마포'라는 별칭을 얻으며 신흥 주거지로 거듭나는 중이다.

흑석뉴타운 일대 재개발 사업은 대부분 완료됐지만 9 · 11 · 1구역 등이 아직 진행 중이다.

흑석11구역은 2021년 3월 사업시행인가를 받은 데 이어 관리처분계획인가 절차를 밟고 있다. 지하철 9호선 흑석역과 4호선 동작역이 가까운 이 단지에 1517가구의 아파트가 들어선다. 시공사 대우건설은 단지명으로 '써밋 더 힐'을 제시한 상태다. 흑석11구역 재개발 조합은 늦어도 2022년 초에는 관리처분계획인가를 받는 것을 목표로 사업을 추진 중이다. 시공사 선정 작업에 들어간 흑석9구역에는 새 아파트 1538가구가 지어진다. 조합장 해임과 시공사 해지 논란에 휘말린 적도 있지만 2017년 8 · 2 부동산 대책 이전에 사업시행인가를 신청해 조합원 입주권 양도에 제한이 없다는 게 큰 장점이다.

흑석뉴타운에서 사업 추진이 가장 늦은 흑석1구역은 최근 조합설립 동의율 (75%)을 채웠다. 흑석1구역 재개발 조합은 2021년 말 조합설립을 위한 총회를 연다는 계획이다. 흑석1구역은 2009년 추진위원회 승인을 받은 뒤 10여년간 사업 진행이 이뤄지지 못했는데 주변 구역들에 새 아파트가 속속 들어서면서 뒤늦게 사업 추진에 탄력을 받게 됐다. 지하철 9호선 흑석역과 가깝지만 상가가 다수 포진했다는 점은 향후 사업 추진 과정에서 걸림돌이 될 수 있다. 재개발 사업이 계획대로 추진되면 흑석1구역(대지 2만6675㎡)은 지하 3층~지상 최고 30층, 4개동, 494가구 아파트로 탈바꿈한다.

다만 재개발은 주택이 노후한 탓에 실거주하며 투자하기 어렵다는 점을 염두에 둬야 한다. 이미 주택을 보유한 경우라면 재개발에 투자해 '다주택자' 페널티를 감수하기보다 상가나 근린생활시설을 매수하는 것이 나을 수 있다. 이 경우 향후 상가와 아파트를 동시에 분양받을 수 있다는 이점이 있다. 자금 여유가 있고 장기 투자를 목적으로 한다면 상가나 근린생활시설을 매입해 월세를 받다 재개발이 본격적으로 진행되면 상가와 아파트를 받는 전략이다.

만약 자금이 부족하다면 재개발·재건축 논의가 활발하면서 서울과 가까운 성남, 광명, 안양, 의왕, 수원, 인천 지역까지 눈을 돌려보자. 특히 1기 신도시인 분당에서 가까운 성남시 중원구와 수정구는 구도심으로 분류되는데, 30년 연한을 넘기는 단지가 속속 나오고 있다. 성남시가 추진하는 '2030정비기본계획'에 따라 도시 개발 사업이 진행될 예정으로 향후 주거환경이 크게 개선되고, 재건축 가능성도 높게 점쳐진다. 광명은 일직동을 중심으로 역세권이 형성되면서 새 아파트 단지로 탈바꿈 중이다. 특히 하안동의 일부 30년 연한 구축 아파트를 중심으로 안전진단을 추진하고 있어 주목할 만하다. 안양과 의왕은 인덕원역, 수원은 수원역을 중심으로 재개발이 활발하게 논의되고 있다.

매출 줄었던 업무지구·유흥 상권 유동인구 늘고 임대료 회복할 것

김종율 보보스부동산연구소 대표

▶ 2020년에 이어 2021년에도 코로나19는 직장인의 먹자 상권, 대학가 상권, 외국인 관광 상권을 초토화시켰다. 그나마 2021년 10월 정부가 '위드 코로나' 로드맵을 선언하면서 일상으로의 회복이 머잖았다는 것은 한 줄기 희망으로 보인다. 위드 코로나가 시행되면 그간 잃어버린 일상은 곧장 회복될까. 수많은 소매점의 토막 난 매출은 바로 복구될까.

2022년 상가 시장은 상권 유형별로 위드 코로나 진행에 따른 변화를 내다보는 것이 핵심이 될 것이다.

보통 상가 투자를 할 때 상권 유형을 주거, 오피스, 유흥, 학원·대학가, 역세·유동, 병원 상권 정도로 구분한다. 또 이 가운데 2가지 이상 유형이 섞이면 '복합 상권'이라고 한다. 예컨대 서울 사당역 5번 출구 이면의 상권은 '역세·유동+유흥' 복합 상권이고, 낙성대역 상권은 '역세·유동+주거' 복합 상권이라고 표현하는 것이 적절하다.

그렇다면 이들 상권 중 코로나19 타격으로 소매점 매출이 가장 크게 줄어든 유형은 무엇일까. 바로 '오피스'와 '유흥' 상권 그리고 '대학가' 상권이다. 아예 영업

조차 못한 업소가 많은 유흥 상권과, 재택근무로 직장인 유동인구가 줄어든 오피스 상권, 등교생이 없는 대학가 상권은 그야말로 쑥대밭이다. 반면 집에 머무는 시간이 늘어나면서 주거 상권의 매출과, 중·고교생이 많은 학원가 매출은 대부분 업종에서 늘어난 편이다.

실제로 필자가 소매점 매출 변화를 조사해본 사례 몇 가지를 소개한다.

고려대 상권인 안암역 인근의 한 차 전문점의 경우 2019년 3월 매출액이 6000만원이었는데, 코로나19 확산 첫해인 2020년 3월 매출액은 2800만원으로 절반 이상 쪼그라들었다. 이런 매출이 근 2년간 계속되니 일대에는 권리금이 줄거나 아예 없는 상태로 임대 매물로 나온 점포가 많았다.

안암역 초역세권 입지에 2020년 초 개점한 한 껍데기집은 제대로 영업을 해보지도 못하고 권리금 없이 임대 매물로 최근에는 다른 업종으로 간판이 바뀌었다.

또 강남대로 이면의 식당가의 경우 월 1억2000만원가량 매출을 내던 고깃집 매출이 월 4000만원가량 쪼그라든 것으로 나타났다. 영업시간, 테이블당 식사 인원수를 제한해버리면 자영업자는 버틸 재간이 없다.

이 지역 외식 업종 대부분은 매출이 비슷한 규모로 줄었다. 특히 저녁 장사를 위주로 하는 호프집이나 소주방, 이자카야 등의 매출 하락폭은 훨씬 더 크다. 이 밖에도 유흥가 등 사람들이 모이는 상권은 적어도 10% 정도는 매출이 하락했다.

'위드 코로나'로 청신호…외국인 관광 상권은 회복 더딜 듯

어쨌거나 위드 코로나가 시행되면 매출이 하락했던 상권의 상가는 그간 억눌렸던 매출을 회복하고 임대료도 정상화돼 투자처로서도 각광받을 전망이다.

다만 매출이 하락한 모든 상권이 비슷한 모양새로 회복하는 것은 아니다. 지난해 각광받은 주거지, 학원가 상권 강세가 여전한 가운데 재택 수요가 일상으로 복귀하며 오피스 상권과 먹자 상권이라 불리는 유흥 상권, 대학가 상권이 힘을 받을 것으로 보인다.

반면 똑같이 코로나19 타격을 받았다 해도 외국인 관광 상권은 회복이 굉장히 더딜 것으로 본다. 아무래도 외국인 관광객 방문이 본격적으로 이뤄지려면 시간이 좀 더 필요하다는 판단이다. 대표적인 곳이 명동 상권이다.

그렇다면 오피스, 유흥, 대학가 상권이라면 아무 상가나 사도 될까. 물론 이들 유형 상권에서도 상권 분석은 필수다. 이어 서울 지역 대표 유흥 상권인 송파구 방이동 먹자골목을 예로 들어보겠다. 방이동 같은 유흥 상권은 지도에 '관통 도로'를 그려보면 어느 자리가 장사가 잘될지, 임대료를 두둑이 받을 수 있을지 파악하기 쉽다. 또 이를 다른 지역에 접목해 미래를 예측해보는 것도 좋은 투자를 위한 지름길이다.

지도는 방이동의 먹자골목이다. 흔히들 찻길이라 부르는 길을 파란색 굵은 점선으로 표시했는데, 먹자골목 블록 전체를 에워싼 모습이다. 이런 먹자 상권은 이용객 대부분이 이 상권 내 거주자가 아니라 인근 주민이나 직장인 등이다.

이곳 이용자 동선에는 재미있는 특징이 하나 있다. 이용객들이 이 전체 블록을 '관통하는 도로'를 따라 드나드는 특징이 뚜렷하다. 그렇다 보니 이 동선 위에 있는 점포들이 대체로 매출이 더 좋다. 특히 지도상 관통 도로인 빨간색 실선 2개가 만나는 곳(동그라미로 표시한 곳)은 저 지역 내 유동인구가 가장 많고 음식점 매출도 매우 높은 곳이다.

실제 편의점 매출로만 비교해봐도 이런 특징이 뚜렷하다. GS25 방이진실점은 과거 하루 매출이 약 350만원 안팎이던 곳이다. 인근에 경쟁점이 많고, 매장 면적도 넓지 않은데도 비교적 높은 매출은 자랑했다. 관통 도로 2개를 모두 접한 입지의 힘이 이런 것이다.

반면 같은 브랜드의 GS25 잠실점은 관통 도로를 하나만 접하고, 면적은 GS25 방이진실점의 두 배 정도에 이른다. 그럼에도 하루 매출은 200만원을 조금 넘어서는 정도였다.

커피 전문점끼리 비교해보면 어떨까. 할리스 방이점은 하루 매출이 90만원 안

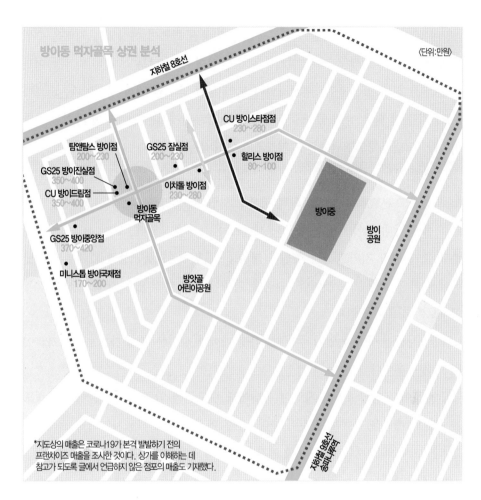

방이동 먹자골목 상권 분석

〈단위 : 만원〉

지하철 8호선

CU 방이스타점점
230~280

탐앤탐스 방이점
200~230

GS25 잠실점
200~230

할리스 방이점
80~100

GS25 방이진실점
350~400

이차돌 방이점
230~280

CU 방이드림점
350~400

방이동
먹자골목

방이중

방이
공원

GS25 방이중앙점
370~420

미니스톱 방이국제점
170~200

방앗골
어린이공원

지하철 양용선
송파나루역

*지도상의 매출은 코로나19가 본격 발발하기 전의
프랜차이즈 매출을 조사한 것이다. 상기를 이해하는 데
참고가 되도록 글에서 언급하지 않은 점포의 매출도 기재했다.

팎인 데 반해 관통 도로 2개와 가까운 탐앤탐스는 하루에 두 배 넘는 매출액은
보이고 있다. 이렇게 유흥 상권에서 관통 도로의 힘은 크다.

물론 입지가 좋아도 안타까운 경우는 있다. 방이동 먹자 상권에서 관통 도로 2
개를 모두 접하고 있는, 입지가 아주 우량한 점포가 있다. 야간 장사를 주로 하
는, 1층 오징어회 가게다. 2021년 가을쯤 폐점을 하고 임대 문의가 붙어 있는
상태다.

앞의 상권 분석 사례에서 터득한 원리를 대입해보면 유망 투자처를 쉽게 가늠
해볼 수 있다.

방이동 먹자골목과 비슷한 원리로 2022년 상권 회복이 예상되는 지역은 수원시 인계동이다. 팔달구 소재 인계동은 수원 3대 상권(남문·역전·인계동)이면서 수원시 최대 업무지구, 행정시설이 모인 경기 남부권 핵심 상권이다. 코로나19 충격을 안 받은 상권 없다지만 유독 경기 남부권에서는 인계동이 타격을 크게 입었다. 그만큼 2022년에는 기저효과가 예상되는 상권이다.

또 재택근무하던 직장인이 하나둘 사무실로 돌아오면 서울 내 업무지구 이면도로 상권도 본격적으로 활성화될 것으로 보인다. 일례로 업무·유흥 복합 상권인 서울 강남대로 이면 골목 상권도 새해에 온기가 예상된다. 또한 서울·수도권 주요 주거 밀집 지역과 3대 학원가(대치동·목동·중계동) 상권은 대부분 지난해에 이어 강세를 보일 것이다. 지금쯤 거품이 많이 빠져 있을 대학가 상권을 들여다보는 것도 추천한다.

다만, 강남권 상가나 인기 주거지, 유명 대학가 상권은 매매 가격, 즉 투자금이 비싼 점이 흠이다.

꼭 서울이나 강남, 인기 지역이 아니어도 수도권에 연 임대수익률이 4% 정도를 목표로 매물을 찾아보는 것이 좋다. 추후 매각했을 때 시세차익까지 고려한다면 연 4% 수익을 내는 상가는 꽤 괜찮은 투자라고 할 수 있다.

여기서 주의할 점은 임대수익률이 높다고 해서 마냥 좋은 매물만은 아니라는 점이다.

기본적으로 임대수익률은 매매 가격이 낮을수록, 임대수익은 높을수록 오른다. 매매 가격이 낮아 수익률이 지나치게 높은 상가는 미래 가치가 없거나, 지하 상가거나, 임차 업종이 별로인 경우가 왕왕 있다. 이런 비인기 상가는 당장의 수익률은 높을지 몰라도 재매각이 힘들다거나, 현 임차인이 퇴거하면 새 임차인을 구하기 힘들다거나, 기피 업종이 들어서 있는 등 애로 사항이 있다. 목이 좋고, 우량 임차인이 들어와 있으면서, 매매 가격도 적당한 매물을 찾는 것은 온전히 발품이 필요한 일이다.

　한 가지 더 당부할 점은 상권이 좋다고 해서 그 상권의 모든 입지가 투자하기 좋은 건 아니라는 점이다.

　예컨대 서울 이수역 상권과 내방역 상권을 두고 비교해보자. 아마 두 지역을 한 번이라도 지나가본 독자라면 누구든 이수역 상권이 좋다고 할 것이다. 매매든 임대든 부동산 시세도 이수역이 훨씬 더 비싸다.

　그러나 상가 투자나 창업에 있어서는 상권보다 입지가 훨씬 중요하다. 지역이 좋아야 하는 게 아니라, 지역 내에서 위치가 중요하다는 얘기다.

　예를 들어 이수역 근처에 학생을 대상으로 한 분식집을 차린답시고, 주변에 초·중·고등학교가 전혀 없는, 학원가도 조성되지 않은 4사분면 자리를 고른다면 유효 수요를 제대로 확보했다고 보기 어려울 것이다. 물론 주변에 방배롯데캐슬 아파트 같은 주거지 수요층이 있기는 하지만, 이 역시 입지에 따라 주민들이 전혀 유입되지 않는 자리일 수 있으니 동선 확인이 반드시 필요하다.

'제로 공실률' 자랑하는 판교 여의도와 어깨 나란히 할 것

정다운 매경이코노미 기자

▶ 2021년에 이어 2022년은 업무용 부동산 수요자인 자영업자와 기업 모두 코로나19 여파에서 헤어 나오지 못한 한 해였다. 온라인 쇼핑 활성화로 물류센터는 수요가 급증하고 비대면 프롭테크 산업이 날개를 달기 시작한 반면 상가, 빌딩 임대 시장은 적잖은 충격을 받았다.

비단 코로나19 여파가 아니더라도 상업·업무용 빌딩 시장은 몇 해 전부터 4차 산업혁명에 따른 변화를 겪고 있었다. 백화점, 대형 할인점, 중소 점포 등 오프라인 매장은 힘을 잃어가고 있다. 온라인 쇼핑이 활성화되고, 그 온라인 쇼핑에 의존하는 수요층의 소비 패턴이 변화하면서 그야말로 리테일 패러다임의 격변을 겪는 중이다. 2020~2021년 근 2년간 이어진 코로나19 팬데믹은 리테일 패러다임이 격변하는 속도를 한층 촉진시키는 역할을 했다.

온라인 쇼핑 활성화로 물류센터 인기…오피스는 양극화 지속

오프라인 매장의 전반적인 퇴조 속에 2022년에도 온라인 쇼핑몰과 관련된 물류 부동산이 각광받을 것으로 보인다. 물류센터 투자는 코로나19로 최대 호황기

를 누린 부동산 상품이다. 특
히 지난 2년여간 비대면 거래
가 증가하고 물류센터 임대료
가 오르자 부동산 자산운용사
들이 대거 물류센터 투자에 집
중했다. 젠스타메이트 리서치
센터의 물류센터 시장 리뷰 보
고서에 따르면 2021년 2분기

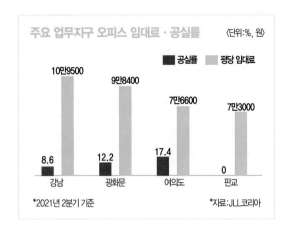

수도권 물류센터 거래 규모는 전년 동기 대비 70% 이상 급증한 1조3000억원가
량으로 집계됐다. 2021년 전체를 놓고 보면 거래 규모는 수도권에서만 역대 최
고인 4조원을 넘을 것으로 추산된다. 2022년에도 이 같은 흐름은 더욱 가속화
될 것으로 보이는데 특히 서울 접근성이 좋은 용인, 이천 등지의 물류 부동산 수
요는 꾸준히 인기를 끌 전망이다.

글로벌 종합 부동산 서비스 회사 JLL(존스랭라살)코리아는 2021년 2분기
기준 수도권 물류센터 공실률을 2.8%로 집계했는데, 직전 분기(3.4%) 대비
0.6%포인트 감소한 수준이다. 반면 같은 기간 물류센터 명목 임대료는 0.2%
소폭 상승한 것으로 분석됐다. 또 e커머스 등 기업의 수요에 힘입어 2021년 2
분기 새로 준공한 물류센터는 모두 임대 계약을 100% 완료했다. 수도권 물류센
터 공실률이 2021년에 이어 2022년에도 꾸준한 하락세를 나타낸다면, 2022
년 물류센터 수익률 상승 여지가 충분할 것으로 보인다.

오피스 빌딩 공실률 2019년 수준 완전히 회복할 것···판교 위상 ↑

오피스 빌딩은 코로나19 충격을 완전히 털고 강세를 보일 것이라는 전망이다.
이미 전국 주요 지역 공실률이 코로나19 이전인 2019년 수준으로 떨어졌다. 코
로나19 백신 접종률이 높아지면서 단계적 일상 회복(위드 코로나)을 앞둔 기대

감에 재택근무를 유지하던 기업들이 새롭게 옮길 사무실을 적극 찾아 나서고 있어서다. 국내 중대형 오피스 수요가 크게 증가했다는 얘기다.

상업용 부동산 중개 서비스 기업 알스퀘어 거래 데이터에 따르면 2021년 3분기 중대형 오피스 상위 5곳 평균 공실률은 7%대로 떨어졌다. 강남 2.7%, 판교 0%, 광화문 9.2%, 여의도 10.5%, 용산 12.7% 등이다. 이는 코로나19 사태 이전인 2019년 3분기 평균 공실률(7.9%)과 비슷한 수준이다. 특히 판교 공실률은 '제로'로 떨어졌다. 또 여의도 지역은 파크원 등 대형 빌딩들이 잇따라 준공되며 '공실률 양극화' 우려가 제기되기도 했으나, 2020년 같은 기간과 비교하면 오히려 공실이 25% 가까이 줄었다.

오피스 임대 문의가 늘면서 임대료도 상승세다. JLL코리아가 발표한 '2021년 판교 오피스 시장 보고서'에 따르면 2021년 2분기 판교권의 A급 오피스 빌딩 임대료는 3.3㎡당 7만3091원으로 집계됐다. 2020년 3분기(3.3㎡당 6만2891원)보다 1만200원(16.2%) 오른 수준으로, 여의도의 A급 오피스 임대료(3.3㎡당 7만6623원)와 비슷하다.

종합하면 여의도와 광화문 지역은 공공기관과 대기업 확장 덕에, 강남·판교·분당 지역은 기업들이 인재 확보를 위해 유리한 입지의 대형 사무실에 입주하면서 공실률이 하락했다는 분석이 가능하다. 이 추세대로라면 2022년에는 팬데믹 이전 수준을 완전히 회복할 것으로 예측된다. 특히 새해에는 '공실률 제로'의 판교 지역 오피스를 눈여겨봄직한데, 최근 빅테크 기업들이 새로 나오는 매물을 연이어 선점하고 있는 추세라 당분간 제로 공실률이 유지될 가능성이 크다. 일례로 빅테크 기업인 카카오와 네이버는 판교역 근처 알파돔 6-1블록(연면적 약 4만9000평)과 6-2블록(연면적 약 2만8000평)이 준공되기 전부터 오피스를 빠르게 선점(선임차)하기도 했다. 일대에 유일하게 빈 땅으로 남아 있는 임시 주차장 부지도 최근 엔씨소프트가 사옥용으로 사들였다. 판교에는 입주 경쟁률 5 대 1을 기록한 사무실도 있다.

중소형 빌딩 매매 거래 늘고 가격 오르지만 여전히 '공실 우려'

한편 상대적으로 경쟁력이 떨어지는 중소형 빌딩은 더 큰 공실 위험에 노출될 가능성이 크다.

새 빌딩 공급이 지속적으로 이뤄지는 반면 수요는 정체 현상이 뚜렷하게 나타나고 있어서다. 경기 침체가 장기화되면서 중소형 빌딩의 주요 임차 수요층이 임대료가 상대적으로 저렴한 외곽 지역으로 이전하는 경우가 눈에 띄게 증가하는 추세다.

또 최근 몇 년 새 서울 구로 · 성수, 경기 성남 · 하남 등지에서 지식산업센터(옛 아파트형 공장)가 꾸준히 공급돼왔는데, 비교적 저렴한 임대료에 최신 주차장과 상가 등보다 편리한 시설을 갖춘 대체재로 임차 수요가 이탈하는 추세다.

다만 공실률이 높아지고 임대수익률이 점차 낮아지는 것과는 별개로 중소형 부동산 매매 거래 시장은 호황을 이어가고 있다는 점은 눈여겨볼 만하다. 토지 · 건물 정보 서비스 업체 밸류맵에 따르면 2021년 상반기(1~6월) 서울의 상업 · 업무용 빌딩 거래는 2145건으로 나타났다. 상반기 추세가 하반기에도 이어지면 2020년(3454건), 2019년(2934건) 거래량을 훌쩍 넘을 전망이다. 2021년 상반기 3.3㎡당 평균 거래 가격(대지면적 기준)은 7527만원으로 2020년(6529만원)보다 15.2% 상승했다. 또 중소형 빌딩 거래 중에서는 50억원 미만의 '꼬마빌딩' 거래가 가장 많은 것으로 나타났다.

물론 시세차익 기대감, 증여세 절세 목적 등 중소형 빌딩 매매 거래가 활발한 이유는 많다. 다만 묻지마 투자는 경계해야 한다.

2021년 8월 한국은행이 기준금리를 인상한 데다 이후 추가 기준금리 인상도 시사하고 있어서 시중은행의 대출 금리 인상 가능성이 더욱 높아졌다. 자금력이 충분하지 않은데 무리하게 투자했다가 금리가 인상돼 이자를 감당하지 못할 가능성도 염두에 두는 것이 좋겠다. 대출 금리가 계속 오를 경우를 가정해 임대수익만으로 이자를 감당할 수 있을지 유심히 검토해야 할 것이다.

땅값 상승률 2위 군위
〈경상북도〉
살아나는 전통 강자 '제주'

강승태 중앙감정평가법인 감정평가사

▶ 2021년 토지 시장을 한 문장으로 요약하면 '다시 한 번 상승 곡선을 그리는 시기'라고 할 수 있다. 한국부동산원 'R-ONE 부동산통계정보시스템'에 따르면 2021년 상반기 전국 지가 상승률은 2.02%를 기록했다. 2020년(1.72%)과 비교하면 0.3%포인트 올랐으며 2019년(1.86%)은 물론 최근 가장 많이 오른 시기였던 2018년(2.01%)과 비교해도 오른 수치다.

다시 활활 타오르는 토지 시장

2021년 상반기 땅값이 예년 대비 크게 오른 이유는 여러 가지다.

우선 정부가 주택 시장 규제를 강화하면서 상대적으로 토지 시장에 풍선효과가 나타나고 있다는 분석이 나온다. 또 수도권광역급행철도(GTX)·신도시 등 각종 개발 사업이 늘어나면서 토지 시장에 큰 영향을 주고 있다. 수도권에서 정부가 주도하는 3기 신도시 등 공공 택지 개발을 비롯해 도로·철도 등 교통 인프라 확충이 진행되면서 토지 투자가 활발해졌다는 설명이다.

막대한 토지 보상금이 풀리면서 이 자금이 토지 시장으로 흘러들어온 영향 역시 적지 않을 것으로 보인다. 결국 수도권을 중심으로 산업 단지·도로 등 각종 개발 호재가 줄줄이 이어지면서 투자자들의 관심이 토지에 쏠리고 있다는 분석이다.

1년간 10% 넘게 오른 세종

지역별로 살펴보면 이 같은 현상은 더욱 두드러진다. 2021년 전국에서 가장 땅값이 많이 오른 지역은 다름 아닌 세종이다. 2021년 상반기 세종시 땅값 상승률은 무려 4.01%를 기록했다. 세종시의 경우 몇 년 전부터 매년 5% 이상 높은 성장률을 기록했지만 2020년 하반기부터 상승폭이 더 커졌다. 특히 2020년에는 무려 10.62%의 기록적인 상승률을 기록하며 전국 지가 상승을 주도했다.

세종시 땅값이 급등한 이유는 여러 가지다. 국회의사당을 비롯한 정부 기관들의 세종 이전설이 끊이질 않고 제기되고 있으며 단계별 개통을 예고한 서울~세종 간 고속도로 등 여러 개발 호재가 영향을 줬다.

2021년 상반기 땅값 상승률	
	단위:%
전국 평균	2.02
수도권	2.31
지방	1.53
서울	2.62
부산	1.89
대구	2.12
인천	1.87
광주	1.74
대전	2.38
울산	1.19
세종	4.01
경기	2.05
강원	1.5
충북	1.64
충남	1.38
전북	1.29
전남	1.82
경북	1.22
경남	0.9
제주	0.22

주:2021년 상반기 누적 기준
자료:한국부동산원

세종시의 뒤를 이은 곳은 바로 서울이다. 2021년 상반기 서울 지가 상승률은 2.62%로 2020년 같은 기간(2.26%)과 비교해 0.36%포인트 상승했다. 서울과 세종 이외에도 전국 광역자치단체 중 2% 이상 상승률을 기록한 지역은 대전(2.38%), 대구(2.12%), 경기(2.05%) 등 3곳이다.

수도권은 하남·광명·시흥 강세

기초자치단체별로 살펴보면 개발 예정 지역이나 여러 호재가 있는 지역의 땅값 상승이 두드러졌다. 특히 수도권(2.31%)은 비수도권(1.53%)에 비해 높은 상승률을 기록했다. 한국부동산원에 따르면 전국 기초자치단체 중 2021년 상반기 지가 상승률이 가장 높은 곳은 바로 하남시(3.35%)다. 2020년 상반기에도 하남시는 전국 기초자치단체 중 지가 상승률 1위를 기록한 바 있다.

하남시가 전국에서 땅값이 가장 많이 오른 이유 역시 여러 가지다. 우선 2020년 8월 개통한 지하철 5호선 연장선(미사 · 하남풍산 · 하남시청 · 하남검단산역)에 따른 호재가 땅값에 반영되고 있다. 또 3기 신도시 건설에 따른 토지 보상금 지급, 각종 광역교통 대책 발표 등이 영향을 준 것으로 보인다. 시흥시(3.25%)와 과천시(2.97%), 광명시(2.7%) 등도 수도권에서 지가 상승률이 높은 지역으로 분류할 수 있다. 우선 시흥시와 광명시는 3기 신도시에 추가 편입된 효과가 큰 것으로 보인다. 과천 또한 지식정보타운 개발 등의 영향으로 상반기 수도권 땅값 상승을 이끌었다.

의외의 지역, 경북 군위의 질주

하남시나 일부 수도권 지역의 땅값 상승은 사실 어느 정도 예견됐던 일이다. 지난 몇 년간 꾸준히 올랐고 개발 호재 또한 많았기 때문이다. 하지만 전국 기초자치단체 중 2위를 기록한 곳은 상당히 낯선 이름이라 그 배경에 관심이 쏠린다. 바로 경북 군위군이다. 군위군의 2021년 상반기 지가 상승률은 3.28%로 수도권의 여러 도시를 제치고 2위를 차지했다. 경북 군위군은 대구공항 이전 개발 부지로 최근 대구광역시 편입 가능성이 높아지면서 2021년 상반기 땅값이 급등했다.

비수도권 지역에서 군위와 함께 주목할 만한 지역은 바로 속초시다. 2021년 상반기 속초시 지가 상승률은 2.64%를 기록하며 최상위권에 이름을 올렸다. 코로나19로 인해 해외여행이 어려워지면서 강원도 동해안 일대 관광 지역 토지가 인기를 끌고 있다는 분석이다.

속초시뿐 아니라 양양군(2.25%)과 강릉시(2.21%), 고성군(1.95%) 역시 높은 상승률을 기록했다. 2017년 서울~양양 동서고속도로 개통 효과와 함께 춘천

~속초 고속화 철도 개발 계획 등 각종 교통 호재가 강원도 동해안 일대 토지 가격에 영향을 미친 것으로 풀이된다.

2년 연속 하락했던 제주의 반전

2022년 토지 시장에서 중요한 변수 중 하나는 바로 토지 보상금이다. 3기 신도시 토지 보상금 규모가 역대 최고 수준이라는 점에서 토지 시장의 뇌관이 될 수 있다. 현재 정부는 2021년 하반기부터 토지 보상 협의 작업을 본격화하고 있다. 이르면 2022년 초까지 수도권에서만 26조원 규모 토지 보상금이 풀릴 수 있다는 전망이 나온다. 전문가들은 막대하게 늘어난 유동 자금의 향방에 대해 촉각을 곤두세운다. 과거에도 토지 보상금이 풀리면 주변 땅값을 자극하는 현상이 여러 번 반복된 바 있다.

또 다른 변수는 바로 선거다. 2022년은 대통령 선거가 있는 해다. 큰 선거가 있을 때는 항상 굵직한 개발 계획이 발표되고는 했다. 이번 대선에도 후보별로 표심을 잡기 위해 전국적인 개발 계획을 발표할 가능성이 높다. 이는 토지 시장에도 적잖은 영향을 미칠 것으로 보인다. 지역별로 예상해보면 수도권은 2022년에도 토지 시장에서 가장 많은 관심을 받는 지역이 될 것으로 보인다. 2020년 하남, 2021년 시흥과 광명 등이 수도권 토지 시장을 이끌었듯이 2022년에도 이들 지역 혹은 새로운 다크호스가 나타날 가능성이 높다.

수도권 외의 지역으로는 제주를 주목할 만하다. 2019년과 2020년 제주는 전국에서 유일하게 땅값이 하락한 지역이었다. 하지만 2021년 3월 이후 땅값이 상승세로 돌아서면서 2021년 상반기 지가 상승률은 0.22%를 기록했다. 7월에는 6월 대비 0.28% 오르며 상승폭이 커지고 있다. 게다가 2021년 제주 아파트 가격 상승률은 무려 15.65%로 수도권보다 훨씬 높은 수치다. 주택 가격 상승은 결국 토지 가격에도 영향을 미치는 만큼 2022년 제주 토지 시장에 많은 관심이 쏠릴 것으로 예상된다.

아파트 · 상가 여전한 강세 속에 교통망 좋은 신도시 인근 토지 인기

강은현 EH경매연구소장

▶ 2021년 4월 2일 의정부지방법원 경매3계 입찰법정. 남양주시 진건읍 용정리에 있는 임야 1만353㎡가 감정가 4억7637만원에 나왔다. 신건임에도 무려 129명이 경합을 벌인 끝에 40억199만원에 팔렸다. 낙찰가율(감정가 대비 낙찰가 비율)은 840.1%다. 해당 물건이 3기 신도시로 지정된 왕숙지구와 가까운 데다 법원이 매긴 감정가가 급등한 시세를 따라가지 못해서다. 129 대 1 입찰 경쟁률은 2021년 최고 기록이었다.

2021년은 경매 시장이 규제지역, 비규제지역 할 것 없이 역대 가장 뜨거웠던 한 해라고 할 수 있다. 주거형 부동산 중 아파트의 절대 강세가 유지된 가운데 근린시설과 공장(지식산업센터 등), 토지 등으로도 불길이 옮겨붙었다.

실제 2021년에는 법원 경매 물건이 급감한 반면 각종 경매지표가 상승하며 매매 시장과 동조화되는 모습을 보였다. 전체 경매 물건 수는 큰 폭으로 줄었으나 매각되는 건수는 오히려 늘어나는 식이다. 2021년 1~6월 전국에서 총 6만6196건의 경매가 진행됐는데, 전년 동기(7만3669건) 대비 10.1% 줄었다. 그럼에도 경매 물건이 주인을 찾는 건수(매각 건수)는 2만4570건으로 전년 동기

(2만3196건)에 비해 오히려 5.9% 늘었다.

이런 상황에서 2021년 상반기 경매 낙찰률이 37.1%를 기록해 전년 동기 (31.5%)보다 5.6%포인트 상승했으며, 낙찰가율 역시 전년 동기(73%)에 비해 5.7%포인트 오른 78.7%를 기록했다. 2021년 9월까지로 범위를 늘리면 전국 평균 낙찰가율은 78.6%로 통계를 집계한 이래 가장 높았다. 법원 경매 전문 업체 지지옥션에 따르면 서울 지역 아파트 낙찰가율은 평균 119%로 역대 가장 높았다. 수도권 아파트 낙찰가율 역시 112.9%로 조사 이래 최고였다. 낙찰가율이 상승했다는 것은 법원 감정가가 시세보다 싸거나, 향후 부동산 가격이 더 오를 것이라는 기대가 크다는 의미로 해석된다.

경매 물건 늘고, 입찰자 선택지 넓어질 것

이런 의미에서 2022년 경매 시장 관전 포인트는 2021년의 역대 최대급 상승 장세가 지속되는지다. 그간 풍부한 유동성 장세에 힘입어 달아오른 경매 시장 오름세가 양적완화 축소 기조에도 유효하느냐를 봐야 한다. 양적완화가 축소되는 2022년에는 지난 2년간의 경매 물건 감소세가 멈추고 다시 돌아설 가능성이 높다.

대내외적인 경제 여건 등 구조적 요인을 고려하면 2022년에는 2021년에 비해 경매 물건이 늘어날 것으로 예상된다. 대법원 경매 정보에 따르면 2021년 8월까지 신규 물건은 5만3655건이다. 연말까지 남은 기간을 고려하면 2021년 경매 물건은 2017년 수준인 8만건대에 머물 것으로 보인다. 그러나 2022년에는 신규 유입 물건 증가와 재고 물건 누적에 따라 법원 경매 물건 진행 건수가 큰 폭으로 증가할 것이다. 참여자에게는 선택지가 넓어진 만큼 비교적 저가 매수 기회가 열릴 전망이다.

종목별로는 주거용 부동산과 근린시설, 토지가 주도하는 한 해가 될 것으로 보인다. 2022년에도 주거용 부동산, 그중에서도 아파트의 절대 강세는 여전할 것이다. 수익형 부동산인 근린시설과 오피스텔, 지식산업센터 열기도 지속될 전망

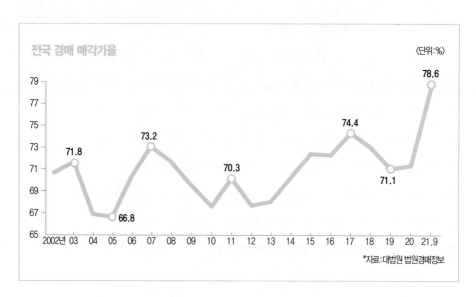

전국 경매 매각가율 〈단위:%〉

*자료:대법원 법원경매정보

이다. 토지의 강세도 점쳐진다.

　다만 주거용 부동산은 지난 7년여간 급등한 데 따른 피로감과 규제 여파로 상
승세가 주춤할 수는 있다. 투기과열지구와 조정대상지역 순차 지정에 대한 반사
이익으로 가격이 급등한 수도권 지역 역시 조정이 예상된다. 그럼에도 주거용 부
동산을 거주 개념 이상의, 재산 증식 수단으로 여기는 현실을 감안하면 2022년
에도 경기 부침과 관계없이 경매 시장 열기는 계속될 것이다. 구체적으로는 서울
강남권의 경우 금액에 상관없이, 서울 나머지 지역은 9억원 이하, 수도권은 3억
~6억원대, 비규제지역은 1억원 이하 물건에 대한 수요가 여전할 것이다.

　경매 참여를 염두에 두고 있다면 2022년 출범할 새 정부의 부동산 로드맵을
확인한 후 참여하는 것이 좋겠다. 시점은 2022년 하반기쯤으로 예상된다. 반면
실수요자는 원하는 지역과 가격대 물건이라면 굳이 시점과 상관없이 참여해도 괜
찮겠다.

　근린시설의 경우 저금리 기조가 계속되는 한 안정적인 임대수익을 기대할 수
있다는 점에서 매력적이다. 일례로 2021년 3월 15일 평택지원에서 진행된 안
성시 석정동 근린시설 물건은 감정가 3억9824만원의 첫 기일임에도 84명이 참

여해 7억1399만원에 주인을 찾았다. 참여자가 몰린 이유는 대학가(한경대) 앞인 데다 매월 200만원씩 따박따박 임대수익이 나와서다. 수익형 부동산은 호불호가 분명하다. 다만 사례에서 보듯 금리가 인상되더라도 저금리 기조는 여전한 상황이고, 안정적 임대수익은 누구나 꿈꾸는 로망이다. 따라서 2022년에는 근린시설을 눈여겨봄직하다.

토지 경매 시장 열기도 지속될 것으로 보인다. 2021년 초 대한민국 담론을 블랙홀처럼 빨아들였던 'LH 사태'는 토지에 대한 전 국민 인식을 새롭게 하는, 부작용 아닌 '작용'을 가져왔다.

2021년 최고 경쟁률 1~2위를 기록한 물건은 남양주시 진건읍 임야(129명)와 세종시 장군면 임야(102명)였다. 공교롭게도 모두 토지였고, 입찰자만 각각 100명을 넘겼다. 토지 시장은 귀농·귀촌 등의 실수요자와 도로와 철도, 신도시 인근 지역 구애가 뜨거울 전망이다. 특히 물류창고 용도로 용인이나 광주, 이천 등 중부고속도로와 제2중부고속도로 라인에 위치하는 임야 물건은 치열한 경쟁이 예상된다.

마지막으로 비주거용 부동산 중 2021년 뜨거웠던 물건 중 하나는 지식산업센터다. 2021년 1월 28일 수원지방법원에서 진행된 경매 절차에서 수원시 영통구 신동에 있는 지식산업센터 93㎡다. 최저 입찰가 1억6660만원에 60명이 경합한 끝에 2억3199만원을 적어낸 윤 모 씨가 최고가 매수인이 됐다. 지식산업센터 물건에 사람이 몰리는 이유는 안정적인 임대수익이 발생하고 주택 대비 정부 규제가 미치지 않아서다.

경매 참여에 앞서 경기 흐름을 파악해보는 것을 권한다. 경매 물건은 경기 불황 정도에 따라 종목별 시차가 존재한다. 불황 초기에는 주거용 부동산이 주로 인기다. 침체의 골이 깊어지면 그제야 수익형 부동산(구분 건물)이 꼬리를 문다. 불황 막바지에는 업무용 부동산(통건물)이 등장한다는 점을 염두에 두는 것이 좋겠다.

〖 일러두기 〗

1. 이 책에 담겨 있는 전망치는 필자가 속해 있는 기관이나 필자 개인의 전망에 근거한 것입니다. 따라서 같은 분야에 대한 전망치가 서로 엇갈릴 수도 있습니다.

2. 그 같은 전망치 역시 이 책을 만든 매일경제신문사의 공식 견해가 아님을 밝혀둡니다.

3. 본 책의 내용은 개별 필자들의 견해로 투자의 최종 판단은 독자의 몫이라는 점을 밝혀둡니다.

2022 매경 아웃룩

2021년 11월 15일 초판 1쇄

엮은이 : 매경이코노미
펴낸이 : 장승준
펴낸곳 : 매일경제신문사
인쇄·제본 : (주)M-PRINT
주소 : 서울 중구 퇴계로 190 매경미디어센터(04627)
편집문의 : 2000-2521~35
판매문의 : 2000-2606
등록 : 2003년 4월 24일(NO.2-3759)
ISBN 979-11-6484-348-0 (03320)
값 : 20,000원